外研社语料库研究系列

Developmental Features of Spoken and Written English by Beginner Learners

英语初学者口笔语发展特征研究

张会平 著

外语教学与研究出版社
FOREIGN LANGUAGE TEACHING AND RESEARCH PRESS
北京 BEIJING

图书在版编目（CIP）数据

英语初学者口笔语发展特征研究／张会平著. —— 北京：外语教学与研究出版社，2021.6（2022.7 重印）
（外研社语料库研究系列）
ISBN 978-7-5213-2747-2

Ⅰ．①英… Ⅱ．①张… Ⅲ．①英语－语言学习－研究 Ⅳ．①H319.3

中国版本图书馆 CIP 数据核字 (2021) 第 127123 号

出 版 人　王　芳
项目负责　李晓雨
责任编辑　秦启越
责任校对　段长城
封面设计　彩奇风
出版发行　外语教学与研究出版社
社　　址　北京市西三环北路 19 号（100089）
网　　址　http://www.fltrp.com
印　　刷　北京虎彩文化传播有限公司
开　　本　650×980　1/16
印　　张　17
版　　次　2021 年 7 月第 1 版 2022 年 7 月第 2 次印刷
书　　号　ISBN 978-7-5213-2747-2
定　　价　69.90 元

购书咨询：(010) 88819926　电子邮箱：club@fltrp.com
外研书店：https://waiyants.tmall.com
凡印刷、装订质量问题，请联系我社印制部
联系电话：(010) 61207896　电子邮箱：zhijian@fltrp.com
凡侵权、盗版书籍线索，请联系我社法律事务部
举报电话：(010) 88817519　电子邮箱：banquan@fltrp.com
物料号：327470001

记载人类文明
沟通世界文化
www.fltrp.com

目　录

绪 论

本章首先介绍本书的研究背景；其次简要描述本书的主要内容与研究问题；然后指出其研究意义，包括理论意义与实践意义；最后描述本书的结构。

1. 研究背景

自我国中学新的英语课程标准和教学改革于 2002 年在全国实施以来，英语教育研究界对如何提高中学英语教学质量展开了讨论。所争论的问题很多，涉及我国英语课程标准、教材、教法、师资培养等方方面面。然而，纵观争论的正反两方面的观点，我们发现它们均缺乏实证研究证据。我们认为，要想真正提高我国中学英语教育水平，对我国中学生英语学习和教学进行系统的科学实证研究至关重要。而系统的科学实证研究的起点应该是：搞清楚我国以中学生为主体的英语初学者[1]中介语的现状如何？其所学的英语具有哪些发展规律性特征？这些发展特征的前提影响因素是什么？只有回答了这些问题，才有助于真正解决学好或教好英语的问题。

通过查阅我国公开发表的有关研究文献，我们发现，近几年来我国英语界对中国学习者的英语及其学习过程的研究主要集中在：（1）采用普遍

---

[1] 在本书中，英语初学者指的是中国初中生与高中生。

语法视角对大学生英语作文的偏误分析；(2) 运用语料库方法对大学英语一些词类（如冠词、形容词、动词、名词）的使用频率、分布情况、搭配模式、出现错误种类等的统计分析；(3) 对中国大学生和英语本族语者在一些语法现象和数量上的差异研究。

这些研究在不同程度上对我国英语教学水平的提高做出了贡献，但是它们很少涉及作为我国英语学习者主体的中学生。另外，这些研究缺乏基于我国英语学习者特点的理论建构，在收集数据时所采用的工具比较单一，多使用调查问卷或大学四六级命题作文语料。因此，很多学者指出，我国英语教与学研究的现状与目前英语教与学的国情不符，没有形成自己系统的研究成果，很少参与国际二语学术研究互动并发出自己研究的声音。

由此可见，对我国中学生英语系统的形成和发展进行系统的实证研究意义重大。它不仅可以验证西方的二语习得理论是否适合我国教学环境下的英语学习实践，揭示我国中学生英语系统形成和发展的系统性和差异性特征，而且也能够对我国的基础英语教学、英语课程及教材编排提供有用的实证数据。

基于上述认识，我们设计了"基于使用的英语初学者口笔语发展现状及规律研究"项目，并得到了国家哲学社会科学基金青年项目的支持（编号14CYY017）。本课题研究的"英语学习者的语言"在二语习得领域一般称为"过渡语"或"中介语"，是个非常复杂的概念（Selinker 1979）。根据学界普遍接受的看法，本研究将"英语学习者的语言"定义为：具有某种学习动机的学习者通过一定的努力和学习策略，在目的语（英语）输入的基础上所形成的一种既不同于其第一语言（汉语），也不同于目的语（英语），而是随着学习的进展向目的语逐渐过渡的动态的语言系统。

2. 主要内容和研究问题

本研究首先对"基于使用的"（usage-based）语言观以及"基于使用的"二语习得实证研究进行系统的文献研究；通过对文献的梳理与评价，指出"基于使用的"是与"基于规则的"（rule-based）截然不同的二语研究视角，它为传统中介语研究开辟了新的视角与方法论。其次，本研究在"基于使用的"语言观指导下，论述了"语言接触量假说"的理论内涵、外延。再次，在充分论证的基础上，结合我国汉语背景下英语学习的特点，提出了本研究的理论框架——"汉语背景的英语学习语言接触量框架"(language exposure framework of English learning in Chinese background)。之后，通过采集大量笔语与口语语料，建成了两个中国英语初学者语料库——"中国英语初学者笔语语料库"与"中国英语初学者口语语料库"。最后，基于所建构的理论框架，采用基于语料库的研究方法，本研究进行了较为系统的实证研究，拟回答如下具体研究问题：

1）中国英语初学者各阶段的二语使用特征有何共性？

2）中国英语初学者各阶段的二语使用特征有何差异性？

3）中国英语初学者的二语使用呈现出何种发展规律性特征？该发展规律性特征的前提影响因素是什么？

为回答这三个研究问题，本研究以"汉语背景的英语学习语言接触量框架"为理论依据，基于中国英语初学者口笔语语料库，以英语学习的几个方面（写作词汇丰富性、写作句法复杂度、话语联系语、话语标记语、口语词块、口语动词搭配、口语模糊限制语）为切入点，研究中国英语初学者各个学习阶段之间的共性与差异性，并探讨这些共性与差异性特征所呈现出的二语发展规律性特征。同时基于本理论框架，结合访谈法，讨论上述发展规律性特征的前提影响因素。这几个方面分别代表了英语学习的不同层面——词汇层（词汇丰富性、词块、动词搭配）、句法层（句法复杂度）、语篇层（话语联系语、话语标记语）与语用层（模糊限制语）。在研究初学者的每一个具体学习方面时，均尝试探讨三个研究问题。第一个是关于各个学习阶段之间的共性特征。第二个是关于各个学习阶段之间的差异性特征。而通过研究各学习阶段之间的共性与差异性，可发现初学者二语的总体使用情况及发展趋势，这在一定程度上可反映出二语习得的某种发展规律性特征。因此，第三个研究问题则是挖掘这些共性与差异性特征所呈现出的发展规律性特征，同时，探讨呈现出这些发展规律性特征的前提影响因素。换言之，各实证研究章节均从不同方面回答各学习阶段之间的共性与差异性，挖掘其发展规律性特征，并探讨呈现出某种发展规律性特征的前提影响因素。

3. 研究意义

1）理论意义

首先，"基于使用的"是与"基于规则的"截然不同的二语研究视角（Tomasello 2003），它为传统中介语研究开辟了新的视角与方法论（Ortega 2013）。我国英语初学者主要通过课堂学习英语，缺乏英语学习的语境，所以研究如何"使用"英语、"使用"结果如何就变得至关重要。因此，基于"使用"视角下的二语习得研究意义重大。

其次，"语言接触量假说"（language exposure hypothesis）是"基于使用的"语言观视角下的一个重要假说，已引起学界的广泛关注，成为国际二语习得领域的理论前沿。在深入理解"语言接触量假说"内涵与外延的基础上，本研究结合我国英语初学者的学习环境，参考"语言接触量假说"，建构适合我国英语初学者特点的理论框架——"汉语背景的英语学习语言接触量框架"，并将其作为本研究的数据解读理论依据，系统研究不同学龄段英语初学者的习得现状和发展趋势，并探讨出现某些发展规律性特征的前提影响因素。

最后，本研究以我国英语初学者为研究对象，其认知能力发展具有特殊性，其英语学习特征也具有独特性。对其英语学习规律性特征的探索有助于深入理解二语习得的普遍规律。同时，本研究拟推导我国英语初学者英语学习的某些普遍规律，进一步验证支持"语言接触量假说"。

2）现实意义

本研究的数据源于中国东北地区中学生的限时课堂写作与即时对话语篇，具有完全的真实性与一定的代表性。在系统研究英语初学者二语习得现状及发展趋势、挖掘其发展规律性特征并探寻其前提影响因素的过程之中，本研究的数据结果分析与目前的中学英语课堂教学、中学英语课程标准以及中学英语教材紧密结合，所得出的结论具有较强的现实性与一定的指导性。

首先，本研究可为中学一线英语教师课堂教学方案的进一步调整提供现实参考依据。同时，本研究还可为当前中学英语课程标准的进一步修订、中学英语教材的编写提供可靠的实证依据。

其次，我国英语初学者可通过了解自身语言使用现状及发展趋势，更有效地扩展显性知识，并逐步内化英语词汇、句法、语篇、语用概念，提高学习效率，加速习得进程。

最后，目前国内尚无话题一致的中学生英语口笔语语料库，尤其是中学生口语语料库极度缺乏。而进行英语初学者的口笔语比较研究，或研究其口笔语的发展规律性特征具有重要的理论及现实意义。因此，本研究新建的英语初学者限定话题口笔语语料库在国内尚属首个，这可为二语研究及英语课堂教学提供重要资源，这也是本研究对学界二语研究和中学英语教学的一大贡献。

4. 本书的结构

本书是依据国家哲学社会科学基金青年项目"基于使用的英语初学者口笔语发展现状及规律研究"形成的一部专著。本书既含有二语习得理论研究，又包含基于某种理论的实证研究；既有语料库的建构，也有基于语料库的系统实证研究。本书尽量做到见木见林，从而使读者据此择其感兴趣的问题，做更进一步的理论或实证研究，为我国的外语教学与研究做出贡献。

本书共分十一章。

第一章对近30年国内外权威核心期刊百余篇关于"基于使用的"二语习得研究进行文献回顾与梳理，发现国内外研究基本可分为五大类：(1)"基于使用的"二语习得观的建构；(2)"基于使用的"二语输入频率与习得效果关系研究；(3)"基于使用的"二语输出频率与习得特征关系研究；(4)"基于使用的"教学与二语习得关系研究；(5)"基于使用的"二语习得观述评。文献梳理发现，国内外研究在研究对象、语料样本规模、研究语体、研究维度、数据分析深度、该视角在学界的受重视程度这六个方面仍有待进一步拓展，国内较国外在研究广度、深度及数量上尚显不足。本章从这六个方面展望"基于使用的"二语习得研究发展前景，同时为本书的实证研究提供理论视角。

第二章首先从三个方面阐述"语言接触量假说"的内涵、外延。其次，基于文献阅读，本研究认为语言接触量是影响二语习得的前提因素，二语学习者不仅要接触二语语言，还要接触二语所在的社会。然而，就我国英语学习环境而论，学习者基本是在课堂中学习英语，学习的时间长短、课堂的话语质量等往往决定了学习者的二语质量。最后，结合我国英语初学者的实际，参考"语言接触量假说"，本研究建构了"汉语背景的英语学习语言接触量框架"。"语言接触量假说"是研究二语偏误问题的新视角，基于该假说建构的理论框架为以下各章的系列实证研究提供了理论根据与数据分析路径。

第三章首先讨论语料库在二语习得研究中的重要性，并概括语料库在二语习得研究中所能回答的研究问题。然后对本研究所建设的语料库——"中国英语初学者笔语语料库"与"中国英语初学者口语语料库"进行描述。在描述中主要对语料库的抽样、语料来源、标注工具、库容大小等进行必要的说明。之后，对本研究基于语料库的研究方法中所使用的检索方法和统计方法进行简要图示解读。最后，简要介绍本研究的辅助研究方法——访谈法。

第四章采用本研究建构的理论框架，基于"中国英语初学者笔语语料库"，以 Read（2000）的"词汇丰富性多维度评价模型"为数据分类框架，从词汇复杂度、词汇变化度、词汇密度和词汇偏误率四个维度，对比英语初学者各学习阶段之间写作词汇丰富性的共性及差异性，分析其词汇丰富性的总体使用现状及发展规律性特征。

第五章采用本研究建构的理论框架，基于"中国英语初学者笔语语料库"，从产出单位长度、从属结构数量、并列结构数量以及短语复杂度四个维度，统计英语初学者写作句法复杂度各指标的使用情况，对比各学习阶段之间句法复杂度的共性及差异性，探究其句法复杂度的总体使用现状及发展规律性特征。

第六章采用关联理论和本研究建构的理论框架，基于"中国英语初学者笔语语料库"，对比英语初学者三个阶段议论文写作中话语联系语使用特征的共性和差异性，分析初学者话语联系语的总体使用现状及发展规律性特征。

第七章采用本研究建构的理论框架，依据 Maschler（1994）的话语标记语分类框架，基于"中国英语初学者口语语料库"，对比英语初学者三个阶段口语中指称类话语标记语使用特征的共性和差异性，探讨其口语话语标记语的总体使用现状及发展规律性特征。

第八章采用本研究建构的理论框架，依据 Nattinger & DeCarrico（1992）的词块分类框架，基于"中国英语初学者口语语料库"，对比英语初学者三个阶段口语中词块使用的共性与差异性，探索其词块的总体使用现状及发展规律性特征。

第九章采用母语负迁移理论和本研究建构的理论框架，基于"中国英语初学者口语语料库"，分析英语初学者常用动词、动词搭配的使用特征，并对比各阶段使用特征的共性与差异性，探索其动词搭配能力的总体现状及发展规律性特征。

第十章采用本研究建构的理论框架，以 Prince（1982）的分类标准为分类框架，基于"中国英语初学者口语语料库"，对比各阶段英语初学者模糊限制语的使用共性与差异性特征，探索模糊限制语的总体使用现状及发展规律性特征。

本书的每个实证章节（包括第四章至第十章），在研究初学者各种语言能力的总体现状及发展规律性特征之后，均尝试探讨这些发展规律性特征的前提影响因素。

第十一章是本书的总结与启示。本章首先对实证研究部分的研究发现进行总结，归纳英语初学者能力发展的规律性特征；然后根据研究发现，提出中学英语课堂教学、中学英语课程标准的修订以及中学英语教材编写的几点启示；最后说明本研究的局限性，并展望未来发展方向。

我们希望本书：（1）能够为了解我国中学生英语学习现状及发展规律提供一些实证研究数据；（2）能够为我国学界对我国中学生英语的系统性和差异性特征做进一步研究提供理论与方法上的启示；（3）能够为进一步提高我国中学英语教学质量提供有证据的建议。

然而，由于我们的英语初学者语料库尚在扩建之中，在语料库的建设、语料的开发和利用等方面还有很多问题需要解决，所以本书的研究成果存在一些缺点和局限性在所难免，真诚希望同行专家学者和广大读者批评指正。

第一章 "基于使用的"二语习得研究回顾与展望

1.1 引言

二语习得研究受语言学本体研究影响，概括起来主要有三种研究范式，即两种语言结构的对比分析、心灵主义普遍语法驱动"基于规则的"二语研究、"基于使用的"二语研究（Langacker 2000）。"基于使用的"是与"基于规则的"截然不同的二语研究视角，它为传统中介语研究开辟了新的视角与方法论。虽然受认知语言学与系统功能语言学等多个流派影响，但"基于使用的"二语研究认为：二语与母语一样，是社会共享的符号系统，该系统同样受社会文化和认知方式影响，在使用中学习和建构（Tyler 2010）。简言之，二语知识源于语言使用体验，二语在交际使用过程中习得或学得（Ellis *et al.* 2013）。因此，一方面，二语的使用影响习得；另一方面，研究二语习得不可与二语使用分离（McGloin & Konishi 2010）。在"基于使用的"二语研究中，频率是重要参考依据（Bybee 2006）：真实话语的输入频率对习得有重要影响；语言输出频率可反映习得的诸多规律。而语料库是"语言系统真实使用的样本"，具有"以频率发现规律"的特性，因此，语料库为"基于使用的"二语研究提供了必要途径。"基于使用的"语言观作为新的二语研究视角，在二语习得和语料库教学研究中获得了广泛应用。基于此，本书首先阐释"基于使用的"语言观的核心观点与核心理念，然后对国内外近30年"基于使用的"二语研究文献进行回顾和梳理。

1.2 "基于使用的"语言观核心观点及核心理念

　　Langacker（1987）提出的"基于使用的"语言观以体验哲学为基础，认为语言知识源自语言实际使用的认知体验，即受人的生理条件、认知机制限制，在实际语言体验中建构而成。语言习得过程受到普遍的认知机制（domain-general mechanism）的驱使，这些认知机制包括感知和概念系统的结构（structure of the perceptual and conceptual system）、输入处理能力（input processing capacities）、输入属性（properties of input），等等（O'Grady 2008）。该语言观还强调，输入属性决定词汇和形态句法的习得速度，这些输入属性包括形符、类符、搭配频率、凸显性和语义复杂度等（Bybee 2008；Lieven & Tomasello 2008；Tomasello 2003）。"基于使用的"语言观并非一个孤立的理论，而是用来概括一组具有认知功能主义倾向的语言理论，包括认知语言学、构式语法、动态系统理论、复杂系统理论、涌现论、社会语言学和语料库语言学。其中，频率是语言实际使用的一个重要方面，包括形符频率（token frequency）和类符频率（type frequency）。前者是指一个语言表达式在实际语言使用中出现的次数，它决定了其固化程度和被提取使用的流利程度；而后者是指一个语言型式在实际语言使用中的具体表现个数，它决定了一个语言型式使用的可生成性（王初明 2011）。

　　"基于使用的"语言观的核心观点是，使用者的语言是在处理大量语言使用事件（usage event）中涌现出来的（Tyler 2010）。使用事件是指在特定的交际情境下，语言使用者为了表达特定的意义而理解或产出语言的语境实例。说话人在交流时，人们往往认为他试图通过对语言策略的有意选择而实现与话语社团成员进行交际的特定目标。将使用事件与特定话语社团相联系反映出这一理念：语言的实际使用是蕴藏在特定的文化与语境中的。

　　"基于使用的"语言观坚持以下五个核心理念（Tyler 2010）。

　　1）语言存在的根本目的是为了交际，交际使用塑造了语言本身。正如Tomasello（2003：5）针对一语习得所说："语言的结构源于语言的使用。"

　　2）任何自然语言总是在语境中使用，对话语建构的选择受到一系列语境因素的影响。语境本身即为一个复杂的建构，并非是将各个维度组合在一起而不考虑多维度语境中细微的、相互作用的语言映射。比如，所有的"基于使用的"语言观都认识到交际中受众或参与者的作用，将其看作语境的主要方面（Chafe 1994；Langacker 1987，1991；Martin & Rose 2008）。说话人与受众之间关系的细微变化影响着说话人对语言的选择。

3）语言是后天学得的。语言的使用形式，包括搭配（词汇层与语法层）和频率，对于学习语言至关重要。这一理念引发了对存在单独语言模块的反驳，否定了接触主要语言数据能够激发预制语法配置这一说法。

4）意义不仅来自词汇项，语法形式本身也有意义，并能表达意义（如Givón 2001；Langacker 2008）。

5）不必通过划分语言层次来解析语言，单层模式也能够精确并完全地解析语言，即不必将句法划分为诸如深层结构与表层结构两个（或更多）层次。可相互替换的句法结构是有意义的独立结构，比如，主动句与被动句各自独立，并非相互转换而来（Zyzik 2009）。

1.3 "基于使用的"二语习得研究回顾

"基于使用的"语言观最初由Tomasello（2003）引入儿童母语习得领域，认为语言习得归根结底是对构式的习得。儿童母语学习者通过自身认知能力，能够从具体的语言构式中归纳、抽取、概括构式范例，最终形成抽象的语言构式，这一过程揭示了语言习得的本质特征。此后，"基于使用的"语言观也逐步受到二语学界的关注。"基于使用的"二语习得研究时代已经来临（Ortega 2015）。

"基于使用的"二语习得研究在国内外备受关注。学者们多从认知视角出发，采用实验或语料库的方法进行研究，取得了令人瞩目的成果，但国内研究较国外研究略显不足。其研究内容主要包括以下五个方面。

1.3.1 "基于使用的"二语习得观建构研究

语言学习是在语言使用中学习结构的过程，即学习语言最基本的表征"形式-功能配对体"的过程。为了实现语言的最优加工，习得机制对语言学习而言是必不可少的证据（Ellis & Robinson 2008）。语言习得的过程即构式习得的过程，二语习得依赖学习者语言使用的经历，其中的决定因素包括：（1）输入频率（形次比、Zipfian分布、语言近期性）；（2）形式（凸显和视角）；（3）功能（意义的典型性、信息理解的形式、冗余度）；（4）上述因素的互动（形式与功能关联度）（Ellis *et al.* 2015）。"基于使用的"习得观认为，句法结构、词汇和语义是无法分割的，这些构式在使用的过程中互相联系，互相影响。

近年来，国内外学者主要从以下两个方面探讨"基于使用的"二语习得观的建构。

1）二语习得观的建构研究

有学者结合"基于使用的"二语习得观，提出外语学习的语句习得假说（韩宝成 2018）。该假说认为，外语学习的基点是"语句"而非词汇和语法。学习者通过接触大量的语句实例，抽取有规律的语言形式，从而创造新的语句。也有学者提出"学伴用随"原则，强调外语学习中多变量的交互作用，由此产生丰富的语境来促学（王初明 2009）。还有学者探讨儿童早期句法发展到底是受"基于使用"还是"基于规则"的影响，认为这两种多元的研究角度说明了儿童早期句法发展的复杂性（杨小璐 2012）。林正军、张宇（2020）遵循"基于使用的"语言观，从体认语言观视角出发，对外语教学步骤进行了探讨。首先，教会学习者获得语言知识，提高对实例构式的图示化能力；其次，教会学习者使用语言，加强学习者对概念内容的识解和表达能力。

2）"基于使用的"二语构式习得研究

例如，Ellis *et al.*（2016）立足"基于使用的"语言观，采用语料库统计和心理实验研究法，调查母语和二语题元构式的存储、加工和习得规律，为构式习得和"基于使用的"语言习得理论提供了实证支持，证明了母语和二语题元构式中的动词频率效应的相似性。Bai（2014）研究了just me构式，指出构式是形式和意义配对的语言系统。还有学者发现频率对图式构式的建构有显著影响（杨黎黎、汪国胜 2018）。王启（2019）以"基于使用的"语言理论为框架，提出了搭配构式优先，兼顾语法构式的语言使用模式。该模式认为，语法构式以搭配构式为核心，且仅在缺乏现成的搭配构式时才得以调用。该模式兼顾语义兼容原则，实现了规约性和能产性的统一。

1.3.2 "基于使用的" 二语输入频率与习得效果关系研究

国内外学者主要从以下三个方面探讨 "基于使用的" 二语输入频率与习得效果的关系。

1）二语输入频率与参数的习得

例如，Yang（2002，2004，2010）构建了参数学习模型，认为输入频率会影响习得的参数，所以需要与习得机制结合起来；该模型还认为，儿童更容易习得输入中频率高而无歧义的参数。

2）二语输入频率与词汇的习得

在词汇搭配研究中，有学者探讨频率在成年人学习英语形容词-名词搭配中的积极作用（Durrant & Schmitt 2008）；或研究频率对 "can 搭配结构" 习得的促进作用（Eskildsen 2008）；或分析学习者搭配结构的习得因素，发现输入频率对增加二语敏感度有重要作用（Wolter & Gyllstad 2013）。在词块习得研究中，有学者探讨频率对二语读写任务中语块使用的影响（周丹丹、张萌 2016）；有学者探讨输入频率和输出频率对二语语块产出性知识习得的影响（周正钟 2018）；还有学者研究英文电视剧对学习者词汇学习的影响（Kusyk & Sockett 2014）。

3）二语输入频率与二语概念认知能力的提升

有学者发现，学习者在语言使用过程中会对使用频率产生敏感性（Ellis 2002）。Koster（2015）从动态、"基于使用的" 二语习得角度出发，在教学过程中增加荷兰电影作为地道语言的输入，发现德国的荷兰语学习者二语总体认知水平得到了显著提高。Stefanowitsch（2008）则认为，如果充分理解语言输入频率，就可以从正面证据中推断出负面证据。他认为在 "基于使用的" 习得观中，这种负面证据的概念化过程即负面固化的过程。也有学者发现，基础迁移引起的语言认知能力的变化受到语言使用频率的显著影响（Bao 2010）。还有学者研究频率作用对二语写作的影响，发现频率对提高认知能力及写作水平有较大帮助（周丹丹 2011）。

1.3.3 "基于使用的" 二语输出频率与习得特征关系研究

二语习得研究认为，二语输出频率是语言习得多维特征的重要反映。国内外学者主要从以下三个方面研究二语输出频率与习得特征的关系。

1）二语输出频率与语素、词汇的习得

有学者研究二语语素习得顺序。如Khor（2013）研究瑞典中小学生英语语素的习得顺序，发现语素习得顺序受母语语素的影响，不具有普遍性。还有学者研究词类搭配、词块、惯用语和话语图式、动词短语等。具体而言，在词类搭配方面，Laufer（2011）研究以色列英语学习者"动-名"搭配的使用特征，发现学习者较少使用这类搭配，产出的偏误较多。高维（2016）采用"基于使用的理论模型"，考察二语词汇搭配习得机制，发现搭配词的高频共现能够强化该搭配作为整体的心理表征，且搭配强度越高，该搭配词就越倾向于被视作一个整体储存。在词块方面（Salazar 2014；王立非、钱娟 2009；周正钟 2018），Salazar（2014）基于语料库对比了本族语者与非本族语者在科技英语写作中词串的使用特征，发现非本族语者在频率、结构和功能等维度上均受到母语对应词串的影响。在惯用语和话语图式方面，Eskildsen（2014）追踪调查了讲西班牙语的墨西哥英语学习者的语言输出特征，发现其与母语学习者一样，早期语言输出中存在大量重复的惯用语。在动词短语方面，则有Hümmer（2006）、Ishizaki（2012）等人的研究。

2）二语输出频率与语法、句法结构、隐喻的习得

有些学者研究某些语法结构或语法规则的输出特征。如Gonzálvez-García（2009）研究描述性次要谓语结构；Nelson（2006）研究语义联系，基于商务英语口语和笔语语料库，发现商务词汇会有规律地与语义相似的词组搭配，且具有商务英语所特有的语义韵；Ionin *et al.*（2012）研究韩国英语学习者指示词that和定冠词the的使用情况；章柏成（2013）研究中国大学生英语现在完成时使用特征；Verspoor *et al.*（2012）研究荷兰英语学习者作文中的64个变量（如词汇使用、时态使用等）与二语学习者水平的关系，发现应从多方面知识来衡量二语学习水平；Leedham & Cai（2013）研究中英大学生连接副词的使用差异，他们通过对比中国大学生与本族语大学生语料库，发现中国大学生使用连词的频率更高，很大程度上受到中学教材的影响；Garner（2016）研究不同二语学习者短语框架的使用。有学者研究句法输出特征。例如，Dabrowska（2008）研究疑问句中长距离依赖关系，发现此类句子存在较强的典型性。再如，Hou *et al.*（2016）从"基于使用的"二语习得观出发，以一组中国高中英语学习者和两组不同水平的

中国大学英语学习者为研究对象，探讨写作中词汇复杂度和句子复杂度的动态发展特征。研究发现，三组学生在47个变量上发展程度不同，高中组英语写作整体进步更大。虽然英语水平最高的大学生组在句子复杂度各变量上都出现倒退现象，但呈现出某种学术写作风格。该研究表明，不能用单一的标准去衡量不同英语水平学习者的写作复杂度。还有学者研究语言特征固有属性及语言本质隐喻习得特征。例如，Christiansen & MacDonald (2009) 揭示了语言的递归性不仅是语法的固有属性，而且是可逐步习得的能力。习得的递归能力不仅在处理复杂的递归结构和相互依赖关系时受到限制，而且在处理简单、右、左递归结构时也受到限制。Peña (2008) 研究情感以外的意象图示、隐喻和非隐喻表达，重新审视了意向图示的结构和逻辑，并根据概念构成以及在语言与认知中相互交织的方式，对它们做出了不同程度的辅助分类。

3）二语输出频率与语篇衔接手段的习得

有学者研究话语标记语。Mair (1988) 基于语料库研究边际从属连接词the fact that的使用特征，指出the fact that不仅是连接词that的一种变体形式，还是一种补充形式；同时，指出the fact that不是虚主语it的一种变体形式。Ferguson (2001) 研究if条件句，通过比较在自然交际中和医学话语写作中条件词的使用特征，表明使用条件词受不同语体特征的影响。Barbieri (2005) 研究在不同的口语语域中引语导入语的使用情况，发现be like和go引语导入语在不同语域中都很常见，且be like已成为美国口语中广为使用的引语导入语之一。Palacios Martínez (2013) 以英国和西班牙青少年为研究对象，探讨在未使用明显的话语标记语构建话语时所采用的策略，发现只有在特定的语言语境下才能使用零引用（zero quoting），指出未来研究应把语用因素、人际因素与语言语境紧密结合起来。Chan (2015) 基于语料库研究中国文理科的博士毕业论文英文致谢中立场标记语的使用情况，发现学科文化类型会影响立场标记语的选择。还有学者研究不同学科使用人际元语篇手段。如Simon-Maeda (2016) 考察美国应用语言学协会（AAAL）会议手册中人际元语篇手段的使用情况，发现手册大量使用三种人际元语篇手段（I argue that, we argue that, it was found that），而在"硬学科"中则使用一种人际元语篇手段（we show that）。

1.3.4 "基于使用的"教学与二语习得关系研究

"基于使用的"二语习得观认为,语言的共现频率对语言习得产生显著影响,而语料库能够为学界提供最全面的语料分布信息和共现频率。因此,国内外学者主要从语料库的角度研究"基于使用的"教学方法和二语习得效果的关系。

1)教学中使用语料库对习得效果的影响

语料库在二语教学和二语习得中有广阔的前景(Huang 2011)。有学者对比二语客座授课、母语客座授课中互动话语结构的使用频率与母语课堂教学中互动话语结构使用频率的差异(Camiciottoli 2004)。有些学者发现语料库有助于提高二语习得水平(Flowerdew 2015;Frankenberg-Garcia 2012;Gilmore 2009;Quinn 2015;Yoon & Hirvela 2004),或有助于提高语言习得意识及提供有效的学习素材(Chang & Kuo 2011;Fellbaum *et al*. 2006;Gavioli & Aston 2001;Martínez *et al*. 2009;Naismith 2016;Zareva 2017;Tyrwhitt-Drake 1999;Valipouri & Nassaji 2013)。有些学者基于语料库修订了学术英语词汇表(Liu & Han 2015;Lei & Liu 2016),为教学提供词表资源。还有学者认为,语料库指导的方法应替代传统的教材资源收集方法(Mautner 2005)。

2)二语教学语言使用频率对习得效果的影响

有学者研究课堂互动中教师和学生使用语言频率的差异(Csomay 2007)。有些学者研究加拿大学习者的二语输出特征(Harley & Swain 1984;Swain 1985),发现教师在教学中应注重引导学生形成形式与意义的映射。还有学者揭示了教学频率对二语习得的积极影响(周丹丹 2011)。

1.3.5 "基于使用的"二语习得观述评

"基于使用的"二语习得观对于二语研究具有重要贡献,但国内外较少学者对其进行介绍与评价,包括对"基于使用的"二语习得观和研究方法的介绍,以及对相关著作的述评。

1)"基于使用的"二语习得观

Tomasello于2003年出版的 *Constructing a Language: A Usage-Based Theory of Language Acquisition*,首次将"基于使用的"语言观应用到语言

习得中，从非天赋论的角度探讨了语言习得的本质特征，为语言习得的发展做出了一定贡献。Langacker（2005）指出，该专著基于大量的实证研究，为语言知识源于语言使用提供了证据支持；但他同时指出，该专著也存在不足之处，如有些语言表述并不合理。国内学者赵芳（2009）评介了"基于使用的"二语习得观——儿童通过认知和社会认知技能去建构使用语言，而后逐渐转入抽象的语言结构，指出儿童习得语言不是一个逻辑问题，而是一个实践问题，即语言知识源于语言使用，是学习者依靠自身的认知能力与周围环境积极互动建构的。还有学者概述"基于使用的"语言观（严辰松 2010），介绍语言习得使用观（姚岚 2011），或"基于使用的"语法观（武和平、王晶 2016）。

2）"基于使用的"研究方法介绍

有学者探讨"基于使用的"习得观的研究现状，指出未来研究须将定量研究与研究假设相结合（Tummers *et al.* 2005）；须将"基于使用的"语言习得观与研究方法相结合（Fabiszak *et al.* 2016）；应采用多维度的研究方法，即语篇、认知和社会角度相结合的研究方法（Baker & Levon 2015）。有学者提出了理解语法地位和语法化的新方法（Boye & Harder 2012）；有学者研究了性别分配原则（Nesset 2006）；还有学者介绍了七步话语分析法（Upton & Cohen 2009）。

3）"基于使用的"研究述评

（1）"基于使用的"构式语法研究。Perek 于 2015 年出版了 *Argument Structure in Usage-Based Construction Grammar*，该书采用基于实证的研究方法，弥补了基于内省法分析论元结构实例的不足，增加了论元构式研究与分析的可信度。徐海、冯永芳（2016）指出，该专著首次将"基于使用的"语言观应用到论元构式语法研究中，推进了论元构式理论的发展，扩展了构式语法研究范畴。董晓明、林正军（2017）也指出，该专著创建了构式语法与实证研究的接口，为解析构式语法提供了新的思路，可谓是研究论元结构构式的里程碑之作。此外，蔡金亭、陈家宜（2019）从研究内容和研究方法方面，系统梳理了国内外英语动词论元构式的二语习得研究，发现学界主要研究学习者构式知识和母语迁移的影响，主要采用语料库、实验方法和计算机模拟的研究方法。他们提出，未来研究应进一步研究输入因素和母语迁移等因素对英语动词论元构式习得的影响。

（2）"基于使用的"语料库研究。Rudanko（2009）述评了 *Non-Finite Complementation: A Usage-Based Study of Infinitive and -Ing Clauses in English*（Egan 2008），指出该专著基于英国国家语料库（NBC）中的语言实例，为英语谓语互补语法现象的解释带来了新的思路。辛声（2017）评述了 Ellis 等 人 于2016出 版 的 *Usage-based Approaches to Language Acquisition and Processing: Cognitive and Corpus Investigations of Construction Grammar*，指出该专著基于实证的研究方法，为母语和二语题元构式的加工与习得提供了实验证据，为语言习得研究带来了新方法。这些述评在详细介绍"基于使用的"二语习得观的同时，也介绍了构式语法和语料库相结合的研究方法，为二语研究的进一步发展做出了重要贡献。

总之，以上述评都详细阐述了"基于使用的"二语习得观，并将其与论元构式语法和语料库研究结合起来，为二语研究提供了新的研究视角。

1.4 评议与展望

国内外"基于使用的"二语习得研究取得了丰硕的成果，但仍存在一些问题。本书基于国内外相关研究，阐述"基于使用的"二语习得研究有待进一步拓展的几个方面，并展望其发展前景。

1.4.1 "基于使用的"二语习得研究的拓展空间

本书通过梳理国内外权威核心期刊百余篇"基于使用的"二语习得观研究，发现这些研究涉及二语习得多个维度，为揭示"基于使用的"二语习得规律做出了重要贡献。从研究成果数量来看，国外研究较国内研究成果更为丰富；从研究深度上看，国外研究范围更广，更为深入，国内研究则尚显不足。

但国内外"基于使用的"二语习得研究都在研究对象、语料样本规模、研究语体、研究维度、数据分析深度、该视角在学界的受重视程度等六个方面存在可拓展的空间：（1）前期研究对象多为大学生，即高级英语学习者，很少关注处于英语学习关键期的初学者；（2）前期多数研究较零散，语料样本较小，无法系统分析各学龄段语言能力发展规律；（3）前期研究笔语居多，口语较少；(4) 在研究维度方面，前期研究词汇最多，语法其次，语篇极少；(5) 前期研究对习得或偏误因素的分析（如母语迁移）多流于语言形式与意义，很少深入认知概念层；(6) 对"基于使用的"习得观的评介仍显不足。

1.4.2 研究展望

1）扩大研究对象范围

"基于使用的"习得观认为，语言使用是心智语法中不可分割的一部分。中、高级学习者和初级学习者所具有的心智语法不同，只研究中、高级学习者，不能反映学习者在二语习得初始阶段出现的二语特征。为全面系统地研究学习者的动态发展过程，研究者应进一步扩大研究对象范围，不仅要研究中、高级学习者，更要深入研究初级学习者，探讨从初级学习者到中、高级学习者这一整体的二语习得特征。

2）增加样本数量

目前多数研究较零散，样本较小，代表性较差，无法系统分析各学龄段语言能力发展规律。"基于使用的"习得观融合了动态系统理论的语言观，认为语言知识并非独立存在的模块，而是相互联结、动态交互的（郑咏滟 2018）。语言的发展是多重因素，包括环境因素、学习者因素和语言因素三者互动的结果。若研究样本容量少，且没有代表性，不仅不能正确反映二语学习者语言实际使用情况，也无法体现不同学龄段复杂的语言发展过程。因此，未来研究须加大样本数量，且扩大研究对象范围，综合考虑语言、学习者及环境三个语言发展的因素，揭示各学龄段语言学习者的语言能力发展规律。

3）关注口语语体的研究

二语学习者在不同的语体下会呈现出不同的二语特征。例如，口语产出的即时性特点，在某种程度上更能反映学习者的发展特征，尤其是偏误特征。由于口语语料收集工作较笔语难度大得多，目前口语语料库的类型较少、容量较小，而受语料的限制，基于口语语料库的研究较少。口语语料库的进一步发展可为口语语体的研究带来可能。因此，未来研究应在加强基于笔语语体研究的同时，更多关注口语语体，基于口语语料库分析二语习得特征，同时还可以对比学习者在不同语体下呈现出的二语特征。

4）扩宽研究维度

当前受各方面研究条件的限制，学界对词汇的关注度最高，语法其次，语篇极少，语用更少，我们因此无法全面了解二语学习者的习得水平与发展规律。"基于使用的"习得观强调语言知识来自语言使用，语言的研究对象应该是语言使用事件——话语，而非句子或者词汇（Evans & Green 2015）。话语因人们在特定语境中互动而产生，而语篇是实际使用的语言单位，两者都强调语言实际使用性。因此，研究语篇能够体现学习者在不同语境下真实的二语输出特征和发展规律。而语法作为构成完整语篇的一种衔接手段，能够充分表明学习者的二语习得水平。因此，未来研究还须基于语法和语篇进行大量的实证研究，从而更深入剖析二语发展特征。

5）重视对概念层的延伸

目前研究对习得或偏误因素的分析多流于语言形式与意义，很少深入认知概念层。"基于使用的"习得观认为，语言知识的使用基于语言认知能力，如果只从语言的形式与意义角度进行研究，语言结构的习得和偏误因素便无法得到充分解释和描述；只有从认知根源上挖掘学习者产生偏误的原因，某些偏误现象才可能找到根本的解决方案。因此，未来研究可以探讨学习者认知概念层，揭示学习者习得或偏误的影响因素。

6）扩充对"基于使用的"习得观的评介

"基于使用的"习得观是新的二语习得研究视角，但国内外学界对该视角评介过少。因此，未来研究可增加对"基于使用的"习得观的述评，帮助更多学者了解"基于使用的"习得观的最新研究动态。

1.5 小结

本章对近30年国内外百余篇核心刊物上有关"基于使用的"二语习得研究的文献进行梳理，发现"基于使用的"二语习得研究可归纳为五大类：（1）"基于使用的"二语习得观建构研究；（2）"基于使用的"二语输入频率与习得效果关系研究；（3）"基于使用的"二语输出频率与习得特征关系研究；（4）"基于使用的"教学与二语习得关系研究；（5）"基于使用的"二语习得观述评。国内外"基于使用的"二语习得研究为二语习得研究提供了新的理论视角，但研究数量较少，仍在研究对象、语料样本规模、研究语体、研究维度、数据分析深度、该视角在学界的受重视程度等六个方面存在可拓展的空间。未来研究应在国内外研究成果的基础上，从这六个方面着手，全方位进一步深入了解各学龄段二语学习者的语言能力发展规律。

　　鉴于目前"基于使用的"二语研究的现状，本书尝试在"基于使用的"语言观视角下，以"汉语背景的英语学习语言接触量框架"为理论基础，以中国英语初学者为研究对象，以英语学习的几个方面（如写作词汇丰富性、写作句法复杂度、话语联系语、话语标记语、口语词块、口语动词搭配、口语模糊限制语）为切入点，探索中国英语初学者英语能力的发展规律性特征。具体研究问题见第一章第二节所述。

　　本书从第四章到第十章均为"基于使用的"视角下的实证研究。

第二章　语言接触量假说与汉语背景的英语学习语言接触量框架

在前一章，我们对"基于使用的"二语习得实证研究进行了文献综述。如前所述，近年来，二语习得研究正经历一次研究范式的转变，以乔姆斯基"普遍语法"为理论框架的二语习得研究逐渐淡出，而"基于使用的"语言学理论逐渐受到重视并得以发展（王初明 2009）。"基于使用的"语言观认为：语言习得过程受到普遍的认知机制，如感知和概念系统的结构（输入处理能力、输入属性以及其他的认知机制）的驱使。该语言观还强调，输入属性决定词汇和形态句法的习得速度。输入属性包括形符、类符、搭配频率、凸显性、语义复杂度等。在这些输入属性中，形符频率与本章将介绍的语言接触量最为相关，因为形符频率主要强调学习者接触二语输入的数量和质量。换言之，学习者接触二语输入的多少以及接触到的二语输入是否充分、地道，都会对其所接触词汇的丰富性、句法的复杂度、构式的准确性等方面产生影响。

"基于使用的"研究已成为二语研究的主流，其原因主要有四个（Ortega 2015）。第一，"基于使用的"语言观促进了一种新的理论思潮的诞生，能够为学界提供一种超理论的研究视野（supratheoretical vision），即将一些具有相同语言和学习本体论的不同流派轻松结合起来。第二，"基于使用的"语言观超越了二语学界传统的二元论分析方法。例如，就认知与社会的关系而言，"基于使用的"语言观认为，语言知识是语言使用者与语言语境互动建构而产生的。使用与发展、意义与形式、词汇与语法等概念不再是两个相对的维度，而是彼此不可分离的组成部分。第三，"基于使用的"语言观使得研究者能够积极地回答如何成功习得二语这一棘手问题。无论学习者初始年龄如何，语言学习在本质上都是一种相同的复杂动态适应过程。因此，学习者语言习得结果的差异主要归因于某种语言比新的语言固化程度高，或语言体验程度不同（如语言输入、语言接触量、社会实践）等因素。第四，"基于使用的"语言观本质上是一种跨学科的理论，结合了众多领域的理论、原则和方法。语言经验是动态的，需要从跨学科的角度进行理解，这也将有助于解释多语习得的复杂现象。

综上可见，"基于使用的"语言观与本章将介绍的"语言接触量假说"一脉相承，语言接触量假说是"基于使用的"语言观视角下发展的一个重要假说，对于二语发展性特征具有强大的解释力，已引起学界的广泛关注，成为国际二语习得理论前沿。因此，本书将基于"语言接触量假说"建构理论框架。

2.1 引言

学习者在二语发展过程中会呈现出多种发展性特征，例如，他们在二语表达过程中会出现诸多偏误。因此，对二语发展特征的解读至关重要。二语学界已提出多种理论或假设，尝试解读二语特征问题。例如，Ellis（2007）提出了"联想–认知原则"（Associative-Cognitive CREED）。该理论认为，输入频率是影响二语习得的重要因素，学习者在处理语言输入时，会无意识地计算各个语言形式、语言结构和语言范例出现的相对频率，从而推算语言形式所指意义的可能性。如果输入频率过低，学习者在使用二语时就会出现形式与意义的不对等情况，造成偏误。Pienemann & Lenzing（2007）的"处理力理论"（Processability Theory）则认为，语言习得具有自动阶段性发展规律，每一阶段的处理力不同，不同的处理力会不同程度地限制更高阶段语言成分的习得，只有等待最高语言阶段出现后，相应的最高处理力才能处理完整的语言成分。学习者在更高语言阶段未出现之前，若需要用更高语言阶段的形式来表达思想，就会出现各式各样的偏误，因为他们现有阶段的处理机制能力有限。Jarvis（1998）、Pavlenko（2000）、

Odlin（2005）等学者则提出了"概念迁移假说"。该假说认为，操不同语言的人在概念结构和概念化模式上存在某种差异，就二语学习者而言，这些差异会影响语言使用的结构形式（Bylund & Jarvis 2011）。刘永兵、张会平（2015）结合中国二语学习者的实际社会文化环境，构建了中国本土的二语概念迁移理论框架。这些理论或假说为二语发展特征的解读提供了新思路。近年来，Ortega（2013）基于前人研究提出了语言接触量假说，从语言接触量的角度解读二语发展特征问题，引发了学界的进一步思考。该假说受到国外学者的广泛关注，而国内相关研究很少。鉴于此，笔者首先详细解读该假说的内涵、外延，并引介该假说，希望能引起中国二语学界对语言接触量假说的关注，进行更多基于该假说的实证研究。其次，基于对该假说的深刻认识，结合我国英语初学者的实际学习环境，我们尝试提出本书的理论框架——"汉语背景的英语学习语言接触量框架"，并基于该理论框架进行系列实证研究。

2.2 何谓"语言接触量假说"

在二语习得过程中，许多因素（如学习者的年龄、动机、性格等）会影响二语习得的效果（Ellis 2013）。语言接触量假说认为，语言接触量是影响二语习得的前提因素；语言接触量包括两个维度：（1）二语语言接触量；（2）二语所在社会接触量。在接触二语语言的过程中，二语接触只有达到"临界量"（critical mass），二语学习者才会成功习得二语规则。临界量与语言结构的清晰度和晦涩度有关；比较清晰的语言结构比晦涩的结构需要相对较少的临界量。在接触二语语言与二语社会的过程中，足量接触会加速二语习得，少量接触会产生二语偏误，减慢习得过程（Ortega 2013，2014）。本书将从以下两个方面具体阐释语言接触量假说的内涵与外延。

2.2.1 影响二语习得的前提因素

在二语习得研究领域中，影响二语习得效果的因素有很多，例如年龄、动机、性格等。其中，年龄因素一直是二语习得个体差异研究中讨论较多的变量。有个普遍的说法是"外语学习越早越好"，但这种观点在近年研究中不断遭到质疑，尤其是在课堂环境下学习外语（Lightbown

2008；Munoz & Singleton 2011；Munoz 2008）。另外，尽管 Krashen *et al.*（1982）提出在发音方面特别是在自然语言环境下，早学者比晚学者更地道，但对于语言学习的其他方面，诸如词汇或句法，并不能得出相似结论（Villarreal 2013）。可见，年龄被认为是影响二语习得的重要因素，且受到学者的广泛关注。某些学者甚至认为，"年龄因素是影响二语水平的重要甚至是唯一的决定因素"（Munoz & Singleton，2011：11）。Johnson & Newport（1989）还就年龄因素提出了二语习得关键期假说。该假说认为，语言习得具有一个固定关键期，如果二语学习者在这个关键期内学习语言，那么他们就会很自然、毫不费力地习得这门语言；可一旦超过关键期，二语学习者就不会成功习得二语。

年龄因素虽然吸引了许多学者的注意（Kotz 2009；Paradis 2009；Pakulak & Neville 2011；Singleton 2005），但学界对如何理解年龄与二语习得的关系至今也未能给出明确的理论解释。Hyltenstam & Abrahamsson（2003）认为其原因在于，许多学者都是依据不同的研究结果阐释年龄与二语习得的关系。正因为如此，目前有学者认为，年龄以外的其他影响因素或许更具有解释力。例如，Birdsong（2006）提出影响二语习得的因素有很多，我们应该考虑除了年龄以外的其他因素，而不是一味地将研究焦点集中在年龄因素。同样，Munoz & Singleton（2011）认为，目前学者主要探讨的是年龄因素对二语习得产生的影响，而忽视了二语输入的数量与质量、学习者的目标与态度、学习者接触二语的特定条件等因素。

语言接触量假说认为，语言接触量是影响二语习得的前提因素，在某种意义上比年龄因素更为重要。例如，Consonni *et al.*（2013）测量了两组学习者在理解句子和产出动词、名词过程中的大脑活动。两组学习者的语言水平都较高，唯一不同的是习得二语的起始年龄：第一组学习者从出生就开始学习意大利语和弗留利语，而第二组在3—6岁之间开始学习意大利语，两组学习者都是完全接触这两种语言，但是接触意大利语更多，弗留利语较少。研究显示，两组学习者在理解这两种语言时，神经激活区完全重叠；但是在评估第二组学习者对意大利语的神经反应时，研究人员发现学习者的左侧丘脑被完全激活，而在评估对弗留利语的神经反应时，发现学习者的左侧丘脑只被轻微激活。这说明二语学习者的起始年龄并没有影响学习者对两种语言的理解；相反，学习者的语言接触量可能会影响语言处理过程（De Carli *et al.* 2015；Gathercole & Thomas 2005；Sheng *et al.* 2013；Unsworth *et al.* 2014）。De Carli *et al.*（2015）通过测试评估三组说意大利和西班牙语的双语者水平，三组双语者是根据习得二语的起始年龄和语言接触数量进行划分的。研究发现，持续的语言接触是影响双语水平的前提因素，而起始年龄在这个过程中作用很小。Bohman *et al.*（2010）对说西班牙语和英语的757名学龄前儿童分别在语义和形态句法的发展进行调查，研究发现，语言接触量对儿童开始使用语言具有重要作用。Sheng *et al.*（2013）进一步补充Bohman *et al.*（2010）的研究，对60名说西班牙语和英语的双语者的语义发展情况进行研究，研究结果同样显示，语言接触量在二语学习者的语义发展过程中具有重要作用。

2.2.2 语言接触量的两个维度

1）二语学习者接触二语语言

语言接触量假说认为，二语学习者要接触二语语言，当接触量达到临界量时，就会成功习得二语规则。"二语语言"涉及二语的不同语言层面，如词汇层、语法/句法层、语篇层、语用层，二语学习者可通过正式或非正式的语言环境接触二语的不同层面。前者主要指课堂二语教学，二语学习者在课堂上通过课堂教学活动、阅读教材等方式接触二语；后者指自然语言环境，例如，二语学习者通过看电影、和朋友互动等方式接触二语（Garcia Lecumberri & Gallardo 2003）。在接触二语的过程中，接触量会对二语习得的效果产生重要影响。Hoff *et al.*（2012）利用交际发展量表评估了103名单语者和双语者的词汇、语法水平，发现双语者每种语言的水平受语言接触数量的影响。Barnes & Carcia（2013）利用问卷等方式分析了1,378名说巴斯克语的单语者和说巴斯克语–西班牙语的双语婴儿的词汇发展状况，研究显示，语言接触量会对词汇发展产生影响。Unsworth *et al.*（2014）借用标准词汇测试和调查问卷等方法，分析了说英语–希腊语、英语–荷兰语的双语儿童习得语法性的过程，结果显示，虽然与说英语–荷兰语的儿童相比，说英语–希腊语的双语儿童在习得语法方面遇到的困难较少，但语言接触量对这两组儿童习得语法都产生了重要影响。其他研究也同样证实，当二语学习者接触目的语越多，其习得速度就越快（Chondrogianni & Marinis 2011；Thordardottir 2011；Unsworth 2013）。

由此可见，语言接触量在二语习得过程中发挥着重要作用。那么学习者究竟需要接触多少二语才能熟练掌握二语规则？Marchman & Bates（1994）和Maratsos（2000）认为，说一种语言的二语学习者若想熟练掌握二语的动词形态变化，那么他们的动词词汇量需要接触到临界量；而有特殊语言障碍的学习者比正常儿童需要更多的语言接触，才能达到临界量（Conti-Ramsden & Jones 1997）。同时，Gathercole（2002c）认为，学习者接触二语只有达到临界量，才会成功习得二语语法规则。Gathercole（2002a，2002b，2002c）发现，与接触目的语较多的儿童相比，接触目的语较少的双语儿童三种形态句法的习得表现较差，而且，其习得形态句法的速度也慢于单语者。Gathercole（2002c）提到，这种差异在10岁左右时大部分会消失。她认为在这过程中，语言接触量起到重要作用，差异逐渐消失的原因在于双语者的某些语言特征已经达到临界量。但是，Gathercole（2007）还发现，当语言接触量达到一定程度时，再多的语言接触就变得多余，如同"门槛效应"（threshold effect）。

语言接触量假说认为，二语学习者的语言接触达到临界量，他们就会成功习得二语规则。但关于临界量究竟包含多少语言接触量，学界尚未给出具体标准。有学者提出，语言接触量与语言结构的清晰度和晦涩度有关。Gathercole & Hoff（2007）认为，清晰的语言结构比晦涩的结构需要相对较少的临界量。例如，威尔士语中的语法性就是一个结构比较晦涩的语法特征，具有许多相互重叠的形式与功能的对应关系，因此需要较多的临界量，所以儿童直到九岁时才会习得这些语法特征（Gathercole & Thomas 2005）。

在外语学习阶段，语言接触量如何影响学习效果同样受到学界关注。最初的假设是，学习者接触外语时间越长，其语言水平就会越高（Singleton 1989；Ojima *et al*. 2011）。正如Singleton（1989：237）所说，"语言接触时间的多少被认为是区分语言水平的前提因素"。Munoz（2008）认为，在外语学习研究中，接触量要么是通过学习时间来衡量，要么是通过学习课程来衡量。然而，一个普遍的现象是，在外语学习环境中，大多数学习者接触二语的机会很少（Munoz 2008）。如果语言接触量在儿童二语学习方面起关键作用，那么我们就要考虑以下问题：我们应该怎样增加学习者接触外语的机会？Ojima（2011）在研究中提出，增加语言接触量的机会有两种途径：一种是降低学习者接触二语的起始年龄，另一种是在保持学习者起始年龄一致的情况下，增加语言接触频率。Ojima似乎更倾向于第二种方式，但是如何增加学习者语言接触的机会仍须进一步实证研究。

那么，当学习者有大量机会接触二语，他们二语使用的情况又如何呢？Ranta & Meckelnorg（2013）利用自主设计的电脑日志，对17名在加拿大大学攻读硕士、博士学位的中国学生在语言接触的数量和质量方面进行了长达六个月的历时跟踪。研究发现，中国学生即使在浸入式条件下接触了大量二语，仍很少使用二语与朋友互动。同样，Kormos *et al.*（2014）利用问卷和访谈的方式，对80名被英国大学提前录取的学生（73%是中国学生）的语言使用情况进行了为期九个月的历时研究。研究结果也发现，外语学习者即使有了大量的语言接触，其外语使用情况仍不容乐观。由此，我们可以猜测，外语学习者接触了大量二语却仍不使用二语的情况很可能是一种普遍现象。以上两个研究的被试都是在自然语言的环境下接触二语；那么，当外语学习者在课堂中接触二语的语言规则，其习得情况又会是怎样的呢？如前所述，在课堂中，语言接触量的多少主要以教学时间的长短来衡量。Collins *et al.*（2009，2012）在这项研究中将语言接触的时间定为40个小时，调查学习者是否会在这个接触量内掌握一项具体的语言规则——动词过去时的变化规则。研究结果显示，40个小时的接触量仍不能使学习者成功习得该语言规则。换言之，40个小时的语言接触量仍没有达到习得动词过去时变化规则的临界量。

语言接触量对二语学习者能否成功习得二语语言规则起着至关重要的作用；学习者未能成功习得二语的原因可能并不在于学习者本身，而是在于语言接触量方面。

2）二语学习者接触二语所在的社会

习得一门语言，不仅要接触语言本身，还要接触使用语言的人及其所处的社会。也就是说，二语学习者习得的远不止一门语言，还包括"合适的身份（identities）、立场（stances）……或意识形态（ideologies），以及其他与目标群体和它的规范做法相联系的行为"(Duff 2007:310)。在这一接触过程中,学习者对二语所在社会的态度、情感等会影响接触二语社会的机会,当二语学习者接触二语所在社会较少时,会对习得二语产生影响。Guardado(2009)和Kim & Duff(2012)认为,相互矛盾的社会意识形态以及充满冲突的身份会成为语言习得过程的屏障,阻碍二语学习者接触二语,这自然会影响二语习得的效果。Subtirelu(2014)同样认为,二语学习者的交际意愿受到两种不同语言意识形态的影响,即不受重视的语言观和世界通用语的语言观(deficit and lingua franca ideologies)。二语学习者如果将二语视作不被重视的语言,那么这种语言意识形态就会对交际意愿产生消极影响;但是,如果把二语视作一门世界通用语,结果却完全不同。换言之,二语习得不只是学习者内化语言知识的过程,更是"获得交际能力、成员身份以及群体中合法地位的过程"(Duff 2007:310)。DuFon(2006)发现,五名印度尼西亚二语学习者与房东接触,受其影响,习得了大量二语词汇以及称赞厨师的方式,甚至部分二语学习者改变了对食物的看法。Ortega(2013)指出,二语学习者不仅要成功习得二语的语言规则,还要习得他们渴望的物质、象征以及情感的回报,也要被他人视为有价值的社会成员。那么可以推断,二语学习者正在参与改变自己的世界。在这个过程中,Arkoudis & Davison(2008)认为,学习者的投资(investment)和归属感(affiliative emotion)会对语言接触的价值产生影响。Ranta & Meckelnorg(2013)也认为,中国学生之所以选择不与英语本族语者互动、接触,原因之一就在于他们认为学习英语并不会为他们提供资本。

　　总之,语言接触量是影响二语习得的前提因素。无论单语者还是双语者,语言接触量都会对其二语各个层面(如语音、词汇、形态句法)的习得速度产生影响。在语言接触量较少的情况下,二语学习者各个层面的速度都会减慢。如前所述,大部分二语学习者都是在二语接触较少的情况下开始学习二语的,因此,二语学习者出现语言偏误,或语言能力发展缓慢,不能成功习得的原因可能不仅在于二语学习者本身,更在于语言接触量的不足。

2.3 "汉语背景的英语学习语言接触量框架"的建构

我国英语学习者基本是在课堂中学习英语，学习时间的长短、课堂的话语质量等往往决定了学习者的二语质量。本书结合英语初学者的汉语学习背景，参考语言接触量假说，尝试建构"汉语背景的英语学习语言接触量框架"（见图2.1）。

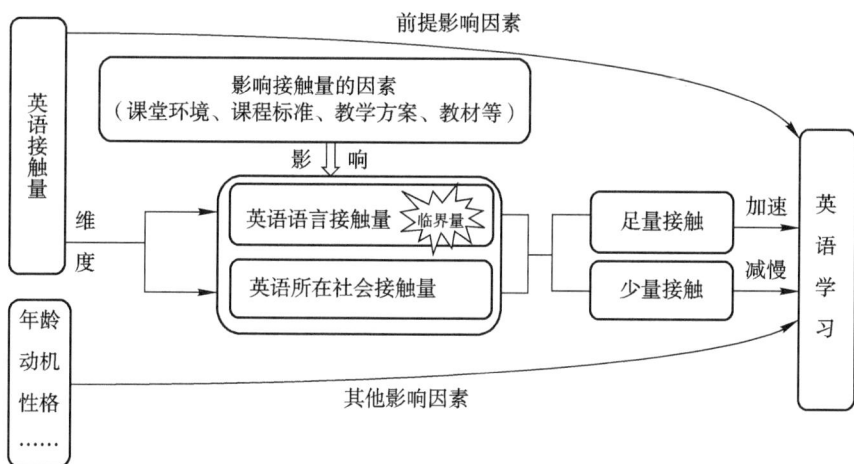

图2.1 汉语背景的英语学习语言接触量框架

在该框架中，英语学习效果的影响因素有多个变量，如英语接触量、年龄、动机、性格等。其中，英语接触量是影响英语学习效果的前提因素，它与其他变量，如起始年龄、动机、性格等共同起作用。英语接触量对二语学习者能否成功习得英语起着至关重要的作用；学习者未能成功习得英语的原因不仅在于学习者本身，更在于英语接触量。

英语接触量包括两个维度。

1）英语学习者对英语语言的接触量。"英语语言"涉及英语的不同语言层面，如词汇层、语法/句法层、语篇层、语用层。英语学习者每一语言层面的水平都受英语语言接触量的影响。英语语言的接触量包括英语阅读量、影视量、互动量等。英语学习者接触英语只有达到临界量，才会成功习得英语语言规则；但是，当英语接触量已达到临界量，再多的语言接触则会变得多余。英语接触量所需要的临界量并无统一标准。就英语语言接触量而言，临界量与英语语言结构的清晰度和晦涩度有关。清晰的英语语言结构比晦涩的结构需要相对较少的临界量。而有特殊语言障碍的学习者比正常学习者需要更多的英语接触量，才能达到临界量。

英语学习者的英语接触量若想达到临界量，就需要不断增加英语接触的数量和质量。英语接触量可通过学习时间来衡量，也可以通过学习的课程内容来衡量。在课堂中，英语接触量主要以教学时间的长短、教学内容的多少及教学质量的高低来衡量。增加英语接触量有两种途径。一种是降低学习者接触英语的起始年龄，另一种是在保持学习者起始年龄基本一致的情况下，在多种语境中增加英语接触的频率。而在我国英语学习的大环境中，第二种途径更具有现实性。

在我国，影响英语语言接触量的因素较多，包括中学英语课程标准的导向、以课堂为主的英语学习环境、中学英语教师不同风格的教学设计方案、中学英语教材的编写及使用情况等。

2）英语学习者对英语所在社会的接触量。在英语学习过程中，不仅要接触英语本身，还要接触英语本族语者及英语社会。因为英语学习者学到的不止英语这门语言，还包括合适的身份、立场或意识形态，以及与英语社会规范做法相联系的行为等。在这一接触过程中，英语学习者对英语社会的态度、情感等会影响接触英语社会的机会，而当英语学习者接触英语社会较少时，就会对英语学习产生影响。英语学习者的交际意愿受两种不同语言意识形态的影响，即不受重视的语言观和世界通用语的语言观。英语学习者如果将英语视作不受重视的语言，那么这种语言意识形态就会对交际意愿产生消极影响；但是，如果将英语视作一门世界通用语，结果则完全不同。换言之，英语学习不只是学习者内化语言知识的过程，更是其获得交际能力、成员身份以及群体中合法地位的过程。

在接触英语语言与英语社会的过程中，足量的接触会加速英语学习的进程，少量的接触会出现英语使用不当，减慢英语学习的进程。

然而，我国英语学习者的实际学习环境是，他们主要在课堂中通过接触大量的英语语篇学习英语（包括口语语篇和书面语语篇、文本语篇和多模态语篇），很少有或几乎没有接触英语本族语者与英语社会的机会。在这种学习环境中，我国基础英语教学只能在课堂中创设尽可能真实的英语社会文化情境，通过多种教学途径，引导学生采用客观、宽容的态度对待英语文化，使学习者不仅习得英语的语言规则，还能在一定程度上习得英美社会文化，产生英语交际意愿，并获得基本的英语运用能力。

2.4 小结

二语发展特征问题研究一直是二语习得领域的重要议题。本章从语言接触量是影响二语习得的前提因素、二语学习者接触二语语言、接触二语所在社会等三个方面阐释了语言接触量假说的内涵与外延。在深入理解语言接触量假说之后，本章尝试结合我国英语学习者的课堂学习背景，基于语言接触量假说，建构"汉语背景的英语学习语言接触量框架"，并尝试基于建构的"理论框架"，展开我国英语初学者的系列性实证研究。

在中国，英语学习主要途径为课堂学习，缺少接触真实的二语所在社会的机会。因此，本书主要关注学习者英语语言的接触量，换言之，本书主要研究"汉语背景的英语学习语言接触量框架"的第一个纬度，即"英语学习者对英语语言的接触量"，而不关注第二个维度，即"英语学习者对英语所在社会的接触量"。

英语学习者在语言能力发展过程中，语言接触量是至关重要的前提影响因素。语言接触量假说是研究二语发展特征的新视角，对于学习者语言能力发展的规律性特征具有强大的解释力。本章基于该假说建构了"汉语背景的英语学习语言接触量框架"，为以下各章的英语初学者能力发展的系列实证研究提供了理论根据。

第三章　数据与方法

3.1 引言

　　计算机语料库、计算机辅助语言教学与测试等新技术的发展对二语习得研究提出了挑战，同时也扩大了二语习得研究的想象空间。例如，以技术为媒介的互动交流（如人机互动）要求二语习得研究一方面要重新审视二语或外语能力的本质，以及其内涵与外延；另一方面要重新思考二语教学的原则和方法问题（Granger *et al.* 2002）。正因为如此，二语习得研究越来越重视采用新的计算机和信息技术，以大幅度提高二语教学与研究的质量和效率。而在计算机与新信息技术高度发达的今天，语料库语言学在二语习得研究中异军突起，成为研究的主流趋势就顺理成章了。正如Leech（1998）所总结，学习者语料库至少可以回答二语习得研究中的某些问题：（1）中介语与目的语相比，有哪些语言形式被过多使用，哪些被过少使用？（2）外语学习者的目的语行为在多大程度上受其母语的影响？（3）外语学习者会在哪些情况下使用"回避策略"，从而失去使用目的语的更为全面、丰富的表达机会？（4）外语学习者的目的语行为在哪些方面比较接近目的语本族语者的行为？在哪些方面差距较大？（5）上述差距在严重程度上有什么样的先后次序？需要采取哪些特别的措施和训练方法来缩小这些差距？（6）以上这几方面的问题在不同母语的外语学习者中有什么相同之处及差异特征？此外，外语学习研究中运用语料库的方法还具有以下几个明显的特征与优势（Granger 1998）：（1）使用语言统计的分析技术，不依赖绝对的逻辑规则；（2）将重点放在大量的中介语真实材料上，而不是仅仅依靠零星的例证；（3）可以深入和真实地描写中介语的微观层面，为定量统计分析和个案文本分析之间架起一座桥梁；（4）大量的语料可以长期保存、复制、检索，为验证性研究提供了可能。可见，基于语料库的以频率和概率为基础的研究范式，从根本上拓宽了二语研究的方法。

3.2 "中国英语初学者笔语语料库"与"中国英语初学者口语语料库"的建设

我们在国家社会科学基金青年项目（14CYY017）"基于使用的英语初学者口笔语发展现状及规律研究"的资助下，于2014年开始建设"中国英语初学者笔语语料库"与"中国英语初学者口语语料库"。本书作者是这两个语料库项目的总负责人与主要建库者。主要参加者有东北师范大学外国语学院二语习得研究方向的教师、博士和硕士研究生，共计60余人。

我们采取分层随机抽样的方法，主要采集了东北地区中学初一至高三六个学龄段英语初学者口笔语语料。[1]以下分别介绍这两个语料库。

1）"中国英语初学者笔语语料库"的建设

"中国英语初学者笔语语料库"简称WCCBLE（Written Corpus of Chinese Beginner Learners of English），该库借鉴国际跨语言中介语语料库（ICCI）（Tono 2012）的建库方法，首先进行建库论证，之后设计采样标准及规范，然后进行学习者笔语语料的采集，之后经过语料整理、文本录入、文本校对、文本编码格式转换、分词及词性标注、词性校对（经过三校），最终建成了目前的笔语语料库。语料主要来源于东北地区城市重点和普通中学。这些中学均使用人民教育出版社的英语教材。为使语料库更具有代表性，我们采用了随机抽样的方法，抽取东北地区73所中学（包括县市重点、县市普通中学，见附录4），每所中学随机抽取35—45名中学生，共抽

---

[1] 笔语语料还包括小学六年级的英语学习者语料；口语语料还包括大学英语专业与非英语专业英语学习者语料。

取3,173名。学生就可选择的题目即时写作，写作时间为20分钟，独立完成，无教师指导，无词典借助。

该语料库分为无词性标注语料库子库与带词性标注语料库子库。语料库文本均进行了元信息标注（如性别、年级、年龄、写作题目）。语料库总形符数为355,755，文件数为3,173。[1]目前语料库所涵盖的年级为小学六年级至高中三年级。语料库中的写作题目主要包括：A Christmas Party，A Funny Thing That Happened to Me，Computer Games，How to Make Children Get Enough Exercise，How Would I Spend 100 Yuan，My Birthday，My School，On Exercise，On Smoking，On Watching TV。（详见附录2）

词性标注所使用的软件为TreeTagger，文本校对、文本清理和词性校对所借助的软件为PowerGrep。

表3.1　中国英语初学者笔语语料库容量统计

年级	小六	初一	初二	初三	高一	高二	高三	合计
文件数	81	1,371	640	190	300	237	354	3,173
形符数	4,602	131,853	64,912	24,298	37,810	36,181	56,099	355,755

2）"中国英语初学者口语语料库"的建设

"中国英语初学者口语语料库"简称SCCBLE（Spoken Corpus of Chinese Beginner Learners of English）。该语料库包含东北地区47所中学（包括县市重点、县市普通中学，这些中学所使用的英语教材均为人教版），4所大学[2]（见附录8），随机抽取5—20名英语学习者。采集人数共494人，其中初中生158人，高中生189人，大学生147人（非英语专业87人，英语专业60人）。语料库目前容量为形符279,361个，文件数494个，去除speaker#1（采访者）之后，形符数183,523个（见表3.2和表3.3）。

---

[1] 此为该语料库扩建后的库容量。

[2] 为使研究形成接续性，本研究在收集初高中语料的同时，也收集了部分大学生同题语料，这也是语料库以后扩建的一个方向。

表3.2　中国英语初学者口语语料库容量统计

年级	初一	初二	初三	高一	高二	高三	大学非英专	大学英专	合计
文件数	59	56	43	53	67	69	87	60	494
形符	42,407	26,652	17,661	27,335	31,091	27,063	57,808	49,344	279,361

表3.3　中国英语初学者口语语料库容量统计（去掉speaker#1形符类符统计）

年级	初一	初二	初三	高一	高二	高三	大学非英专	大学英专	合计
文件数	59	56	43	53	67	69	87	60	494
形符	22,296	16,505	11,264	16,920	22,290	17,526	39,059	37,663	183,523

注：已去除元信息中的字符、会话中的中文字符、标注符号如stutter、语气词如uh，以及speaker#1、speaker#2的频数。

该库在建设时，严格按照口语语料库建库标准，首先进行建库论证，之后设计采样标准及规范，然后进行学习者口语录音语料的采集。在进行语料录音采集时，首先以对话形式采集学习者的背景信息（如练习口语的方式，父亲或母亲掌握英语的程度，等等），然后进行英语口语语料采集，以自由对话与图片诱导相结合的方法，时间在20分钟以内，被试在接受采录前未提前准备口语材料。为使建库后的口语语料与笔语语料具有话题上的可比性，口语语料采集时使用的话题与笔语基本一致。例如：

"Please tell me what you usually do after school."

"Please tell me what your favorite food is and why you like it."

"Please tell me how you would like to spend 100 yuan, if your parents give you that money."

"Please tell me a funny story, or any story you would like to share with others."

"Please tell me one of your birthday parties."

"Do you think children should get enough exercise? Why? Tell me as more as possible."

"Do you think children should not watch TV? Why? Tell me as more as possible."

（详见附录6）

之后，所收集的录音语料均进行文件名整理，然后进行文本转写。在文本转写过程中，使用Transcriber语料转写软件进行音频转写，并进行文件名编码。音频转写的同时进行副语言信息标注（如话语停顿、结巴、重音强调、话未说完、语码转换等）。转写工作完成后，再将转写文本转码为语料库文本（TXT格式，ANSI编码），之后，经过元信息标注（标注学习者的背景信息），人工校对（三人校对），最后建成目前的口语语料库。

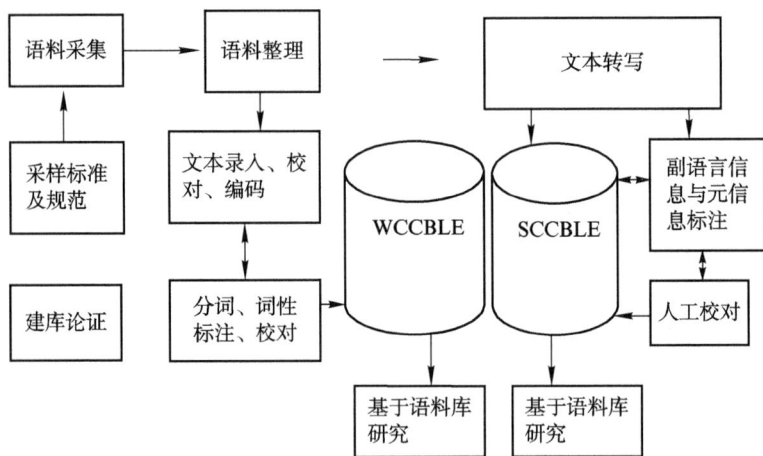

图3.1 口笔语语料库的建库基本流程

这两个英语初学者语料库的建设历时四年之久（2014—2018年），目前仍在扩建中。为使语料库更具代表性，我们在东北三省各地市进行广泛采样，随机抽取初高中学习者样本。在采集与采录过程中，团队成员走访各地，与当地英语教师深入沟通，向学习者发放写作材料以采集笔语语料，对学习者进行逐个录制以收集口语语料，采集与采录过程中克服了种种困难，经过一系列努力与坚持，确保了语料的信度。之后，团队成员经过一系列反复培训、不断操练，逐渐掌握语料库建设技术，完成转录与转写工作以及后续清理工作，最终建成了目前的口笔语料库。

这两个初学者语料库的写作题目与口语话题基本一致，便于进行口笔语的对比研究，目前，国内尚无类似语料库资源。这两个初学者语料库的建成为二语学界提供了重要的二语研究资源。

3.3 基于语料库的研究方法

本书的研究主要采用基于语料库的研究方法，所基于的语料库为笔者主持建设的"中国英语初学者笔语语料库"与"中国英语初学者口语语料库"。本研究所使用的检索方法、统计方法及语料库软件介绍如下。

3.3.1 检索方法

1）索引词检索方法

在本研究中，无语境条件限制的单个词或词组的检索使用索引词检索方法。例如，若需要检索"one of ..."结构在语料库中的索引行，则使用该方法，如图3.2所示。

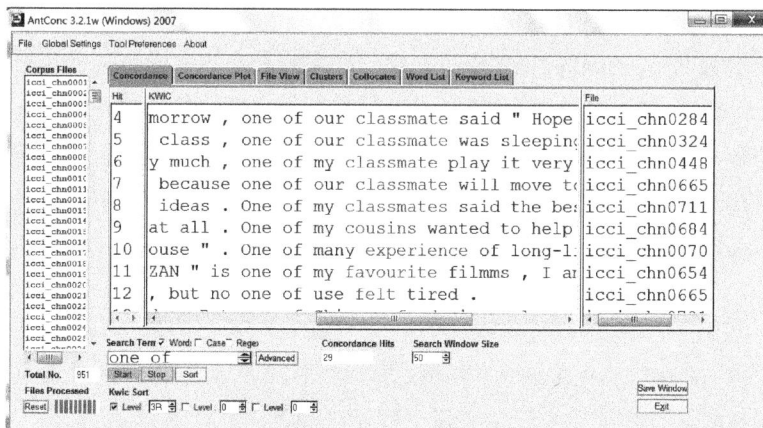

图3.2 AntConc的简单检索

（2）正则表达式检索方法

正则表达式是计算机汇编语言中的一种技术，用于匹配文本中的字符串，如词、短语、电子邮件地址等（梁茂成等 2010）。正则表达式就是记录文本规则的代码。

编写正则表达式需要掌握元字符。每个元字符都匹配一个位置，将多个元字符拼合在一起便可以精确匹配符合自己需要的文本。例如，\ba\w*\b 匹配以字母a开头的单词——先是某个单词开始处（\b），然后是字母a，之后是一个或多个字母或数字（\w*），最后是单词结束处（\b）。

再如，如果需要在语料库里查找单词hi，我们可以在AntConc的Regex条件下尝试编写正则表达式hi。这一简单的正则表达式可以精确匹配这样的字符串：由两个字符组成，分别是h和i。通常，检索正则表达式的工具会提供一个忽略大小写的选项，如果选中了这个选项，它可以匹配hi、HI、Hi、hI这四种情况中的任意一种。但这样的正则表达式会将所有包含hi这两个连续字符的单词全部检索出来，比如his、him、history、high。因此，若要精确地查找hi这个单词，我们需要使用正则表达式\bhi\b。

如果想查找元字符本身，比如查找"."或者"*"，我们无法指定它们，因为它们会被解释成其他的意思。这时就需要使用转义符"\"来改变这些字符的特殊意义。因此，应该使用"\."和"*"。当然，要查找"\"本身，也需要用"\\"。本章不对正则表达式做过多介绍，关于正则表达式的相关资料，可以参阅http://www.regexbook.net/。

在本书中，我们使用正则表达式，用于精确检索某些单词、词组和句型，同时用于进行语料库基本信息的统计。这一技术简洁而功能强大，极大提高了检索效率及准确率，为本研究在有限的时间内完成检索需要提供了可能。例如，形符数、类符数、句子总数、平均句长等基本信息的统计，多词或词组的同时检索，或有条件限制的词或词组/短语的检索，或句型的检索。

例如，若需要检索语料库中的"形容词+名词"，我们可以编写正则表达式：\S+JJ\w*\s\S+_N\w+\s；再如，"限定词some/any/these等+单数名词或物质名词"的正则表达式为："\S+_DT\s\S+_NN\s"，如图3.3所示。

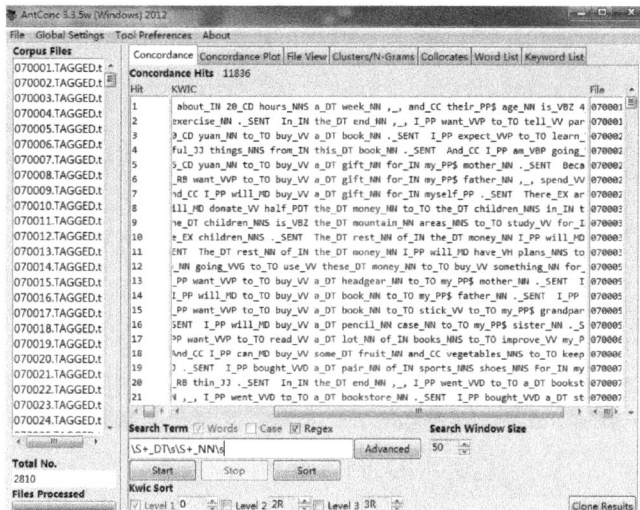

图3.3　AntConc 的正则表达式检索

3）搭配、类联接的检索方法

早在20世纪50年代，英国的弗斯（Firth）便提出了搭配（collocation）的概念。Sinclair认为，搭配是检索词与搭配词（collocates）之间的共现/共选（co-occurrence/co-selection）关系（Sinclair 2004；梁茂成等 2010）。在语料库索引行中，我们可以发现，许多词语都有较为固定的"伴侣"，这些"伴侣"称为"搭配词"，例如，for是look较为常见的右搭配词。

与"搭配"相关的另一个概念是"类联接"（colligation）。类联接同样关注共现/共选关系；不同的是，它所关注的共现/共选关系不再局限于词汇层面，而上升到词类乃至语法层面，例如，冠词经常与名词构成类联接。

检索搭配与类联接可以使用AntConc、WordSmith等软件，也可使用BFSU Collocator与BFSU Colligator（梁茂成、李文中、许家金 2010）软件。我们在本研究中选用了BFSU Collocator与BFSU Colligator软件，如图3.4、图3.5所示。

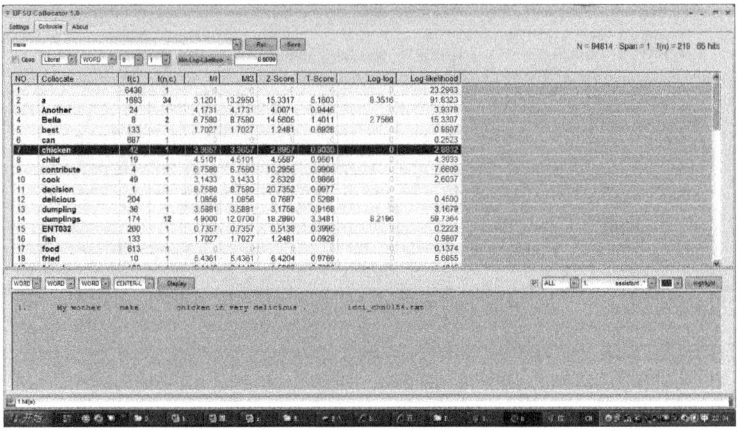

图 3.4   Collocator 的搭配检索

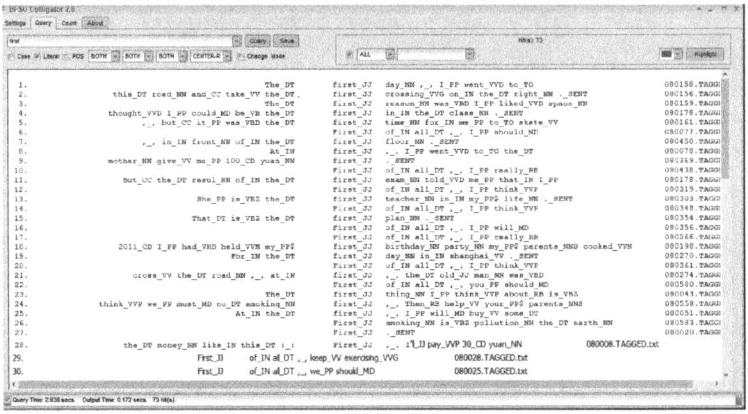

图 3.5   Colligator 的类联接检索

3.3.2 统计方法

1）频数差异检验

检索词项跨语料库差异显著性的检验方法最常见的是卡方（x^2）检验与对数似然率（loglikelihood）检验。本研究主要选用后者。

对数似然率除了考虑某个检索项在两个不同语料库中的出现频数和语料库大小外，还考虑检索项在语料库中不出现的情况。我们用 2*2 联列表

（contingency table）方法的对数似然率检验。在统计学上，综合该检索项在两个语料库中出现与不出现的情况，统计学家提出了该检索项理论上的预期频数（expected values）（E），其算法如下。

表3.4　2*2联列表

	语料库1	语料库2	合计
检索项出现频数	a	b	a+b
检索项不出现频数	c-a	d-b	c+d-a-b
合计	c	d	c+d

注：c对应语料库1中的词项数，d对应语料库2中的词项数（N值）。a+b的值称为观察值（observed value）（O）。

预期频数的算法为：

$$E_i = \frac{N_i \sum_i O_i}{\sum_i N_i}$$

其中，

$N_1 = c$

$N_2 = d$

$E_1 = c \times (a+b) / (c+d)$

$E_2 = d \times (a+b) / (c+d)$

然后通过以下公式计算对数似然率的值：

$$-2\ln\lambda = 2 \sum_i O_i \ln\left(\frac{O_i}{E_i}\right)$$

也可以通过以下公式计算：$G2 = 2 \times ((a \times \ln(a/E_1)) + (b \times \ln(b/E_2)))$

注：当频数为0时，无法计算其显著性差异。

$p < 0.05$；临界值（critical value）$=3.84$

$p < 0.01$；临界值$=6.63$

$p < 0.001$；临界值$=10.83$

$p < 0.0001$；临界值$=15.13$

2）搭配强度测量

为了更有效地分析词语搭配，人们常用两个词各自的出现频数以及共现频数来考察搭配的强度。测量搭配强度的方法有很多，如互信息（MI）、MI3、Z-score、对数似然率，各种方法都有其优点与缺陷，其中，对数似然率被公认为是较好的方法，既可以用于检验单个词项跨语料库频数差异的显著性，也可以用于检验两个词在同一语料库中一定跨距内的共现强度。在本研究中，我们依据研究需要，主要选用了对数似然率的方法和BFSU Collocator、BFSU Colligator软件。

3) 频数标准化

在进行两个语料库检索词项的频数比较时，两个语料库容量往往不同。为了更准确地进行对比，我们可以将检索词项在两个语料库中的出现频数归到一个共同的基数一百（或一千、一万、一百万等）之上，即每一百（或一千、一万、一百万等）词中出现多少个该检索词项。这种通过百分比（或千分比、万分比、百万分比等）得到的频率即是标准化频数。

标准化频数需要用某个（些）检索词项的实际观察频数除以总体频数，然后在此基础上再乘以一百（一千、一万、十万，等等）。即标准化频数计算公式为：

标准化频数（每千词）=（观察频数/总体频数）×1,000

在本书实证研究汇报章节（第四至第十章），"标准化频数"均简称为"标频"。

3.3.3 语料库软件

1) 词性附码软件TreeTagger

TreeTagger为词性附码软件，由斯图加特大学计算语言学研究所的Helmnt Schmid开发，可对德语、英语、法语、意大利语、荷兰语、西班牙语、保加利亚语、俄语、希腊语、葡萄牙语、汉语、斯瓦希里语、拉丁语、爱沙尼亚语以及古法语文本进行标注，并提供词元信息。

2) 检索软件

（1）AntConc

AntConc是由日本早稻田大学科技学院Laurence Anthony编写的一款绿色、跨平台语料处理软件，几乎所有的语言都可以用AntConc来处理。

该软件包括七个工具：索引工具、索引词图工具、文本观察工具、词簇/多元词工具、搭配检索工具、词表工具、关键词表工具，具有建立索引、词表生成、主题词计算、搭配和词簇提取等多种功能，可用于语料库语言学研究以及数据库驱动学习。

在本研究中，AntConc主要用于语料库基本信息的统计、检索词的搜索以及文本观察。

（2）PowerGREP

PowerGREP是正则表达式应用软件，是GREP或EGREP的增强版，允许用户以直观可视、可撤销的方式，在不同的文件夹内，对不同文件如软件源代码、信件、服务器或系统日志、参考文本、历史档案等进行批量的文本搜索、替换等操作，可以快速、精确地查找用户正在寻找的信息。PowerGREP也可以完成复杂的文本和二进制替换操作，使网站、软件源代码、报告等易于维护，用户可以使用纯文本或强大的兼容Perl的正则表达式来进行搜寻。

本研究中PowerGREP主要用于语料库的建设。在处理文本格式时，（1）通过"查找替换"（search and replace）功能将所有全角标点替换为半角标点；（2）通过编写正则表达式进行语料库断句处理；（3）通过正则表达式在标点后加空格；（4）通过正则表达式将标点与词分开。在对文本标注时，可在PowerGREP的文本编辑器（Editor）内直接标注并保存，或者对具有共性的信息进行批量标注并保存。在文本/词性校对以及文本清理中，PowerGREP可用于几千个文本的同时批量搜索与替换，或针对个别错误逐个修改并保存。

本研究使用TreeTagger软件对观察语料库进行词性附码，使用PowerGREP软件进行词性校对与修改。

3）BFSU Collocator 与 BFSU Colligator

BFSU Collocator 与 BFSU Colligator 在计算搭配强度时所用的公式借用了BNCweb Collocations公式，即将跨度考虑在内。

这两款软件采用了不同的计算方法，同时计算出了MI、MI3、Z-score、Log-log、对数似然率。本研究在数据分析过程中参考了对数似然率。

在计算对数似然率时，需要用到以下联列表：

表3.5 2*2联列表

	y	非y
x	a	b
非x	c	d

其中：

a为节点词与搭配词对的频数；

b为节点词不与搭配词共现的情况；

c为搭配词不与节点词共现的情况；

d为语料库中词汇的数量减去节点词与搭配词出现的数量。

搭配强度的计算公式为：

$$2*(a*\log(a)+b*\log(b)+c*\log(c)+d*\log(d)$$
$$-(a+b)*\log(a+b)-(a+c)*\log(a+c)$$
$$-(b+d)*\log(b+d)-(c+d)*\log(c+d)$$
$$+(a+b+c+d)*\log(a+b+c+d))$$

3.4 访谈法

本研究主要采用基于语料库的研究方法，但同时结合访谈法，用于辅助第四章至第十章数据的分析。访谈对象为东北三省16所中学的英语教师，均为本研究所建设语料库的被采集者的英语教师，我们以电话、微信、现场访谈或电子邮件（见附录9）的方式，共采访了26名。访谈内容主要涉及与本研究相关的具体课堂教学方法，对《义务教育英语课程标准》(2011年版)、《普通高中英语课程标准》(2017年版)的理解，以及对人教版初高中英语教材的使用体会与建议。

第四章 英语初学者写作词汇丰富性的发展特征

4.1 引言

自从20世纪80年代起，学界就开始研究二语写作中词汇使用的特点。总体而言，二语写作词汇研究可分为两个范畴：词汇宽度（vocabulary size）与词汇深度（vocabulary depth）（朱慧敏、王俊菊2013）。其中，词汇宽度主要指学习者词汇运用的丰富性。词汇丰富性可反映学习者二语写作水平，是衡量写作质量的重要指标（Jarvis 2002；Laufer & Nation 1995；O'Loughlin 1995）。因此，词汇丰富性是二语写作研究领域的重要内容。

近年来，国内外关于二语写作词汇丰富性的研究可分为三大类。

第一类通过比较二语作文与母语作文，探讨学习者二语写作词汇丰富性与本族语者的异同。Linnarud（1986）对比了瑞典中学生与同年级英语本族语者的英语作文，发现两组学习者在词汇变化度、词汇偏误、词汇独特性等方面有显著差异。Eckstein & Ferris（2018）对比分析了英语本族语者与二语学习大学英语写作课的作文语料，发现本族语者在语言准确性和词汇变化度（尤其是动词变化度）方面明显优于二语学习者，但在句法复杂度、词汇密度（lexical density）、词汇复杂度方面两者无显著差异。

第二类是词汇丰富性与二语写作质量的关系研究。Engber（1995）收集印第安纳大学国际留学生的限时作文，并分析词汇丰富性各维度与所收集作文质量间的关系。研究表明，词汇变化度、词汇偏误与写作质量显著相关，而词汇密度与写作质量间未发现显著相关性。Yu（2009）通过分析密歇根大学英语考试的作文语料，发现词汇变化度与学习者英语水平、写作质量呈正相关。Crossley & McNamara（2012）基于中国香港高级程度会考的作文语料，分析影响香港高中生写作成绩的语言特征。结果显示，写作质量不由衔接手段数量决定，而由语言复杂度决定。高质量作文中高频词和熟悉词汇使用较少，词汇变化度较高。Treffers-Daller, Parslow & Williams（2018）研究了词汇变化度的不同测量方法对学习者CEFR英语等级的评估能力。他们发现，在文本长度接近的情况下，类符数、类符形符比等基本测量方法比D、HD-D、MTLD等复杂测量方法能更好评估学习者CEFR等级。刘东虹（2003）通过研究大二学生的限时作文，发现学习者词汇量间接影响写作质量。学习者词汇量越大，其产出文本就越长，作文主题就被挖掘得越深刻，写作质量也就越高。王艺璇（2017）基于北京语言大学"HSK动态作文语料库"，检验了Read（2000）的词汇丰富性框架中各维度对汉语二语学习者写作成绩的评估作用。研究结果表明，除词汇偏误外，其余各维度均不适用于测量和预测汉语二语学习者的写作质量。

　　第三类是二语学习者词汇丰富性的发展研究。在这类研究中，有学者进行横断研究，即依据年级划分学习者的二语水平，通过对比不同二语水平学习者的作文，总结其词汇丰富性的发展规律。Laufer（1998）对比了以色列十、十一年级学习者的英语作文，发现两组学习者作文中产出性词汇无显著差异，十一年级学习者出现词汇高原现象。鲍贵（2008）基于三组英语学习者（非英语专业大二学生、非英语专业研一学生、英语专业大三和大四学生）的同题限时作文，考察学习者写作词汇丰富性的发展特征。结果表明，词汇独特性、词汇密度、词汇变化度呈非线性发展；而词汇复杂度保持线性发展。万丽芳（2010）分析了英语专业学生在专业四、八级考试中的作文，发现相较于四级作文，八级作文的词汇变化度、词汇复杂度都显著提高；但随着作文长度的增长，词汇偏误也明显增多。

　　此外，还有学者开展纵深研究，即在一定时间跨度内，通过追踪同一批二语学习者写作词汇丰富性的变化情况，分析词汇丰富性的发展特征。Laufer（1994）对以色列英语专业大一学生进行为期一年的追踪研究，发现学习者词汇复杂度显著提高，而词汇变化度无显著提升。Zheng（2016）

基于复杂系统理论，通过分析中国英语专业大一学生一年内产出的作文，考察学习者写作词汇各维度（词块、词汇变化度、词汇复杂度、词汇密度）的发展特征。研究发现，就学习者整体而言，写作词块呈现出"U"形发展模式；词汇变化度与词汇复杂度随英语学习的深入显著提高；而词汇密度无显著变化。就学习者个体而言，不同学习者词汇各维度发展路径大相径庭。王海华、周祥（2012）对非英语专业大学生进行了为期一年半的追踪研究，发现学习者词汇变化度、词汇复杂度、词汇密度都显著提高；词汇偏误不断减少，但拼写偏误始终存在。朱慧敏、王俊菊（2013）分析了英语专业学生大学四年的同题作文语料，发现学习者词汇丰富性各维度具有不同发展特点。学习者大一至大三阶段，词汇变化度显著提升，大四阶段无显著变化；词汇密度随年级的升高而提升，但相邻年级间增长趋势不显著；词汇复杂度逐阶段显著提升，呈线性发展趋势；在词频分布方面，学习者依赖使用高频词，但随着年级的升高，学术词汇所占比重逐渐上升。郑咏滟（2015）基于动态系统理论，考察了英语专业大一学生一学年的作文语料，发现词汇丰富性各维度发展不均衡。组间对比发现，学习者词汇变化度和词汇密度显著提升，而词汇复杂度无显著变化；组内对比发现，学习者个体词汇发展路径差异较大。

纵观国内外二语写作词汇丰富性的研究，可以发现，这些研究基本涵盖了高、中、低水平的二语学习者，而国内研究均以中、高级学习者为研究对象，尚无学者考察中国英语初学者写作词汇丰富性的发展特征。然而，目前我国中学生普遍面临词汇习得水平较低的问题（马广惠 2006；王映学等 2016），在这种情况下，研究初学者写作词汇丰富性，不但可揭示其发展特征，也可发现其发展薄弱环节，进而为一线英语教师提供相应的词汇教学建议。

鉴于此，本章以中国英语初学者为研究对象，通过对比不同阶段（按年级划分阶段）初学者英语作文中词汇丰富性的差异，探索初学者写作中词汇丰富性的发展特征。研究问题如下：

（1）英语初学者各阶段词汇复杂度有何共性与差异性特征？其词汇复杂度呈现出何种发展特征？该发展特征的前提影响因素是什么？

（2）英语初学者各阶段词汇变化度有何共性与差异性特征？其词汇变

化度呈现出何种发展特征？该发展特征的前提影响因素是什么？

（3）英语初学者各阶段词汇密度有何共性与差异性特征？其词汇密度呈现出何种发展特征？该发展特征的前提影响因素是什么？

（4）英语初学者各阶段词汇偏误率有何共性与差异性特征？其词汇偏误率呈现出何种发展特征？该发展特征的前提影响因素是什么？

4.2 词汇丰富性评价维度与理论基础

4.2.1 词汇丰富性评价维度

学界对词汇丰富性的定义颇有争议。有学者将其等同于词汇多样性（lexical diversity）或词汇复杂度（lexical complexity）（Wolfe-Quintero et al. 1998；Daller et al. 2003）。然而，这一观点并未受到学界广泛认同。另一部分学者认为，词汇丰富性并非是单一维度的，而应是多方面的。Engber（1995）认为，除了词汇多样性以外，词汇丰富性还应包括带偏误的词汇变化度（lexical variation with error）、不带偏误的词汇变化度（lexical variation without error）、词汇偏误的百分比（percentage of lexical error）与词汇密度。Laufer（1991）、Laufer & Nation（1995）认为，词汇丰富性应包括四个维度：词汇变化度、词汇密度、词汇复杂度与词汇独特性（lexical originality）。但针对 Laufer & Nation（1995）的分类，Read（2000）持有不同看法。他指出，词汇独特性涉及某个学习者已使用而其他学习者均未使用的词汇频数，因此，该维度在评价不同学龄段的能力差异时缺乏稳定性。他结合二语写作特质，将偏误率融入其中，认为词汇丰富性可从词汇复杂度、词汇变化度、词汇密度与词汇偏误率（lexical error）四个维度评价。本研究考察初学者各阶段的发展差异性，因而采用 Read（2000）多维度评价模型（见图4.1）。各维度具体统计方法如下。

1）词汇复杂度

词汇复杂度是评价词汇丰富性的一项重要维度，也是衡量作文质量的重要指标。Read（2000）指出，高质量作文应适当使用与话题及写作风格贴切的低频词，而并非只使用高频词。低频词在文本中的比率即词汇复杂度。Laufer & Nation（1995）依据词汇在交际中使用的相对频数，设计出"词汇频率分布图"（Lexical Frequency Profile，简称LFP）。LFP包含四个

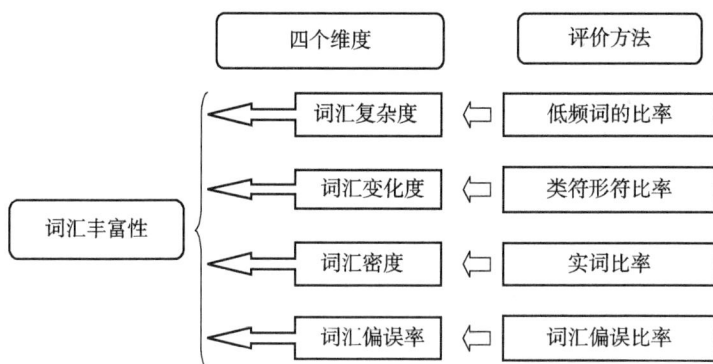

图4.1 Read（2000）的多维度评价模型

子词表：（1）最频繁使用的前1,000个单词；（2）其次频繁使用的1,000个单词；（3）学术词表；（4）不在列表中的词。基于这四个子词表，Laufer & Nation（1995）将低频词定义为"学术词表"和"不在列表的词"中正确使用的词汇。本研究借鉴他们的定义，将"学术词表"和"不在列表的词"中正确使用的词汇视作低频词。

Laufer & Nation（1995）指出，词汇复杂度=低频词词族数/语料库文本总词族数。然而，实际研究发现，在计算词汇复杂度时，使用类符数比词族数更为可靠（梁茂成等2010）。因此，在本研究中，词汇复杂度=低频词类符数/语料库文本总类符数，其中，低频词类符数包括"学术词表"以及"不在列表的词"中正确使用词汇的总类符数。另外，本研究借助Range软件实现低频词检索和词汇复杂度统计。

2）词汇变化度

词汇变化度是衡量词汇丰富性的另一重要维度。它常用于评估学习者语言输出中的词汇多样性特点。一般来说，作文中词汇变化度越高，则说明学习者所用词汇越多样化，他们的产出性词汇能力也就越强。在文本形符数基本一致的情况下，类符形符比是测量词汇变化度的传统方法。因此，本研究借助AntConc软件，通过统计文本中的类符形符比来测量学习者写作中的词汇变化度。

3）词汇密度

词汇密度指实词在文本中的比率，它体现了文本的信息含量。一般来说，学习者写作中词汇密度越高，则说明其使用实词越丰富，文本信息含量越高，学习者语言表达能力也就越强。在本研究中，词汇密度用实词形符数占文本总形符数的百分比测量。具体计算公式如下：

$$词汇密度 = \frac{实词形符数}{文本总形符数} \times 100\%$$

在此公式中，实词包括名词、动词、形容词以及副词。其中，动词包括 have、be、do 作为词汇动词的情况；副词既可指形容词词性的副词，如 fast，也可指由形容词派生出的副词，如 particularly（Biber 1999）。

我们首先使用词性赋码软件 TreeTagger 对文本中所有单词进行词性赋码。然后，借助 PowerGrep 软件，通过人工检查的方式批量改正自动赋码中的错误。之后，使用 AntConc 软件分别检索出语料样本中名词、动词、形容词和副词，计算出各类实词的形符数以及实词的总形符数。最后，统计出样本的词汇密度。

4）词汇偏误率

词汇偏误率是评价词汇丰富性的另一重要维度，能反映学习者写作中的词汇使用情况（万丽芳 2010）。一篇作文中词汇偏误的数量能一定程度上影响该作文的质量（王海华、周祥 2012）。Read（2000）指出，拼写偏误与词汇选择偏误都是词汇偏误的重要方面。本研究主要考察学习者写作中的拼写偏误率。我们首先借助 Range 软件检索样本语料，生成不在列表的词；然后通过人工筛选的方式将不在列表的词中拼写偏误挑出，并按词表等级和阶段将拼写偏误分类；最后统计出不同阶段学习者作文中的拼写偏误率。

4.2.2 汉语背景的英语学习语言接触量框架

有多个因素影响英语学习的效果，其中，英语接触量是前提因素。英语接触量所包括的第一个维度为：英语学习者对英语语言的接触量。在接触英语语言的过程中，足量的接触会加速英语学习的进程，少量的接触会导致英语使用不当，减慢英语学习的进程。英语学习者接触英语只有达到临界量，才会成功习得英语规则。临界量与英语语言结构的清晰度和晦涩度有关。比较清晰的英语语言结构比晦涩的结构需要相对较少的临界量。英语学习者的英语接触若想达到临界量，需要不断增加英语接触的数量，并提高其质量。在课堂中，英语接触量主要以教学时间的长短、教学内容的多少及教学质量的高低来衡量。增加英语接触量的一种途径是在多种语境中增加英语接触频率。

4.3　研究方法

4.3.1　基于语料库的研究方法

（1）语料库描述

本研究所基于的语料库为"中国英语初学者笔语语料库"，由东北师范大学外国语学院建设，语料主要来源于中国东北地区城市重点和普通中学。该语料库总形符数为321,759，文件总数为2,891。本研究以年级为单位，从"中国英语初学者笔语语料库"中选取初一、初二、初三学生的限时作文，然后进行文本合并，得到三组以年级为单位的学习者语料。为方便接下来的对比分析，本研究分别对这三组学习者语料进行抽样，并得到形符数相近的三组样本。经统计，抽样后初一、初二、初三学习者写作样本形符数分别为16,708，16,733，16,726。

（2）本研究使用的词表

词表在词汇丰富性研究中至关重要。因此，我们在本节介绍本研究使用的词表及其生成过程。本研究使用Range软件内附的Laufer & Nation（1995）的基础词表。但考虑到中学生词汇掌握的实际情况，LFP并不适用于研究英语初学者写作的词汇丰富性。鉴于此，本研究制定了更适合测量初学者词汇水平的词汇复杂度评价量表来替换LFP，该词表仅包含人教版初中英语教材词汇表中的单词。词表生成过程如下：参照Read（2000）三级词表分类原则，本研究将教材中的词汇按照使用频率分成三级，简称"教科书三级词表"。其中，词汇使用频率由其在教材中出现的顺序（即初一、初二、初三）衡量。换言之，人教版初一、初二、初三年级英语教材的词汇表分别对应本研究的一级词表、二级词表、三级词表。词表的制作原则是以词族为单位，将属于同一词族的屈折词汇（不包括派生词汇）归于同一词族列表内。例如，词族advertise列表中仅包含其屈折形式，如advertising、advertises、advertised；而其派生形式advertiser、advertisers、advertisement、advertisements则分别属于其他两个词族advertiser、advertisement列表。此判断过程借助Range软件完成。经统计，一级词表、二级词表、三级词表类符数分别为1,537、1,527、1,050。

"教科书三级词表"制作完成后，我们将其导入Range软件，替换软件中原有的三级基础词表。运行软件后，则生成中学生写作词汇列表。该词表有四个子词表：一级基础词表（BASEWORD1）的覆盖率词表（简称"词表一"）、二级基础词表（BASEWORD2）的覆盖率词表（简称"词表二"）、三级基础词表（BASEWORD3）的覆盖率词表（简称"词表三"）、基础词表未覆盖的词表（简称"'词表'不含词词表"）。

4.3.2 访谈法

本研究主要采用基于语料库的研究方法，但同时结合访谈法，用于辅助数据的分析。访谈对象为东北三省七所初中英语教师，均为本研究所建设语料库的被采集者的英语教师，我们以电话、微信、现场访谈或电子邮件的方式，共采访了11名。访谈内容主要涉及初中阶段关于词汇丰富性的课堂教学方法、对《义务教育英语课程标准》（2011年版）的理解，以及对人教版初中英语教材的使用体会与建议。

4.4 数据分析

本节从词汇复杂度、词汇变化度、词汇密度与词汇偏误率四个维度分析初学者词汇丰富性各阶段发展的共性与差异性特征。

4.4.1 词汇复杂度

本节首先统计各阶段英语初学者使用各级词表的类符与百分比，然后分析各阶段低频词使用共性及差异性，以发现初学者词汇复杂度的发展趋势。

表4.1　各阶段各级词表类符及百分比

词表 ＼ 阶段		初一 类符/百分比		初二 类符/百分比		初三 类符/百分比
高频词	词表一	664/48.68%		753/50.67%		702/40.96%
	词表二	275/20.16%		323/21.74%		392/22.87%
	总计	939/68.84%		1,076/72.41%		1,094/63.83%
低频词	词表三	86/6.30%		110/7.40%		141/8.23%
	不在列表的词	正确202（总数339）/14.81%		正确221（总数300）/14.87%		正确338（总数479）/19.72%
	总计	正确288（总数425）/21.11%	初一、初二 *ll*=-0.44 *p*=0.507	正确331（总数410）/22.27%	初二、初三 *ll*=-10.19 *p*=0.001	正确479（总数620）/27.95%
词汇使用类符总计		1,364		1,486		1,714

如表4.1所示，高频词与低频词类符所占比率，初一分别为68.84%、21.11%，初二分别为72.41%、22.27%，初三分别为63.83%、27.95%。可见，初学者均倾向使用高频词；而对于低频词，还处于尝试使用阶段。纵观三个阶段，初学者低频词类符所占比率逐渐升高（21.11%＜22.27%＜27.95%）：初二词汇复杂度略有提升（*ll*=-0.44，*p*=0.507），初三则提升显著（*ll*=-10.19，*p*=0.001）。

综上所述，各阶段都倾向使用较简单的高频词，但随着学龄增长，越来越多地使用低频词。换言之，初学者词汇复杂度虽总体较低，但每学年都有不同程度的进步。

4.4.2　词汇变化度

本节首先对比各阶段的类符形符比，分析其词汇变化度的总体发展趋势，然后对比各阶段使用各级词表的类符，[1]并分析不同阶段词汇变化度的发展共性与差异性特征。

表4.2　各阶段类符形符比及各词表类符差异

阶段及组间显著性	各词表类符				总类符[2]	总形符	类符形符比
	词表一	词表二	词表三	不在列表的词（正确词汇）			
初一	664	275	86	202	1,364	16,708	8.16%
显著性	ll=−5.04, p=0.025	ll=−3.79 p=0.052	ll=−2.91 p=0.088	ll=−0.83 p=0.364	ll=−5.04, p=0.025		
初二	753	323	110	221	1,486	16,733	8.88%
显著性	ll=1.77, p=0.184	ll=−6.70 p=0.010	ll=−3.85 p=0.050	ll=−24.72 p=0.000	ll=−16.35, p=0.000		
初三	702	392	141	338	1,714	16,726	10.25%

如表4.2所示，初学者类符形符比均较低，但三个阶段词汇变化度呈逐阶段上升趋势（8.16%＜8.88%＜10.25%），相邻阶段均存在显著差异（ll=−5.04，p=0.025；ll=−16.35，p=0.000）。初一至初二"词表一"的类符由664增至753，形成显著差异（ll=−5.46，p=0.019），即"词表一"的类符形符比显著升高；而其他词表的类符虽有所增多，但均无显著差异。与之相比，初二至初三"词表一"的类符略有降低（753＞702），但未形成显著差异（ll=1.77，p=0.184）；而其他词表的类符均显著增多。

总体而言，初学者词汇变化度普遍较低，词汇多样性变换能力不强。但随年级的升高，词汇变化度显著增高，产出性词汇能力明显提升。不同阶段在词汇变化度能力发展方面有不同特征，低年级擅长变换使用较简单词汇，高年级能逐渐变换使用较复杂词汇。

---

[1] 因形符基本一致，由各年级类符的差异即可知类符形符比的差异。

[2] 此处包含使用错误的类符。

4.4.3 词汇密度

本节首先统计各阶段的词汇密度并分析其共性与差异性，发现其发展趋势，然后研究各类实词所占比重的变化。

表4.3 各阶段作文中词汇密度

阶段	组间显著性值	实词形符数	全部形符数[1]	词汇密度
初一	初一、初二： *ll*=−10.62 *p*=0.00112	6,828	16,506	41.37%
初二		7,205	16,485	43.71%
初三	初二、初三： *ll*=−0.09 *p*=0.75805	7,167	16,314	43.93%

由表4.3可见，初一至初三实词形符数分别为6,828、7,205、7,167，词汇密度分别为41.37%＜43.71%＜43.93%，可见词汇密度呈总体上升趋势。其中，初二较初一增长显著（*ll*=−10.62，*p*=0.001），初三较初二也有一定程度增长（*ll*=−0.09，*p*=0.758）。

由表4.4可见，三个阶段使用最多的实词是名词（占49.2%），其次是动词（30.9%）、形容词（17.3%），副词最少（2.5%）。随着学龄增长，各类实词所占比重有一定变化：初一至初三名词的频率虽组间差异不明显（初一、初二*ll*=0.81，*p*=0.370；初二、初三*ll*=1.22，*p*=0.269），但呈逐阶段减少趋势（212.59＞208.09＞202.62）；与名词变化趋势不同，形容词、动词和副词均逐阶段增加：形容词，69.437＜74.52＜75.09；动词，117.49＜136.74＜138.83；副词，9.16＜11.24＜11.96。其中，形容词、副词组间差异均不显著（形容词：初一、初二*ll*=−3.02，*p*=0.082；初二、初三*ll*=−0.04，*p*=0.849。副词：初一、初二*ll*=−3.55，*p*=0.060；初二、初三*ll*=−0.38，*p*=0.540）；动词初二较初一显著增加（*ll*=−24.39，*p*=0.000），而初三较初二增长不显著（*ll*=−0.27，*p*=0.607）。

---

[1] 在此处，形符数已将样本中学习者自创的词汇数量去除。

表4.4 各类实词在各阶段作文中分布情况

阶段	名词		形容词		动词		副词	
	频数/百分比	标频	频数/百分比	标频	频数/百分比	标频	频数/百分比	标频
初一	3,552/52.02%	212.59	1,160/16.98%	69.43	1,963/28.75%	117.49	153/2.24%	9.16
初一—初二 显著性值	ll=0.81 p=0.370		ll=-3.02 p=0.082		ll=-24.39 p=0.000		ll=-3.55 p=0.060	
初二	3,482/48.32%	208.09	1,247/17.31%	74.52	2,288/31.76%	136.74	188/2.61%	11.24
初二—初三 显著性值	ll=1.40 p=0.236		ll=-0.02 p=0.887		ll=-0.20 p=0.653		ll=-0.35 p=0.552	
初三	3,389/47.29%	202.62	1,256/17.52%	75.09	2,322/32.39%	138.83	200/2.79%	11.96
总计	49.2%		17.3%		30.9%		2.5%	

综上所述，在初中阶段，学习者写作信息含量逐渐增加，词汇密度不断提高，语言表达能力逐渐提升。此外，他们逐渐变换使用不同词类的实词，不再过度依赖名词，而是尝试越来越多地使用形容词、动词与副词。

4.4.4 词汇偏误率

初学者一、二、三级词表的拼写偏误频数和使用总频数分别为440/43,254、173/3,412、94/781，偏误率分别为1.01%、5.07%、12.04%，可见，他们一级词表掌握最好，偏误率很低；相对复杂的二级词表掌握稍差，偏误率升高；更为复杂的三级词表掌握最差，偏误率也最高。

表4.5　各阶段各级词表拼写偏误率

各级词表及组间显著性	偏误类符			偏误形符		
	初一	初二	初三	初一	初二	初三
一级词表显著性	108/664 (16.3%)	80/753 (10.6%)	61/702 (8.7%)	202/15,036 (1.3%)	138/14,636 (0.9%)	100/13,852 (0.7%)
	初一、初二		初二、初三	初一、初二		初二、初三
	ll=8.45 *p*=0.004		*ll*=1.41 *p*=0.235	*ll*=10.46 *p*=0.001		*ll*=4.18 *p*=0.041
二级词表显著性	46/275 (16.7%)	44/323 (13.6%)	47/392 (11.9%)	61/901 (6.7%)	53/1,059 (5.0%)	59/1,452 (4.1%)
	初一、初二		初二、初三	初一、初二		初二、初三
	ll=0.95 *p*=0.330		*ll*=0.37 *p*=0.543	*ll*=2.60 *p*=0.107		*ll*=1.21 *p*=0.272
三级词表显著性	5/86 (5.8%)	20/110 (18.2%)	35/141 (24.8%)	9/171 (5.3%)	27/275 (9.8%)	58/335 (17.3%)
	初一、初二		初二、初三	初一、初二		初二、初三
	ll=−6.32 *p*=0.012		*ll*=−1.26 *p*=0.261	*ll*=−2.88 *p*=0.090		*ll*=−6.28 *p*=0.012

（待续）

（续表）

各级词表及组间显著性	偏误类符			偏误形符		
	初一	初二	初三	初一	初二	初三
总频数	159	144	143	272	218	217
显著性	$ll=0.77$ $p=0.382$		$ll=0.00$ $p=0.956$	$ll=6.04$ $p=0.014$		$ll=0.00$ $p=0.965$

　　从表4.5偏误总频数看，初一至初二，拼写偏误类符、形符均有一定程度降低：偏误类符由159降至144，虽未形成显著差异（$ll=0.77$，$p=0.382$），但可见下降趋势；偏误形符由272降至218，组间已具有显著差异（$ll=6.04$，$p=0.014$）。然而，初二至初三，拼写偏误类符、形符均未发生显著变化：偏误类符分别为144和143（$ll=0.00$，$p=0.956$），偏误形符分别为218和217（$ll=0.00$，$p=0.965$）。这说明，初一至初二拼写准确率上升，词汇使用能力发展较明显，而初三与初二相比，拼写准确率几乎未见提高。

　　各级词表拼写偏误率的发展变化如下。（1）一级词表，偏误类符比和形符比都有所减少（16.3% > 10.6% > 8.7%；1.3% > 0.9% > 0.7%）。就偏误类符来看，初二较初一显著降低（$ll=8.45$，$p=0.004$），初三较初二略有降低，未形成显著性（$ll=1.41$，$p=0.235$）；而相邻阶段间的偏误形符均有显著差异（$ll=10.46$，$p=0.001$；$ll=4.18$，$p=0.041$）。（2）二级词表，偏误类符比与形符比也均有减少（16.7% > 13.6% > 11.9%；6.7% > 5.0% > 4.1%），但无论拼写偏误类符数，还是形符数，相邻阶段间均未显著减少（$ll=0.95$，$p=0.330$；$ll=0.37$，$p=0.543$；$ll=2.60$，$p=0.107$；$ll=1.21$，$p=0.272$）。（3）与高频词拼写偏误减少的趋势不同，三级词表的拼写偏误率随年级的升高而增多（5.8% < 18.2% < 24.8%；5.3% < 9.8% < 17.3%）。初二的偏误类符较初一有显著增多（$ll=-6.32$，$p=0.012$）；初三的偏误类符较初二也有一定程度增多，但无显著差异（$ll=-1.26$，$p=0.261$）。初二的偏误形符较初一有所增多，但无显著差异（$ll=-2.88$，$p=0.090$）；初三的偏误形符较初二则显著增多（$ll=-6.28$，$p=0.012$）。

4.5 讨论

本节从词汇复杂度、词汇变化度、词汇密度与词汇偏误率四个维度讨论初学者词汇丰富性的总体使用情况及发展趋势，同时探讨呈现出这种发展特征的前提影响因素。

4.5.1 词汇复杂度

前期研究多基于词汇频率分布图，多以中、高级学习者为研究被试，尽管语料在写作体裁、话题、长度等方面均有所不同，但研究结果均具有组间显著差异（如González 2017；Laufer & Nation 1995；鲍贵 2008；万丽芳 2010；朱慧敏、王俊菊 2013）。本研究的基础词表及初学者的英语能力与前期研究有较大差异，词汇复杂度具有发展独特性：初学者每学年都取得进步，但低年级发展较慢，高年级发展较快。该结果可能归因于词汇教学的阶段性。一方面，初一、初二虽处于高频词教学阶段，但通过访谈得知，多数教师会在必要时有所涉及低频词，如拓展同一词根的词汇，拓展同一变化规则的词汇（例如，在讲interesting与interested时，将初中阶段会遇到的同类词汇一并讲授），或拓展同一主题的词汇（例如，教材图片里出现了喷泉，但未出现该词，则会依据其实用性或写作需要拓展相应词汇）。因此，初一、初二写作中出现了少量三级词表词汇。另一方面，由于三级词表尚未正式讲授，初一、初二受词汇能力所限，很难大量输出该类词汇。这进一步导致初一、初二词汇复杂度发展较缓。而初三早已学习或正在学习三级词表，低频词接触时间较长，因此使用比率显著增多，词汇复杂度发展明显。这也验证了汉语背景的英语学习语言接触量框架中的相关观点：语言接触量会影响学习者的语言处理过程（Sheng *et al.* 2013）；在课堂中，接触量主要以教学时间的长短来衡量（Collins *et al.* 2012）。低频词的教学时间增长，学习者得到充分接触，达到了临界量，其运用能力可能获得质的飞跃。

另外，本研究的发现与Laufer（1998）的结论相悖。Laufer基于词汇频率分布图，对比十、十一年级的写作用词，发现词汇复杂度基本无变化。Laufer（1998）将其解读为十一年级词汇发展的高原现象。而笔者认为，该结果还可能与词表选择的不合理有关。其研究被试与本研究被试在学习背景方面接近，其英语水平仍处于初级，因此，词汇频率分布图难以有效评估其词汇发展。

4.5.2 词汇变化度

以往研究多以中、高级英语学习者为被试，在写作体裁、话题、长度等方面也均不相同（González 2017；鲍贵 2008；万丽芳 2010；王海华、周祥 2012），但学习者随着年级升高，他们的词汇多样性变化能力显著增强。这与本研究结论一致。此结果表明，不同水平学习者在词汇变化度方面呈现出一致的发展轨迹。

同时，二语初学者也体现出其特有的词汇习得阶段性特征，即词汇变化度普遍较低，词汇较单一，产出性词汇能力不强。这与Fairclough & Belpoliti（2016）的研究结论一致。[1]这符合学习者二语习得的普遍认知规律，即他们尚处于二语学习初始阶段，很难通过有限课堂学习将所学词汇全部内化，并灵活运用于写作中。

汉语背景的英语学习语言接触量框架认为，增加语言接触机会最重要的途径，是在多种语境中增加语言接触的频率。初学者词汇变化度逐年显著提升与教学中提供的语言接触量有关。通过访谈得知，教师每学年都会依据分级词表讲授新单词（类符），并通过多种方式（包括课文讲解、词汇练习、课外阅读）使学习者充分接触词汇的不同语境，学习者因此逐渐吸收并产出多样化词汇。

尽管本研究里的初学者词汇变化度总体逐年上升，但各年级发展特征有所不同。初一、初二年级由于正讲授或已讲完一级词表，他们更倾向于变换使用该词表词汇。初三接触到更多复杂词汇，因此复杂词汇的产出能力显著增强，表现为不再局限于变换使用较简单的词汇，而是逐渐变换使用一级词表之外的较复杂词汇。

---

[1] 该研究的被试为西班牙语初学者。

4.5.3 词汇密度

以往多数研究的语料在写作体裁、话题、长度等方面均有不同，但词汇密度均呈逐年提升趋势（Dahme & Selfa 2017；鲍贵 2008；朱慧敏、王俊菊 2013），这与本研究相似。但以往研究组间增幅各有不同，例如，有的具有组间显著差异（Dahme & Selfa 2017），有的组间增幅先慢后快（鲍贵 2008），有的虽呈上升态势，但无组间显著变化（朱慧敏、王俊菊 2013）。本研究发现初一至初二提高较快，初二至初三则增长放缓。

测量结果的不同可能与被试的二语水平有关。Schmitt（2000）指出，词汇能力发展是循序渐进的，不同水平学习者在词汇密度方面呈现出不同的发展轨迹。同时，测量结果的差异也可能与教材内容的设置有关。根据语言接触量假说，在二语接触过程中，足量接触会加速二语习得。本研究发现，初二、初三词汇密度的增加可能与教材词表中实词的大量出现有关。虚词主要在一级词表中出现，在二级与三级词表中，虚词几乎消失。[1]初二、初三年级词汇教学中，实词大量而集中出现，学习者得以充分接触新的实词，并在潜移默化中掌握并产出更多实词。

此外，与低年级相比，高年级不再过度依赖单一的名词，而是逐渐尝试使用多类实词。进一步观察语料发现，低年级名词使用过多只是表象，很多名词实为混用，而高年级名词混用逐渐减少，其他词类逐步增多，这也是学习者词汇选择与运用能力提升的表现。这种进步也可能与高年级各类实词的大量而高频接触有关。

尽管本研究初学者词汇密度逐年提升，但总体水平较低，这与多数研究一致；换言之，中、高级水平二语学习者的词汇密度较高，初级水平的较低。例如，朱慧敏、王俊菊（2013）所调查的英语专业学生词汇密度接近60%。郑咏滟（2015）所调查的英语专业大一词汇密度在50%—57%间浮动。而Fairclough & Belpoliti（2016）以二语为西班牙语的初学者为被试，其词汇密度均值为46.4%。本研究里的初一至初三词汇密度也均未达

---

[1] 二级词表除三个词族外其余均为实词（till/til/until, while/whilst, without），而三级词表全部为实词。

到45%。可见，二语初学者词汇密度总体偏低，文本信息含量不足。这也符合学习者二语习得的普遍认知规律。

4.5.4 词汇偏误率

以往研究多以中、高级英语学习者为被试，其语料在写作体裁、话题、长度等方面也均有不同，但学习者组间拼写偏误率均呈现出明显的减少趋势（Engber 1995；万丽芳 2010；王海华、周祥 2012）。而在本研究中，初学者拼写能力的发展趋势有所不同，拼写偏误率下降趋势为先快后缓。在各级词表拼写偏误变化方面，初学者高频词的拼写越来越准确，低频词的掌握较为困难。

进一步统计观察可知，初学者高频词拼写准确率逐渐提高，拼写能力逐步增强。其中，一级词表习得较快；二级词表进步较缓。这一差异可能由于二级词表相对复杂，习得难度较大，初学者需要更多时间内化较复杂词汇。

与高频词相比，低频词掌握尚有很大提升空间。初三的高频词偏误率虽明显降低，但低频词偏误率显著升高，因此出现初三拼写准确率总体未提高的现象。从表面上看，初学者低频词拼写偏误逐年增多，但这并不意味着其词汇能力下降。事实上，低频词拼写偏误对初学者词汇能力的提升具有积极意义。根据Selinker（1972）的中介语理论，偏误的出现表明学习者在通过假设-验证假设的过程中积极建立中介语系统。在本研究中，低频词偏误率不断升高的原因在于，学习者虽尚未完全掌握低频词，但在写作中积极尝试使用，这本身就是假设-验证假设的过程。

根据汉语背景的英语学习语言接触量框架，足量接触会加速二语习得，少量接触会产生二语偏误，减慢习得过程。各级词表的难易程度及充分接触时间是偏误率高低的重要影响因素：高频词较简单，且最先讲授，讲授时间较长，到初三已能较好掌握；而低频词较复杂，且最后讲授，讲授时间较短，到初三仍较难习得。

4.5.5 四个维度综合分析

表4.6 四个维度发展趋势总结

维度	方向	趋势
词汇复杂度	↗	逐阶段升高,先慢后快
词汇变化度	↗	逐阶段显著提升
词汇密度	↗	逐阶段升高,先快后慢
词汇偏误率	↘	逐阶段降低,先快后慢

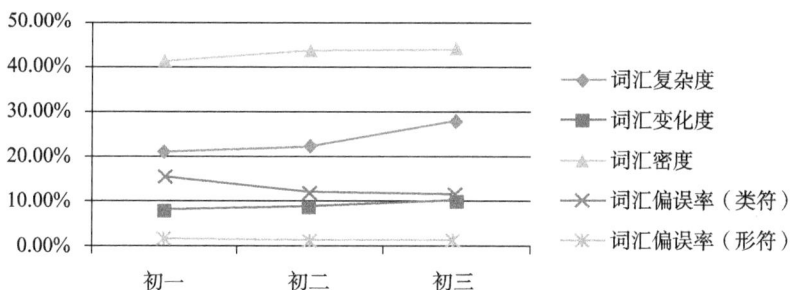

图4.2 各维度发展趋势图

如表4.6与图4.2所示,初学者四个维度的各自发展趋势为:词汇复杂度逐年升高,先慢后快;词汇变化度逐年显著提升;词汇密度逐年升高,先快后慢;词汇偏误率逐年降低,先快后慢。

综合四个维度,初一至初二低频词使用较少,复杂词汇使用能力发展较慢,但词汇总量(包括高频词与低频词)使用比率显著升高,词汇变化能力显著增强;同时,实词频次显著增多,词汇表达高信息含量能力显著提升;不仅如此,该阶段词汇偏误率显著下降。与之相比,初二至初三低频词使用显著增多,复杂词汇使用能力发展明显,同时词汇总量使用比率也显著升高,词汇变化能力也显著增强;虽然此时词汇总量(类符比)显著增高,但其中的实词形符比率增长不显著,可见,其高信息含量的词汇表达能力无明显提升。同时,该阶段词汇偏误率也未发生明显变化。

如前所述，词汇复杂度涉及低频词的使用，在低年级阶段很难有效习得并产出较复杂的低频词，因此，词汇复杂度呈现出先慢后快的发展趋势。而词汇变化度不涉及低频词的使用，学习者词汇量在不断扩大，写作中使用多样化的词汇较容易实现，因此，词汇变化度在三个阶段均呈显著增长趋势。词汇密度涉及实词的使用，初二、初三实词接触量大增，因此，在写作中能够较多地使用，实词比率显著增多，但同时，受词汇能力发展规律所限（Schmitt 2000），初三与初二之间未出现显著提升。就词汇偏误率而言，初一、初二是以接触高频词为主的阶段，词汇难度较小，因此，词汇偏误率呈显著降低趋势，而初三尝试使用低频词，词汇难度较大，且接触时间较短，因此，词汇偏误率总体未发生变化。但鉴于该阶段低频词使用显著增多，学习者词汇使用准确率增长缓慢只是表面现象，其实质是语言能力提升的表现。

初学者词汇能力总体水平较低，这符合语言能力发展规律，但同时也与语言接触的质与量相关。而教材是学生最重要的语言学习依据，教材词汇呈现出的科学性与学习者词汇能力的发展密切相关。张伟、马广惠（2007）认为，人教版初中英语教材中词汇量虽达到新课程标准的要求，但分布不均衡，词汇量随年级增长而呈下降趋势，部分词汇出现频率过低。谢家成（2010）在调查中也发现，教材中部分词汇词频过低，分布不合理，词汇复现不够。例如，不少课标词汇和基本词汇在教材中未出现或出现频数较低。何舒曼（2013）发现，人教版初中英语第5册（最后一册）的类符与形符的比值明显减少。这说明该教材基本上是以复习旧知识为主，新增词汇相对较少。研究同时发现，人教版初中英语在课标以外的单词数占总词数的41.57%，说明教材使用了大量的超纲词汇，这无疑会给学生造成不必要的学习压力，同时也会分散学生的学习精力。郭建荣（2012）也发现，人教版初中英语词汇量较大，且在生词量、信息量上幅度提升太大，导致教师在教学时不好把握尺寸，同时也给学生的学习增加了很重的负担。因此，教材词表分布不均衡的问题很可能会影响初学者词汇能力的总体水平。

4.6 小结

　　本章以汉语背景的英语学习语言接触量框架为理论依据，采用Read（2000）的多维度评价模型，基于中国英语初学者笔语语料库，从词汇复杂度、词汇变化度、词汇密度、词汇偏误率四维度综合分析初一至初三年级写作词汇丰富性的发展特征。研究发现：初学者词汇丰富性有待提高，词汇综合运用能力较弱；虽然初学者的词汇丰富性随年级升高而不断提高，但各维度发展不均衡。具体而言，词汇复杂度总体水平较低，随学龄增长而提高，先慢后快。词汇变化度普遍较低，词汇多样性变换能力总体不强，但随年级升高而显著提升；低年级擅长变换使用一级词表词汇，高年级能逐渐变化使用一级词表之外的词汇。词汇密度水平偏低，但随年级升高而不断提高，先快后慢；且不再过度依赖名词，而是逐渐变换使用不同词类的实词。在拼写偏误总频数上，偏误率下降趋势为先快后慢：初一至初二显著下降，词汇使用能力发展明显；而初三由于低频词偏误显著增多，总体偏误率无明显下降。在各级词表拼写偏误方面，高频词拼写越来越准确，而低频词掌握困难。词汇丰富性所呈现出的上述发展特征主要受词汇接触量的影响。

第五章 英语初学者写作句法
复杂度的发展特征

5.1 引言

语言复杂度可分为词汇复杂度、形态复杂度、句法复杂度以及语音复杂度（Bulté & Housen 2014）；其中，句法复杂度指语言产出中语言形式的变化范围和复杂化程度（Bulté & Housen 2014；Lu 2011；Ortega 2003）。受儿童语言习得研究的启发，Larsen-Freeman（1978）认为在二语研究中也应引入这一概念，用于评估语言水平，描述语言能力以及衡量语言的发展（Norris & Ortega 2009）；具体在写作研究上，可用来评估教学干预对学习者语法发展和写作能力的影响，研究不同任务类型对二语写作的影响，评价学习者写作语言的发展变化等（Ortega 2003）。

20世纪70年代以来，句法复杂度的研究引起了国内外学界的广泛关注。其研究大致可概括为以下三个方面。

（1）探究各变量对句法复杂度的影响，如体裁、话题等。Beers & Nagy（2011）关注两组学生的作文在四种不同体裁上的句法表现，发现它们在不同体裁中表现出不同的句法特征。Yang *et al.*（2015）对比学习者在两种不同话题的议论文写作中的句法差异，发现句子平均长度和T单位平均长度能有效预测不同话题的写作质量。

（2）对比二语学习者与本族语者在句法复杂度上的差异。Mancilla *et al.*（2015）对比学习者与本族语者10个句法指标的使用特征，发现其中四项具有显著差异，本族语者使用了更多从属结构，学习者在并列结构和短语复杂度上表现更好。刘永兵、张会平（2011）聚焦中外英语教师课堂话语的句法复杂度，发现我国中学英语教师的平均课堂话语使用质量有待提高。雷蕾（2017）对比中英硕博士论文中句法复杂度的使用差异，结果显示英语学习者句法复杂度与本族语者存在差异。

（3）探索二语学习者句法复杂度的发展特征。某些学者通过观察同一群体的句法复杂度发展情况进行纵向追踪研究。Bulté & Housen（2014）观察45名英语学习者经过一学期密集课程的句法变化，研究结果与前人的句法发展"三段式"结论不同，且不同指标发展速度不同。Vercellotti（2015）跟踪分析66名学习者3~9个月，发现所有学生的进步轨迹相似。李茶、隋铭才（2017）基于复杂理论视角，选取16个测量指标观察六名英语学习者一年内口语复杂度、准确度、流利度的发展轨迹，结果揭示了学习者语言发展的个体差异性。

此外，还有不少学者对比不同年级或不同水平组学习者的句法差异性特征，预测句法复杂度的发展变化。Lu（2011）将大学英语学习者按照年级分为四个水平组，选取14个句法指标探讨句法发展，研究发现句法产出随语言水平变化，但它们之间的关系还未清晰。鲍贵（2009）横向考察了四组学习者随年级和学习水平在单位长度及密度上的变化模式，发现长度指标增长较快，但密度指标发展不足。李梦骁、刘永兵（2016）探讨了初一和高一两个年级句法复杂度的差异，发现学习者的多数指标都随着年级和写作水平的上升呈现出线性增长趋势。杨莉芳、王兰（2016）探讨了不同水平的中国高中学习者英语议论文的句法复杂性特征，表明中、低水平组在各方面的表现上无显著差异，而高水平组明显优于中、低水平学习者。

国内研究主要集中在前两类，近几年才逐渐关注二语学习者句法复杂度的发展，但对句法发展趋势尚未有一致看法。纵观这些文献，不难发现它们在研究设计上主要存在三点不足。

第一，前人研究对句法复杂度的定义不同，未确立统一的衡量标准，且囊括指标不够全面，很难比较各项研究结果。此外，前人研究理论性不足。多数研究只关注对各指标发展特征的描述统计，鲜有探究各指标发展趋势的内在原因，而深入探讨学习者各阶段句法差异对二语教学具有重要的理论意义。

第二，观察句法复杂度的周期较短。Larsen-Freeman（2006）的动态系统理论认为，语言习得各资源（如词汇复杂度、流利度）之间存在竞争关系，语言的发展不是线性增长的模式。因此过短的观测周期不足以论证句法复杂度各维度的发展变化。此外，多数研究未控制其他变量。大量研究证明，体裁、任务类型等因素影响句法复杂度，且在不同指标上表现出不同的句法特征（Beers & Nagy 2011；Lu 2011；Yang *et al.* 2015）。因此在探究二语句法复杂度时，也应考虑这些变量对句法使用的影响。

第三，对句法复杂度的发展研究主要集中在个案研究上，对学习者各阶段句法特征的普遍情况探讨较少。例如，有的学者从动态系统理论解释句法复杂度的发展，证明学习者的发展存在个体间差异和个体内变化（李茶、隋铭才 2017）。Ortega（2003）指出，研究样本较少会导致学习者语言水平同质化，使研究结论不具有普遍性。因此，应增加研究样本以便于研究学习者句法发展的普遍轨迹。此外，前人研究多集中于中高级英语学习者（如大学英语学习者），鲜有研究关注初学者句法复杂度的发展趋势，而初学者的句法发展对二语教学与研究有着重要的参考价值。

鉴于此，本研究尝试基于英语初学者笔语语料库，从产出单位长度、从属结构数量、并列结构数量以及短语复杂度四个维度出发，分析英语初学者写作句法复杂度各指标的使用共性及差异性，发现其使用情况及发展趋势，并基于汉语背景的英语学习语言接触量框架，探究英语初学者笔语句法复杂度某种发展特征的前提影响因素。具体回答以下研究问题：

（1）英语初学者各阶段产出单位长度有何共性与差异性特征？其产出单位长度呈现出何种发展特征？该发展特征的前提影响因素是什么？

（2）英语初学者各阶段从属结构数量有何共性与差异性特征？其从属结构数量呈现出何种发展特征？该发展特征的前提影响因素是什么？

（3）英语初学者各阶段并列结构数量有何共性与差异性特征？其并列

结构数量呈现出何种发展特征？该发展特征的前提影响因素是什么？

（4）英语初学者各阶段短语复杂度有何共性与差异性特征？其短语复杂度呈现出何种发展特征？该发展特征的前提影响因素是什么？

5.2 汉语背景的英语学习语言接触量框架

英语接触量是影响英语学习效果的前提因素。英语接触量所包括的第一个维度为：英语学习者对英语语言的接触量。在接触英语语言的过程中，足量的接触会加速英语学习的进程，少量的接触会导致英语使用不当，减慢英语学习的进程。英语学习者接触英语只有达到临界量，才会成功习得英语规则。临界量与英语语言结构的清晰度和晦涩度有关。比较清晰的英语语言结构比晦涩的结构需要相对较少的临界量。英语学习者的英语接触若想达到临界量，需要不断增加、提高英语接触的数量和质量。在课堂中，英语接触量主要以教学时间的长短、教学内容的多少及教学质量的高低来衡量。（详见本书第二章第二节）

5.3 研究方法

5.3.1 基于语料库的研究方法

（1）语料库描述

本研究所基于的语料库是"中国英语初学者笔语语料库"，由东北师范大学外国语学院语料库课题组建设，涉及不同体裁的限时作文，能够比较全面地反映初学者的笔语水平。语料库文件总数为2,891，总形符数为321,759。本章研究按年级划分阶段，初一为阶段一，初二为阶段二，初三为阶段三。

（2）测量框架

关于句法复杂度的测量指标，前人提出了多种方法，如产出单位长度，句法类型的变化程度，特定句法结构的复杂度（如时态、被动语态、复杂名词等）等，但鲜有学者同时测量多个维度以展现句法发展的复杂性及动态性。传统意义上的句法复杂度只包括子句层次的指标，近些年也将短语复杂度纳入。Norris & Ortega（2009）综述了16个研究的测量指标，提出各指标应全面多维且不冗余。为了系统地评价二语产出的句法复杂度，他们建议纳入必要的测量指标，如总体复杂度、从属结构数量、短语复杂度，并建议将学习者的教育背景考虑在内，寻找不同的指标来满足特定测量目的。

Halliday & Matthiessen（1999）的系统功能语法也为多维度的句法复杂度测量框架提供了理论基础。他们认为语言的发展具有一定顺序：首先通过并列结构（独立词、子句或句子的排序）来表达思想，其次通过从属结构（语法的错综复杂）来表达逻辑关系，最后依赖语法隐喻（名词化或其他词性替代过程）达到语言水平的最高阶段。Norris & Ortega（2009）构建了句法发展的"三段式"模式（并列结构–从属结构–短语复杂度），认为低水平学习者倾向于使用从属结构，而高水平学习者依赖更高的词汇密度和更复杂的短语结构。因此，为了更有效地衡量写作质量，不能单就某一个句法指标判断学习者的整个发展轨迹，要从不同角度构建句法复杂度测量框架。

近年研究中，Lu（2010）设计的自动化句法复杂度分析器L2SCA与Norris & Ortega（2009）的测量标准一致，自动计算九个句法结构的频数值，并依此计算14个指标的测量值。本研究综合两人研究，从产出单位长度、从属结构数量、并列结构数量和短语复杂度四个维度出发，描述初学者句法复杂度在各指标上的体现。这四个维度充分涵盖了上述定义的句法复杂度的多样性和复杂性：就多样性而言，多维度测量方式评估了句法结构的多种类型；就复杂性而言，代表更高语言水平的复杂结构以及产出单位长度可以用来表征所使用的句法结构的复杂程度。

本研究依据Mancilla *et al.*（2015）以及Ai & Lu（2013）的研究，本着全面多维且不冗余的原则（Norris & Ortega 2009），基于四个维度，选出其中10个最有效的指标来描述初学者的句法复杂度。具体而言，产出单位长度包括子句平均长度（MLC）、句子平均长度（MLS）和T单位平均长度（MLT）；从属结构数量包括子句中从句数量（DC/C）和T单位中从句数量（DC/T）；并列结构数量包括子句中并列短语数量（CP/C）、T单位中并列短语数量（CP/T）和句子中T单位数量（T/S）；短语复杂度指标包括子句中复杂名词数量（CN/C）和T单位中复杂名词数量（CN/T）。具体测量框架如表5.1所示。

表5.1 句法复杂度测量指标[1]

维度	测量指标	代码	计算公式
产出单位长度	子句平均长度	MLC	#单词数/#子句数
	句子平均长度	MLS	#单词数/#句子数
	T单位平均长度	MLT	#单词数/#T单位数
从属结构数量	子句中从句数量	DC/C	#从句数/#子句数
	T单位中从句数量	DC/T	#从句数/#T单位数
并列结构数量	子句中并列短语数量	CP/C	#并列短语数/#子句数
	T单位中并列短语数量	CP/T	#并列短语数/#T单位数
	句子中T单位数量	T/S	#T单位数/#句子数
短语复杂度	子句中复杂名词数量	CN/C	#复杂名词数/#子句数
	T单位中复杂名词数量	CN/T	#复杂名词数/#T单位数

（3）测量方法

为保证语料具有可比性，首先，通过分层抽样法使各年级间形符数基本一致，同时保证各年级涉及的两种体裁形符数基本一致（本研究主要探讨描述文和议论文两种体裁）。得到各年级形符数为：初一形符数10,088（描述文：5,073；议论文：5,015），初二形符数10,121（描述文：5,067；议论文：5,054），初三形符数10,193（描述文：5,169；议论文：5,024）。作文的平均长度在47—279词之间（Mean=119.30，SD=38.955）。然后，使用L2SCA自动分析器对每篇作文进行分析，得出各个句法复杂度指标的数值。最后，将数据输入到SPSS25.0进行单因素方差分析，通过LSD事后检验方法两两比较组间差异，观察句法复杂度各指标随年级升高而呈现出的发展趋势。

5.3.2 访谈法

本章研究主要采用基于语料库的研究方法，但同时结合访谈法，用于辅助数据的分析。访谈对象为东北三省八所初中英语教师，均为本研究所建设语料库的被采集者的英语教师，我们以电话、微信、现场访谈或电子邮件的方式，共采访了12名。访谈内容主要涉及句法复杂度的课堂教学方

---

[1] 转引自Ai & lu（2013），Mancilla *et al.*（2015），雷蕾（2017）。

法、对《义务教育英语课程标准》(2011年版)的理解,以及对人教版初中英语教材的使用体会与建议。

5.4 结果

　　本节从产出单位长度、从属结构数量、并列结构数量、短语复杂度这四个维度,分析初学者句法复杂度各阶段发展特征的共性与差异性。

5.4.1 产出单位长度

表5.2　产出单位长度描述性结果

阶段	MLC		MLS		MLT	
	平均值	标准差	平均值	标准差	平均值	标准差
初一	7.118	1.643	14.328	12.251	10.200	4.255
初二	6.790	1.182	10.641	3.843	9.546	2.250
初三	7.204	1.357	11.274	4.241	10.650	4.024

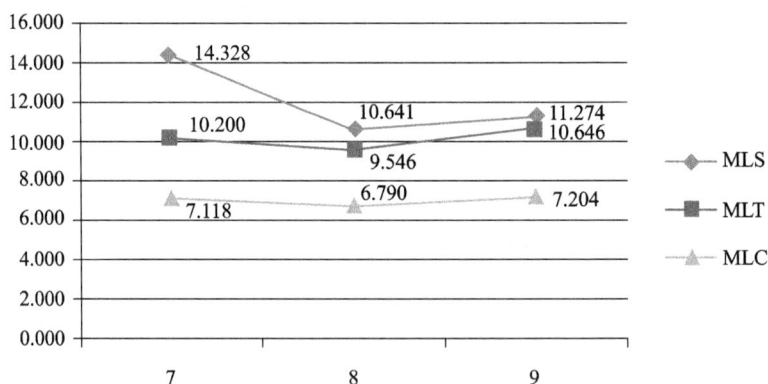

图5.1　产出单位长度发展趋势

　　如表5.2所示,三个长度指标随年级升高,均呈现出先下降再上升的趋势。具体而言,初一至初三子句平均长度(MLC)分别为7.118、6.790、7.204,句子平均长度(MLS)分别为14.328、10.641、11.274,T单位平均长度(MLT)分别为10.200、9.546、10.650。方差分析结果显示,只有句子平均长度（MLS）具有组间显著差异（$F=5.422$，$p < 0.05$），[1] 子句平均长度（MLC）和T单位平均长度（MLT）都不具有组间显著差异，其中，初一至初二句子平均长度（MLS）显著下降（$p < 0.05$），初一至初三句子平均长度（MLS）显著下降（$p < 0.05$），初二至初三未形成显著差异（$p > 0.05$）。总体而言，呈现出先显著下降后缓慢升高的"U"形发展趋势。

5.4.2 从属结构数量

表5.3　从句比例描述性结果

阶段	DC/C		DC/T	
	平均值	标准差	平均值	标准差
初一	0.256	0.156	0.419	0.392
初二	0.258	0.112	0.394	0.255
初三	0.290	0.115	0.455	0.284

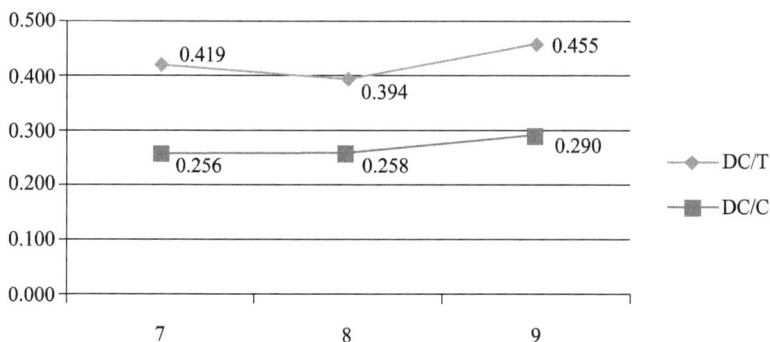

图5.2　从句比例发展趋势

如表5.3所示，随年级升高，子句中从句数量（DC/C）分别为0.256、0.258、0.290，上升幅度先慢后快。T单位中从句数量（DC/T）分别为0.419、0.394、0.455，呈现出先下降后上升的"U"形趋势。方差分析结果显示，三个阶段在两个从句比例上均无显著差异（DC/C：$F=1.776$，$p > 0.05$；DC/T：$F=0.747$，$p > 0.05$），说明学习者从句的使用无组间显著性变化。

---

[1] 本研究未展示单因素方差分析结果的表格，只进行文字报告。

5.4.3 并列结构数量

表5.4 并列结构数量描述性结果

阶段	CP/C		CP/T		T/S	
	平均值	标准差	平均值	标准差	平均值	标准差
初一	0.143	0.138	0.197	0.194	1.406	1.218
初二	0.113	0.107	0.152	0.136	1.108	0.262
初三	0.130	0.122	0.192	0.191	1.062	0.166

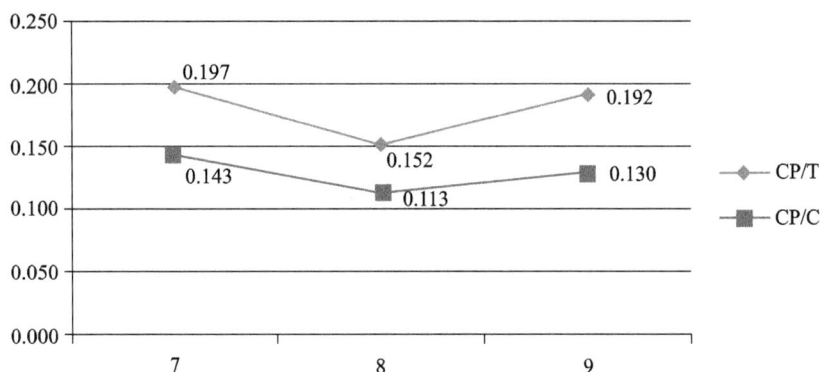

图5.3 并列短语比例发展趋势

如表5.4所示，本研究中子句中并列短语数量（CP/C）和T单位中并列短语数量（CP/T）随着年级的升高而呈现出先降低后提高的趋势。随着年级的升高，子句中并列短语数量（CP/C）分别为0.143、0.113、0.130，T单位中并列短语数量（CP/T）分别为0.197、0.152、0.192，组间皆无显著差异（CP/C：$F=1.403$，$p > 0.05$；CP/T：$F=1.732$，$p > 0.05$），只呈现出微弱的"U"形变化趋势。这说明随着年级升高，初学者并列短语的使用变化不显著，呈现出微弱的"U"形发展趋势。而另一方面，句子中T单位数量（T/S）分别为1.406、1.108、1.062，随着年级的升高而下降。方差分析结果显示，组间T/S具有显著差异（$F=5.435$，$p < 0.05$）。其中，初一至初二（$p < 0.05$）、初一至初三（$p < 0.05$）均具有组间显著差异，初二至初三（$p > 0.05$）不具有显著差异，但呈现出下降趋势。句子中T单位数量（T/S）

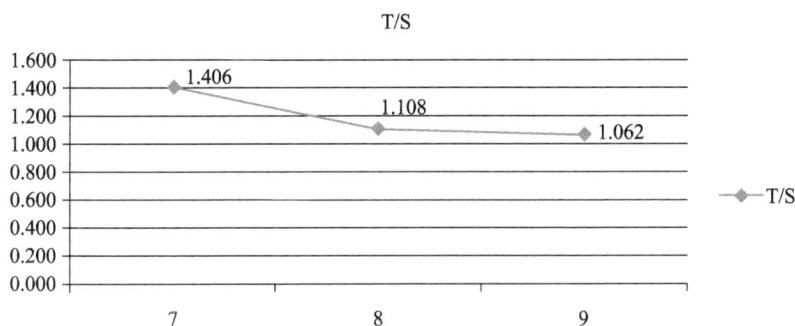

图5.4　并列句比例发展趋势

这一指标逐渐降低，代表学习者使用并列句的比例降低，说明学习者随着年级升高，并列句的使用越来越少，且初一至初二下降显著，初二至初三下降缓慢，呈现出先快后慢的下降趋势。

5.4.4　短语复杂度

表5.5　复杂名词比例描述性结果

阶段	CN/C		CN/T	
	平均值	标准差	平均值	标准差
初一	0.585	0.257	0.832	0.423
初二	0.620	0.242	0.876	0.385
初三	0.677	0.242	1.03	0.640

如表5.5所示，初一至初三，子句中复杂名词数量（CN/C）分别为0.585、0.620、0.677，T单位中复杂名词数量（CN/T）分别为0.832、0.876、1.03。方差分析结果显示，三个阶段在子句中复杂名词数量（$F=3.081$，$p < 0.05$）和T单位中复杂名词数量（$F=3.855$，$p < 0.05$）上均显著增长，这说明复杂名词的使用从初一至初三呈现出不断上升的趋势。其中，初一至初二（CN/C：$p=0.342 > 0.05$；CN/T：$p > 0.05$）无显著增长，只呈现出微弱增长趋势。初二至初三在子句中复杂名词数量无显著增长（$p > 0.05$），

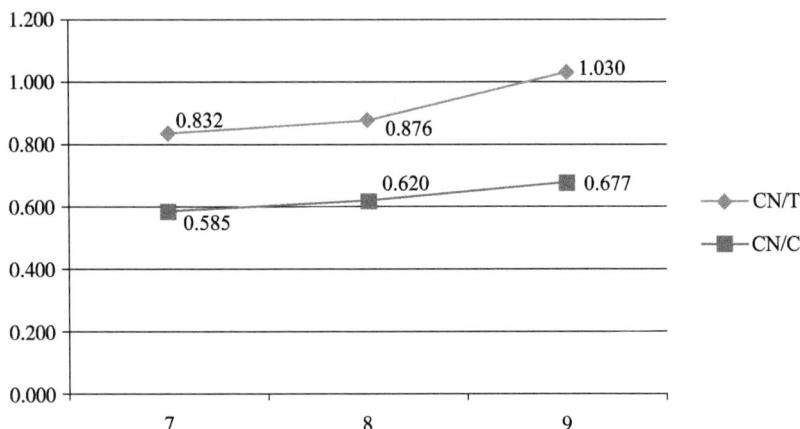

图 5.5　复杂名词比例发展趋势

而 T 单位中复杂名词数量显著增长（$p < 0.05$）。初一至初三子句中复杂名词数量（$p < 0.05$）和 T 单位中复杂名词数量（$p < 0.05$）均增长显著。这说明，通过初中三年的学习，复杂名词的使用比例缓慢提升，没有发生突变，总体呈现出缓慢的升高趋势。

5.5　讨论

本节从产出单位长度、从属结构数量、并列结构数量、短语复杂度四个维度讨论初学者句法复杂度的总体使用情况及发展趋势，同时探讨呈现出这种发展特征的前提影响因素。

5.5.1　产出单位长度

前人研究普遍认为，产出单位长度一般会随着年级升高而呈现出增长趋势（Bulté & Housen 2014；Lahuerta Martínez 2018；Wolfe-Quintero et al. 1998；秦晓晴、文秋芳 2007；徐晓燕等 2013），产出单位长度的增加通常预示着更高语言水平的出现（Lu 2011；Ortega 2003）。而在本研究中，产出单位长度随着年级升高而呈"U"形发展：初一至初二的三个产出单位长度皆呈下降趋势，这与前人研究结论不一致。

进一步检索语料，观察发现，造成初一产出单位相对较长的潜在原因是存在大量连缀句偏误（人工标注得出初一、初二、初三连缀句比例分别为10.71%、8.77%、6.42%）。例如：

(1) * You should tell chirdren don't watch TV doing sports now, YOU should teach them to play sports, for example: play basketball. (070762)

(2) * For my birthday present, I would like to have becautiful shoes, because my friends have many kind of becautiful shoes, so I also want buy one, but my parents told me that I can not buy shoes until next year, so I want to buy a pair of shoes. (070346)

例（1）的第一个子句中存在两个谓语动词，将第一个主谓结构的宾语当成第二个主谓结构的主语，不符合英语句法规则；例（2）全篇都用逗号衔接（句间标点），只在段尾使用了句号。有学者认为，"连缀句"偏误的根本原因在于汉语［句子］语法概念范畴系统及其属性的负迁移（张会平、刘永兵 2014）。例（1）和（2）的偏误是受到母语负迁移的影响，在句法表达中将汉语的句法范畴迁移到英语中。因此，例（1）和（2）句子长度虽然增加，但都因为存在连缀句，并不能说明其句法复杂度较高。

依据汉语背景的英语学习语言接触量框架，在接触英语语言过程中，足量接触会加速英语学习，少量接触会产生英语偏误，减慢学习进程。在课堂中，英语接触量主要以教学时间的长短、教学内容的多少以及教学质量的高低来衡量。通过访谈得知，初一作为小学与初中高年级的过渡阶段，很多教师在教学中还侧重基础的口语表达的训练，因此，学习者接触英语书面材料较少，以致在写作产出中出现了大量句法偏误，造成产出单位长度"假性"高于初二。而在初二阶段，多数教师会在教学中有意识地增加学习者书面材料的接触量，学习者经过一年的英语接触，更加关注句法的正确性，产出二语偏误减少，因此，初一至初二的产出单位长度有不同程度的下降趋势。在持续的教学过程中，多数教师会进一步扩展学生的英语书面材料，有意识地训练学生写作产出的单位长度，因此，学习者初二至初三阶段在产出单位长度方面呈现出上升趋势。

　　结合前人相关研究可知，中国英语初学者的产出单位长度远低于本族语者的平均水平。Lu & Ai（2015）的研究显示，本族语者子句平均长度、句子平均长度和T单位平均长度分别为10.092、19.602、17.308，远高于英语初学者产出单位长度的相应数值。此外，本研究结果也远低于Lahuerta Martínez（2018）所调查的中学三年级和四年级[1]的句子平均长度（三年级：M=12.16；四年级：M=17.93）。从个别访谈及文献研究可知，由于我国中学英语教学过分强调句法的正确性，初学者只运用学过的词组和句型（秦晓晴、文秋芳 2007；徐晓燕等 2013），而忽视了语言的复杂性，所以句子平均长度较短。此外，初一学习者在句子平均长度上的标准差明显高于初二和初三（SD=12.251＞4.241＞3.843）。通过语料检索可以发现，初一学习者的写作表达具有口语体特征，经常出现一些短句，如Hi、Byebye。此外，句法偏误产出了更长的句子，过长和过短的句子交替使用，导致其离散度较高。

5.5.2 从属结构数量

　　在前期研究中，关于从句比例能否预测学习者语言水平尚未有一致结论。部分研究结果显示，随着写作水平或者年级的升高，子句中从句数量（DC/C）的使用频率呈线性增长（Lahuerta Martínez 2018；李梦骁、刘永兵 2016；杨莉芳、王兰 2016）。但多数研究与该结论不一致，例如，鲍贵（2009）发现学习者从句比例先增后降，且各年级和各水平组在子句中从句数量（DC/C）上没有显著差异。Ai & Lu（2013）、Bulté & Housen（2014）的研究均发现，其他维度都随着写作水平的提高而发展，但从句比例却没有显著增长。Lu（2011）的研究结果也发现，从句比例呈非线性发展，学习者从大一到大二无显著提升，大二到大四显著下降。造成不同结论的原因可能是，由于各项研究中学习者所处年级或语言水平不同，而这些不同可能导致句法指标上的差异。从属结构是中级英语学习者的有效指标（Lu & Ai，2015），而高级学习者更关注短语层次的发展，而非子句层次的

---

[1] 在Lahuerta Martínez（2018）的研究中，西班牙语学习者在12—16岁接受中学义务教育，学制为四年。

发展，因此，中、高级学习者的从句比例可能不变甚至有所下降。

　　在本研究中，学习者初一至初三的从句比例未形成显著差异，但大体呈微弱增长趋势，这说明初学者的从句发展还处于初始阶段。和前人研究相比，初三学习者子句中从句数量（DC/C）和 Lahuerta Martínez（2018）研究结果相近（三年级：M=0.30；四年级：M=0.46）。Lu & Ai（2015）的研究结果显示，中国大学英语学习者的从句比例为：DC/C，M=0.345；DC/T，M=0.567，本族语者为：DC/C，M=0.404；DC/T，M=0.726。相比于中、高级英语学习者，我国英语初学者的从句使用仍处于较低水平。

　　根据《义务教育英语课程标准》（2011年版），编撰教材和考试大纲是遵循一定顺序的。从句属于较为复杂的句法结构，在初中英语教材中出现得较晚。根据汉语背景的英语学习语言接触量框架，初学者由于对从句接触量较少，因此他们该结构使用较少，句法发展缓慢。如在人教版初中英语教材要求掌握的语法项目中，学习者初二下学期才接触状语从句，初三才接触宾语从句和定语从句。多数中学英语教师会根据教材的编写，有序地讲解从句，循序渐进地提供练习材料。而随着对从句的逐步接触，接触量逐步增加，初学者这几类从句的输出量也逐渐增加，因此，本研究中的从句比例得以提升。然而，由于临界量与英语语言结构的清晰度和晦涩度有关，相较于并列句，初学者需要接触更多的从句才能完全习得这一句法。初学者对从句接触量尚未达到临界量，因此他们使用该结构的情况远低于中、高级英语学习者，且发展速度较为缓慢，这说明他们从句的使用仍处于较低水平。

5.5.3 并列结构数量

　　在并列结构的并列短语使用上，本研究和前人研究结果不一致。Cooper（1976）和 Lu（2011）研究发现，并列短语的使用随着年级升高而呈现出上升趋势。通过与本族语者并列短语的使用情况作对比（Lu & Ai 2015）（CP/C，M=0.253；CP/T，M=0.429），我们发现，初学者并列短语使用过少。本研究检索的并列短语包括形容词、副词、名词和动词并列短语（Cooper 1976）。并列短语使用较多说明学习者较擅长使用不同的句法结构来描述同一件事，既体现了语言在句法范畴上的多样性，也体现了功能意义上的变化性。通过检索发现，初中英语教材篇章中并列短语形式较为单一，多为and连接的名词并列短语或形容词并列短语，例如，fruits and vegetables，sunny and hot，而副词或动词并列短语较少出现，这可能是为了满足《义务教育英语课程标准》(2011年版）中"循序渐进，持续发展"的课程设计思路。通过访谈得知，初中教师对于并列短语的讲解也主要集中在名词并列短语上，其他形式的并列短语较少涉及。依据汉语背景的英语学习语言接触量框架，在接触英语语言的过程中，足量的接触会加速英语学习的进程，少量的接触会导致英语使用不当，减慢英语学习的进程。英语学习者接触英语只有达到临界量，才会成功习得英语规则。在课堂中，英语接触量主要以教学时间的长短、教学内容的多少以及教学质量的高低来衡量。初学者在教材和课堂上对于并列短语接触的种类较少，且产出性词汇量较少，这可能是导致其并列短语使用过少的重要原因。这同时说明初学者并列短语的使用能力还处于较低水平，且在三年学习过程中没有显著的增长。

　　本研究中并列句的使用情况和Lu（2011）研究中的基本一致：大学英语学习者使用的句子中T单位数量随年级升高而呈下降趋势，这表示学习者使用并列句比例下降。但Lahuerta Martínez（2018）的研究显示，学习者四年级比三年级使用了更多的并列句。分析可知，学习者英语水平的高低是前人研究在句法指标上存在差异的重要原因。依据汉语背景的英语学习语言接触量框架，临界量与语言结构的清晰度和晦涩度有关，较清晰的语言结构比晦涩的结构需要相对较少的临界量。并列结构使用更多体现的是初级学习者的句法复杂度（Lu & Ai 2015），因此，相较于其他复杂结构，并列句的习得需要较少的临界量。此外，我国英语初学者虽然处于句法发展的初级阶段，但多数初学者英语接触时间都已达到3—6年，并列句的接触量已达到或接近临界量，因此，他们对并列句较为熟悉，在初一时就使用了较多的并列句。然而，通过与本族语者并列句的使用情况作对比（Lu & Ai 2015）（T/S，M=1.132），我们发现初一学习者存在过度使用甚至滥用的现象。并列句的使用说明初学者将简单句衔接为并列句的能力提高，但过度依赖并列句则说明其句式变化幅度较小。这也是初一学习者句法能力依然较低的表现。此外，进一步观察语料发现，很多英语初学者习惯于在句子前加and或

but，出现滥用的情况，这也说明他们并列句使用能力仍存在较大欠缺。而随着年级的升高，教师逐步讲解更复杂的句法结构（如从句和复杂名词），并提供更多相应的教学材料，初学者也因此接触到更多英语句法结构，逐步尝试使用更为复杂的句法结构来替换并列句。因此，并列句的使用逐渐减少。

综合观之，初学者并列结构的使用能力呈现出逐阶段缓慢上升趋势。

5.5.4 短语复杂度

本研究中短语复杂度的增长趋势与前人研究结论一致，子句中复杂名词数量（CN/C）和T单位中复杂名词数量（CN/T）都随着学习者英语水平或年级的升高而呈现出增长趋势（Lu 2011；Lu & Ai 2015；杨莉芳、王兰 2016）。Lahuerta Martínez（2018）、Bulté & Housen（2014）分别测量了另一个短语复杂度的指标"名词短语的平均长度"（mean length of noun phrase），发现这一指标也随年级升高而显著上升。前人研究结果显示，学习者在句法发展的高级阶段，会使用更多的短语复杂度指标。但中国英语初学者对复杂名词使用较少，远低于Lu & Ai（2015）研究中本族语者复杂名词的使用水平（CN/C，M=1.222；CN/T，M=2.087），这说明其句法发展尚未完善。

本研究测量的短语复杂度指标为复杂名词的比例，包括：（i）形容词、所有格、介词短语、定语从句、分词或同位语修饰的名词结构；（ii）名词性从句；（iii）动名词和不定式作主语的结构（Cooper 1976）。复杂名词使用越多，代表学习者使用了更多的复杂修饰结构，逐渐拥有将信息浓缩打包的能力，即更擅长浓缩信息。根据英语课程标准的编写原则，初中英语教师在教学中主要讲授（i），但很少讲授（ii）和（iii），初学者也主要接触（i），而很少接触（ii）和（iii）。根据汉语背景的英语学习语言接触量框架，较晦涩的结构比较清晰的语言结构需要更多的临界量，复杂名词属于较高级的句法范畴，初学者需要接触较多的复杂名词才会习得该规则。初学者所接触的复杂名词种类较少，且远低于临界量，这可能是该结构使用较少的一个重要原因。

Halliday & Matthiessen（1999）认为，句法发展的高级阶段是名词化代表的语法隐喻，很多学者也通过综述前人研究发现了句法发展的普遍发展趋势。例如，Norris & Ortega（2009）提出了句法复杂度的三段式发展模式，他们认为，随着学习者语言水平的提高，并列结构和从属结构逐渐让步于短语复杂度。赵俊海、陈慧媛（2012）总结了前人研究，发现句法复杂度遵循一定的发展轨迹：片段–主句–并列子句–副词子句–形容词和名词性子句–形容词、副词和名词性动词短语，他们也认为学习者在句法使用能力向更高阶段过渡时，会使用更多的复杂名词。复杂名词是文本体裁的标志（Mancilla *et al.* 2015），因此，学习者的二语是向着更加学术化的文体和语域发展的，更加侧重于信息传递。这一结构的使用需要学习者有意识地增加产出性词汇密度。然而，义务教育阶段要求学习者掌握的词汇量较低，初学者在教材和课堂上接触的词汇也较少。而词汇量较少则限制了初学者产出更多的复杂名词，这可能是该结构使用较少的另一个重要原因。

5.5.5 四个维度综合分析

表5.6   四个维度发展趋势总结

维度	方向		趋势
产出单位长度	↘↗		先显著下降后缓慢升高的"U"形趋势
从属结构数量	↘↗		先缓慢下降后缓慢升高的"U"形趋势
并列结构数量	并列结构使用能力	↘↗	并列短语：先缓慢下降后缓慢升高的"U"形趋势
		↘↗	并列句：逐阶段降低，先快后慢
短语复杂度	↘↗		逐阶段缓慢升高

　　根据汉语背景的英语学习语言接触量框架，临界量与英语语言结构的清晰度和晦涩度有关。晦涩的英语语言结构比较清晰的结构需要相对较多的临界量。英语句法的晦涩度较高，总体所需的临界量较多，与中、高级英语学习者相比，英语初学者多数句法结构（并列句除外）的使用频率都较低，产出单位长度也较短，句法变化幅度较小，这说明其还处于句法发展的初级阶段。随着年级的升高，总体而言，他们句法复杂度虽呈现出缓慢的逐阶段上升趋势，但各维度发展不平衡。具体而言（见表5.6），初学

者在产出单位长度上呈现出"U"形变化，出现的句法偏误减少。在从属结构数量上，随着年级的升高，初学者使用了更多的从句，但并没有显著变化，发展速度较慢，呈现出微弱的"U"形趋势。在并列结构数量上，初学者使用的并列句逐渐减少，这增加了句式变化幅度，并列短语的使用呈现出微弱的"U"形增多趋势，但存在并列句使用过度和并列短语使用过少的情况。综合观之，并列结构的使用能力呈现逐阶段缓慢提升趋势。在短语复杂度上，初学者复杂名词使用较少，信息概括能力较低，但也总体呈现出逐阶段缓慢上升趋势，这是其句法发展由初级阶段向更高阶段过渡的表现。

5.6 小结

本章依据汉语背景的英语学习语言接触量框架，基于"中国英语初学者笔语语料库"，从产出单位长度、从属结构数量、并列结构数量以及短语复杂度四个维度，对比三个阶段的英语初学者在句法复杂度上的共性与差异性特征，从而探索初学者句法复杂度的习得现状及发展趋势。结果表明：初学者句法复杂度总体水平仍处于初级阶段，但随着年级的升高，接触到更多的英语句法结构，呈现出缓慢的逐阶段上升趋势，但各维度发展不平衡。具体而言：（1）在产出单位长度上呈现出"U"形变化，句法偏误减少；（2）从属结构使用逐渐增多，句法结构的复杂性增强，呈现出先缓慢下降后缓慢升高的"U"形趋势；（3）并列句使用逐渐减少，句式变化幅度增加；（4）句法形式越来越学术化，使用更多的复杂名词，词汇密度增加，信息概括能力增强，呈现出逐阶段缓慢升高趋势。

综上所述，虽然初学者对于除并列句之外的各句法结构使用频率均低于中、高级英语学习者，且产出单位长度较短，但总体呈现出缓慢的逐阶段上升趋势。英语初学者所呈现出的上述发展规律性特征在很大程度上受英语句法接触量的影响。

第六章　英语初学者话语
联系语的发展特征

6.1 引言

　　在英语写作教学中，词汇、语法的使用常是教师的主要关注点，而语篇关联性常被忽视。20世纪80年代初，话语联系语（discourse connectives）逐渐进入语言学学者的视野。随着语用学的发展，在19世纪80年代早期，关于话语联系语的研究开始丰富起来。*Pragmatics*期刊于1998年、2002年专门刊登了两期关于话语联系语的研究。Östman（1981）是率先研究话语联系语的学者之一。You know是他研究的第一个话语联系语，并将这样的结构称为语用小品词。他指出，语用小品词在话语的组织中具有重要的作用。Levinson（1983）研究了和话语联系语相似的一些语言结构。尽管他没有直接使用话语联系语这一术语，但他认为话语联系语的语用功能是提示当前话语与之前话语的复杂关系。这些观点引起了学界的兴趣，并对这些标记语在话语中扮演何种角色进行了深度探索。Schiffrin（1987）是从连贯角度系统地研究话语联系语最权威的学者之一。她在著作*Discourse Markers*中采用定性和定量的研究方法分析了11个话语联系语的功能。她认为话语标记语在语篇连贯中具有重要作用，并提出了包含五个层面的语篇连贯理论。然而Schiffrin（1987）只注重话语联系语的局部连贯作用，并未提及全文连贯的作用，这引起了一些学者的反对。Fraser（1999）继续从语义语用学的角度对话语联系语进行研究。他将话语联系语分成不同的类别，之后进行逐个例证。他建议将话语联系语视为一种语用类别，例如，词汇在句子结构中的地位。话语联系语的核心意义是程序意义，这意味着话语联系语可以为语篇理解提供导向，并且不体现话语联系语本身的话语内容或话题意义。然而，Fraser（1999）的分析仍然局限于单句和临近语对，而不是从总体上分析话语联系语与语篇连贯，这是他研究中的一大缺陷。Blakemore（1992）基于关联理论，指出话语联系语的唯一作用在于明确特定的语境和影响语境的条件。她认为话语联系语实现的是过程功能而不是概念功能。与之前的学者不同，她从认知的角度强调话语联系语的辅助作用。

随着关联理论在19世纪80年代中期的出现，学者的研究视角从传统的语义语用学转到认知语用学。许多学者从关联理论、元认知、二语习得等角度对话语联系语进行研究（陈新仁 2002；何自然 1999；吴亚欣、于国栋 2003）。

（1）从关联理论角度，何自然、冉永平（1999）认为语篇综合和理解应该在认知的过程中实现。在这一过程中，说话人会依据交际的需要限制听话人的理解。使用话语联系语是一种揭示未知信息，实现语义制约的有效方式。因此，话语联系语有动态的特征。

（2）从元认知语用学的角度，吴亚欣、于国栋（2003）尝试揭示话语联系语和元认知意识的关系，以此来探究话语联系语的元认知语用功能。他们发现在某种程度上话语的运用是在元认知意识的影响下去选择话语的过程。话语联系语可以提供话题之外的内容，并为话语理解提供基础。

（3）从二语习得的角度，一些学者对话语联系语在写作中的应用进行研究。例如，陈新仁（2002）调查了江苏某大学英语专业学生写作中话语联系语的使用情况。李梦骁、刘永兵（2013）基于语料库，对中学生英语写作中的话语联系语进行研究。尽管他们的研究目标不同，但他们都发现了话语联系语在写作中的一些特征，例如and、at last、because的误用。他们也探讨了造成这些特征的原因。例如，学习者在使用话语联系语时受到母语的影响。一些学者还研究了话语联系语在听力理解中的语用制约性（如王淑莉 2006）。还有学者基于语料库对比研究中国英语学习者和英语本族语者话语联系语的使用特征（如刘洁 2005）。

综上所述，国内外学者都从不同角度研究了话语联系语，为话语联系语的研究做出了重要贡献。然而，大部分学者只关注高级英语学习者话语联系语的使用情况。鲜有学者将中国英语初学者作为研究对象。此外，关于不同年级中国英语初学者话语联系语使用情况的对比研究也不多见。鉴于此，本研究尝试探索不同阶段中国英语初学者（初一、初二、初三）议论文写作中话语联系语的使用特征及差异性，同时分析这些发展特征的前提影响因素。具体研究问题如下：

（1）英语初学者各阶段议论文写作中话语联系语的使用特征有何共性？

（2）英语初学者各阶段议论文写作中话语联系语的使用特征有何差异性？

（3）英语初学者话语联系语的使用呈现出何种发展特征？该发展特征的前提影响因素是什么？

6.2 话语联系语及其理论基础

6.2.1 术语、定义与分类

话语联系语又称"话语标记语"（Fraser 1999）或"连接词"。在口语研究中，多数学者倾向于使用"话语标记语"；而在笔语研究中，更多学者倾向于使用"话语联系语"，也有某些学者使用"话语标记语"。

19世纪70年代末期，随着语用学的创立与发展，学界涌现出关于话语联系语的语用研究。19世纪80年代之后，越来越多的学者热衷于在口语语料中研究类似话语联系语的词和短语。话语联系语的研究进入了新时代，从简单描述它们的结构，进入到认知语用学领域（冉永平 2003）。之后，越来越多的学者从不同的研究范围和视角，运用不同的研究方法对话语联系语进行研究，因此话语联系语没有统一的术语名称和定义，常见名称包括"语句联系语"（sentence connectives）（Halliday & Hasan 1976）、"语义联系语"（semantic connectives）（van Dijk 1979）、"话语操作语"（discourse operators）（Redeker 1991）、"语用标记语"（pragmatic markers）（Fraser 1996；Schiffrin 1987）、"话语联系语"（discourse connectives）（Blakemore 1987，1992）、"话语标记语"（discourse markers）（Blakemore 2002）等。

Schiffrin（1987）认为，话语联系语作为一种语用手段是说话人用来提示听话人即将发生的话语与当前语境之间的联系。从狭义的角度来说，话语联系语是在互动式言语交际中从不同层面帮助构建持续性互动行为的自然言语表达式；从广义的角度而言，它指书面和口语交际中表示话语结构及连贯等关系的所有表达式（何自然 2006）。何自然（2006：147）认为，如果这两方面可以成为话语联系语的定义，这一定义应包括连接词和插入结构。

　　按照研究内容的不同，一些学者对话语联系语进行了分类。

　　Halliday & Hasan（1976）描述了四种话语联系语的语义关系：添加、转折、原因、暂存。之后，Halliday（1985）又将四种分类归纳为三种：解释、延伸、增强。Schiffrin（1987）以一组话语联系语为基础（oh, well, and, but, or, so, because, now, than, I mean, you know），将其分成六类：信息管理标记、回应标记、话语联系语、原因结果标记、语篇时间标记、信息参与标记。Blakemore（1992）将话语联系语分为四类：引入语境暗示、加强假设、引入否定、明确角色。Fraser（1996）将语用标记分成四类：转换话语标记、对比标记、解释标记、推理标记。之后，Fraser（1999）又更改了这一分类，将语用标记分成两大类，且每一类又有子类。第一大类包括对比标记、并行性标记、推理标记；第二大类包括对比标记、示例标记、推理标记。陈新仁（2002）认为，话语联系语可分成两组：一组是连词性话语联系语，例如and、but；另一组是副词性话语联系语，例如moreover、therefore、on the other hand、that is、I mean。某些话语联系语既可以划分到第一组，也可以划分到第二组，它们既可以是连词，也可以是连词性副词，如yet、than。吴亚欣、于国栋（2003）认为，话语联系语可以是词、短语、短句，因此，他们将话语联系语分成四类：连词类，如and、therefore、because；副词类，如actually、incidentally；插入语，如well、oh；短语或短句，如as a consequence of。

　　本研究基于笔语语料，采用"话语联系语"这一术语，定义为：具有语用功能但不对话语的真值条件产生影响的词汇和短语。基于这个定义，本研究以关联理论的程序意义和汉语背景的英语学习语言接触量框架为理论基础。在关联理论的程序意义指导下将话语联系语进行分类，依据其不同的关联功能，将话语联系语分成表示强调、否定和暗含三类。

6.2.2 特征和功能

话语联系语的术语名称、定义和分类学界还尚未达成共识，但其特征和功能已受到学界的普遍认同。

话语联系语特征如下：在语音上，它们是独立的单元，并且与话语中的其他单元之间有停顿；在句法上，它们是独立的且通常位于句首；在句义上，它们不对句子的真值意义产生任何影响，并具有程序意义；在语用上，它们的使用非常灵活，并对交际起到调节和控制的作用；它们在句中没有意义或有模糊的意义（Schiffrin 1987；殷树林 2012）。除了 Shiffrin（1987）提出的这些特征，Hölker（1991）给出了话语联系语的另一组特征：第一，话语联系语不对话语的真值条件产生影响；第二，话语联系语不增添新的话语内容；第三，话语联系语不关联当前的交际情况；第四，话语联系语有情感功能和表达功能，但不具有借鉴功能、指导功能、认知功能。因此，话语联系语最显著的特征是，不对话语的真值条件产生影响，并且在句子结构中有独立的位置。

话语联系语本身不具有意义或很少有意义，听话人可以通过语境或它们常规的语用意义理解话语联系语。它们不受制于句子结构，且不直接构成话语内容。因此，话语联系语的主要功能是通过不同方式调节互动性话语和口语交际（何自然 2006）。Blakemore（1987）提出了语用制约的观点，指出话语联系语的主要功能是促进和引导听话人寻找最佳关联语境。一方面，话语联系语可以减少听话人处理话语所付出的努力，另一方面，话语联系语可以减少误会。此外，Östman（1981）认为，话语联系语是组织语篇的一种重要方式。因此，话语联系语在语篇综合、语篇连贯、语篇理解上具有语用功能。

6.2.3 理论基础

本研究在关联理论的程序意义指导下对话语联系语进行分类，并基于汉语背景的英语学习语言接触量框架分析学习者话语联系语的习得发展特征。

（1）关联理论的程序意义

写作是一个语言编码的过程。从认知语用角度看，写作编码的对象不仅包括反映全文主旨的概念意义，而且包括促进作文语篇理解的程序意义。

二者的语言编码是不一样的，就程序意义而言，语言编码的方式主要是使用话语标记语（何自然 2006）。Sperber & Wilson（1986）认为，一个新的话语传达的假定与当前语境假定之间可能会存在三种关联方式或语境效果：

a.强化已存在的假定

例如：and，furthermore，namely，likewise

b.与已存在的假定发生冲突或将之取消

例如：but，anyhow，or，in fact，by contrast

c.与已知假定组合形成语境暗含

例如：because of this，so，for this purpose，to sum up

如前所述，写作是一个编码过程，阅读则是一个解码过程。因此，话语联系语在限制读者对当前语境和内容的理解上扮演了一个重要的角色，并引导读者按照作者的意愿思考。Sperber & Wilson（1986）认为，以上三种关联方式或语境效果又包含子类，如表6.1所示。

（2）汉语背景的英语学习语言接触量框架

（详见本书第二章第二节）

6.3 研究方法

6.3.1 基于语料库的研究方法

（1）语料库描述

本研究采用基于语料库的研究方法，基于"中国英语初学者笔语语料库"的抽样语料库，利用检索软件AntConc进行研究。本研究只抽取"中国英语初学者笔语语料库"中初一、初二、初三的议论文语料。

初一、初二、初三的语料库容量分别为37,351、49,205、24,126个形符。抽样语料库总容量为110,682个形符。

（2）数据选择及处理过程

在"中国英语初学者笔语语料库"的抽样语料库中，除议论文语料外，还包括其他文体的语料，例如，记叙类和描述类。因此，本研究需要从语料库中抽取议论文语料，建成议论文子库。本研究在程序意义指导下，首先选取位于句首或段首的话语联系语，位于句子内部中间位置的话语联系语不计入统计。其次，按照年级划分为不同的学习阶段（初一为阶段一，

表6.1　提示关联方式的话语联系语

提示关联方式						
提示关联方式 (a) 的话语联系语	添加 and, also, in addition, besides	递进 furthermore, moreover	列举 next, first(ly), second(ly), third(ly), finally	说明 namely, that is, I mean, in other words	同类 likewise, similarly, in the same way	
提示关联方式 (b) 的话语联系语	转折 but, yet, however, nevertheless, despite this	让步 anyhow, though	选择 or, alternatively	更正 in fact, actually, as a matter of fact, instead, rather,	对比 on the other hand, by contrast, on the contrary	
提示关联方式 (c) 的话语联系语	原因 because of this, for this reason, on account of this	推论 so, then, thus, hence, therefore	结果 as a result, consequently, in consequence	目的 for this purpose, to this end	总结 to sum up, in conclusion, to conclude, in short, in a word, in brief, briefly	例释 for instance, for example

初二为阶段二，初三为阶段三），同时按年级将语料分成三个部分。借助AntConc软件，分别在三个年级的文件夹中，逐个检索程序意义分类下的话语联系语的频数，并转化为标准化频数（公式：标准化频数=（频数/总形符数）*1,000）。最后，本研究尝试对比分析不同阶段话语联系语的使用特征，归纳英语初学者话语联系语使用现状及发展规律。

6.3.2 访谈法

本章研究主要采用基于语料库的研究方法，但同时结合访谈法，用于辅助数据分析。访谈对象为东北三省八所初中英语教师，均为本研究所建设语料库的被采集者的英语教师，我们以电话、微信、现场访谈或电子邮件的方式，共采访了12名。访谈内容主要涉及话语联系语的课堂教学方法、对《义务教育英语课程标准》（2011年版）的理解，以及对人教版初中英语教材的使用体会与建议。

6.4 数据分析及讨论

本节首先从四个方面分别分析三个阶段话语联系语的使用特征，然后归纳三个阶段使用特征的共性与差异性，讨论话语联系语的总体使用情况与发展趋势，最后探讨出现某种发展特征的前提影响因素。

6.4.1 话语联系语的使用特征
6.4.1.1 三个阶段的使用总量

本节运用卡方检验，对单个话语联系语的使用及话语联系语的总体频数进行检验，分析不同阶段话语联系语使用上存在的共性与差异性。结果如下：

表6.2 初一、初二话语联系语卡方检验结果

话语联系语	初一频数	初二频数	对数似然率
and	168	230	-0.14
so	161	119	23.57***
but	80	86	1.72

（待续）

（续表）

话语联系语	初一频数	初二频数	对数似然率
then	80	59	11.77***
first(ly)	49	19	23.18***
second(ly)	29	5	24.62***
next	19	19	0.73
finally	17	23	-0.01
third(ly)	15	0	19.76***
in fact	9	5	2.55
for example	7	16	-1.52
that is	5	0	6.59*
however	4	7	-0.21
also	3	1	1.65
or	3	1	1.65
besides	2	4	-0.24
as a result	1	0	1.32
to sum up	1	0	1.32
besides of this	1	1	0.04
thus	0	1	-0.76
though	0	1	-0.76
in addition	0	3	-2.28
therefore	0	2	-1.52
on the other hand	0	4	-3.04
总频数	654	606	39.93***

注：*p<0.05   **p<0.01   ***p<0.001

从表6.2可以看出，初二较初一在使用总量上显著减少（显著性值为39.24），并且有6个话语联系语在使用上显著减少：so、then、first (ly)、second (ly)、third (ly)、that is（显著性值分别为23.57、11.77、23.18、24.62、19.76、6.59）。

表6.3　初一、初三话语联系语卡方检测结果

话语联系语	初一频数	初三频数	对数似然率
and	168	60	16.04***
so	161	75	5.54*
but	80	83	-9.35**
then	80	19	16.72***
first(ly)	49	17	5.04*
second(ly)	29	16	0.26
next	19	1	9.84**
finally	17	9	0.23
third(ly)	15	5	1.70
in fact	9	8	-0.44
for example	7	0	4.52*
furthermore	0	1	-1.55
however	4	7	-2.75
also	3	1	0.34
or	3	1	0.34
besides	2	4	-1.89
in a word	0	3	-4.64*
to sum up	1	1	-0.10
because of this	1	0	0.65
though	0	1	-1.55
therefore	0	5	-7.74**
additionally	0	1	-1.55
that is	5	0	3.23
as a result	1	0	0.65
总频数	654	318	17.65***

从表6.3可以看出，初三与初一相比，在使用总量上有显著减少（显著性值为17.65），并且有九个话语联系语and、so、but、then、first (ly)、next、for example、in a word、therefore在使用上存在显著性差异，其中，and、so、then、first (ly)、next、for example显著减少，而but、in a word、therefore显著增多。

表6.4   初二、初三话语联系语卡方检测结果

话语联系语	初二频数	初三频数	对数似然率
and	230	60	19.66***
so	119	75	-2.92
but	86	83	-20.17***
then	59	19	2.58
first(ly)	19	17	-3.35
second(ly)	5	16	-17.83***
next	19	1	7.05**
finally	23	9	0.33
third(ly)	0	5	-10.20**
in fact	5	8	-4.83*
for example	16	0	7.85**
furthermore	0	1	-2.04
however	7	7	-1.86
also	1	1	-0.26
or	1	1	-0.26
besides	4	4	1.06
in a word	0	3	-6.12*
to sum up	0	1	-2.04
because of this	1	0	0.49
thus	1	0	0.49
though	1	1	-0.26
in addition	3	0	1.47
therefore	2	5	-4.71*
on the other hand	4	0	1.96
additionally	0	1	-2.04
总频数	608	318	-0.88

从表6.4可以看出，初三与初二相比，在使用总量上没有显著性差异（显著性值为-0.88），呈现出小幅度增多趋势。并且有九个话语联系语and、

but、secondly、next、third (ly)、in fact、for example、in a word、therefore在使用上存在显著差异，其中，and、next、for example显著减少（显著性值分别为19.66、7.05、7.85）；but、second (ly)、third (ly)、in fact、in a word、therefore显著增多（显著性值分别为-20.17、-17.83、-10.20、-4.83、-6.12、-4.71）。

对比三个阶段的话语联系语，结合语料观察可以发现，三个阶段高频话语标记语的使用类型均是and、so、but、then。在话语标记语的使用总量上，与初二、初三相比，初一话语联系语使用过度。初二、初三某些较简单的话语联系语显著减少，某些较复杂的话语联系语显著增多。这是初学者话语联系语使用能力提升的一种表现。

6.4.1.2 学习者个体之间使用意识与能力的平衡性

（1）初一学习者个体之间话语联系语使用意识和能力不平衡

统计可知，初一学习者平均话语联系语使用数量为每篇2—3个，共有79篇作文中没有使用话语联系语，其比率为27.8%，共33篇作文单篇话语联系语使用数量超过5个，其比率为11.6%。这表明某些初学者有较强的语篇衔接意识及较高的语篇衔接能力，而也有不少初学者相对较差。因此，从整体上看，初一学习者个体之间话语联系语使用的意识和能力并不均衡。

（2）初二学习者个体之间话语联系语使用意识和能力不平衡

初二平均每篇作文话语联系语使用数量为1.8，共87篇作文未使用话语联系语，其比率为26.4%，共有19篇作文单篇话语联系语数量超过五个，其比率为5.77%。这些数据显示，初二某些学习者仍不能有意识地使用话语联系语。大多数的初二学习者能够有意识地在写作中使用话语联系语，使作文更具有逻辑性，但仍有部分学习者在作文中未使用话语联系语。因此，初二学习者个体之间使用话语联系语的能力和意识仍不均衡。

（3）初三学习者个体之间话语联系语使用意识和能力较为平衡

初三平均每篇作文话语联系语使用数量为2.5个，共有14篇作文中未使用话语联系语，其比率为11.2%；共有18篇作文单篇使用话语联系语超过五个，其比率为14.5%。这两个比值并没有明显差异，可见，初三学习者个体之间话语联系语的使用较为均衡，换言之，他们使用话语联系语的意识与能力增强。

6.4.1.3 话语联系语使用类型和频数的均衡性

1）初一话语联系语的使用类型和频数不均衡

表6.5　初一话语联系语使用频数

关联方式（a）	添加	列举	说明	/	/	总计/比率
	173	129	5	/	/	307/46.9%
关联方式（b）	转折	选择	更正	/	/	总计/比率
	84	3	9	/	/	96/14.7%
关联方式（c）	推论	结果	总结	例释	原因	总计/比率
	241	1	1	7	1	251/38.4%

表6.6　初一高频话语联系语

序号	话语联系语	频数	标频
1	and	168	4.497
2	so	161	4.310
3	then	80	2.141
4	but	80	2.141
5	firstly	49	1.311

从表6.5与表6.6可以看出，三大类关联方式的使用频数存在明显不同：关联方式（a）和关联方式（c）的频数分别为307（46.9%）和251（38.4%），而关联方式（b）的频数为96（14.7%），可见，初一学习者更倾向于使用关联方式（a）和关联方式（c）来表达观点。在所有话语联系语的具体类型中，推论、列举、添加、转折是初一学习者使用标频最高的四种类型，其他类型的使用频数均不超过10次。这四种高频话语联系语类型中，有的频数已高达100次，例如and、so、then、but，其使用频数远超过其他话语联系语。

可见，无论是三大类具体话语联系语类型，还是具体话语联系语使用数量，初一学习者话语联系语的使用均是一种不均衡的状态。

2）初二话语联系语的使用类型和频数不均衡

表6.7　初二话语联系语使用频数

关联方式（a）	添加	列举	/	/	/	总计/比率
	237	66	/	/	/	303/50.1%
关联方式（b）	转折	让步	选择	更正	对比	总计/比率
	93	1	1	5	4	104/17.2%
关联方式（c）	原因	推理	例释	/	/	总计/比率
	1	181	16	/	/	198/32.7%

表6.8　初二高频话语联系语

序号	话语联系语	频数	标频
1	and	230	4.674
2	so	119	2.418
4	but	86	1.747
3	then	59	1.199
5	finally	23	0.467

　　由表6.7可知，关联方式（a）的使用频数为303（50.1%），关联方式（c）为198（32.7%），而关联方式（b）仅为104（17.2%），可见，初二学习者倾向于使用关联方式（a）和关联方式（c），这两种关联方式的总频数远高于关联方式（b）。他们倾向于使用强化假定或与假定组合形成语境暗含的方式，直接给读者强烈的印象来表达自己的观点。在表达不同关联方式的话语联系语类型上，初二使用也不均衡，这一点与初一相似。依据表6.7，初二最常用的四种话语联系语类型是添加、推理、转折、列举（频数分别为237、181、93、66），其中，添加和推理两种话语联系语的使用数量均在200次左右，而这四类之外的其他类型使用数量甚至没有超过10次。可见，他们在不同类型的具体话语联系语使用数量上也存在明显差异。依据表6.8，初二使用标频最高的四个话语联系语为and、so、but、then，频数分别为230、119、86、59，远超过其他话语联系语。因此，无论从类型还是频数上，初二话语联系语使用都是不均衡的。

　　3）初三话语联系语使用类型较均衡、使用频数不均衡

表6.9　初三话语联系语使用频数

关联方式（a）	添加	递进	列举	/	总计/比率
	65	1	47	/	110/35.1%
关联方式（b）	转折	让步	选择	更正	总计/比率
	90	1	1	8	100/32.3%
关联方式（c）	推论	总计	/	/	总计/比率
	99	4	/	/	103/32.9%

表6.10　初三高频话语联系语

序号	话语联系语	频数	标频
1	but	83	3.440
2	so	75	3.108
3	and	60	2.486
4	then	19	0.787
5	first	17	0.704

　　由表6.9可知，初三在三种关联方式使用上较为接近，频数分别为110（35.1%）、100（32.3%）、103（32.9%）。可见，他们能够较为均衡地使用三种提示关联方式的话语联系语。初三在话语联系语具体类型上存在较明显差异：四种最常用的话语联系语类型为推论、转折、添加、列举（频数分别为99、90、65、47），除了这四种类型，其余类型的话语联系语使用频数均未超过10次。由此可见，他们在具体的话语联系语类型的使用频数上仍存在明显差异。从表6.10可以发现，他们最常用的前五个话语联系语为but、so、and、then、first，频数分别为83、75、60、19、17次。因此，他们话语联系语的具体类型，以及各个具体的话语联系语使用频数仍不够均衡。

6.4.1.4　序数词的语篇衔接偏误

　　1）初一偏误情况

　　该类偏误是初一学习者最突出的使用特征。具体表现为：初学者对

话语联系语的使用有时会出现混乱状态。语篇衔接规范的搭配应当是：first(ly) … second(ly) … third(ly) … 或 first … next … then … finally …。然而，初一某些学习者不能有逻辑地使用序数词组织语篇，且序数词的使用通常不完整。例如，全篇只使用 first (ly) 或 finally，或混用这两种搭配方式，如：first… finally… 或 first… secondly…，该类偏误率为16.5%。例如：

(1) * … First, I will buy some food for my mother… Finally, I will use all the money… (070017)

(2) * … Finally, I would probably buy a book for me… (070019)

(3) * … First, to have adequate exercise, you must have healthy eating habits… Secondly, we should keep taking exercise… Finally, we should have living… (070029)

2）初二偏误情况
该类偏误也是初二最常见的偏误，例如：

(4) * … First, I'll pay 30 yuan for my favorite book… Finally, I'm going to buy… (080008)

(5) * … Finally, I buy a present for my mother for twenty yuan… (080033)

(6) * … First, I decided to buy a pair of gloves… (080038)

与初一相似，初二学习者也不能在语篇中有逻辑地使用话语联系语。某些学习者全篇只使用 first(ly) 或 finally，或误用为 first… finally… 等。统计结果显示，初二学习者的序数词语篇衔接偏误率为10.6%。

3）初三偏误情况
初三该类偏误也最为典型，例如：

(7) * … Firstly, when you want to smoke, you can do something else… Second, you can drink some juice to help you… Then you can also

do some sports... （090052）

（8）* ... Secondly, I would spend many money travel around the world... （090005）

（9）* ... First, smoking costs... Second, smoking does... First of all, people should have... Secondly, throw away ... Last, eat something and shift... （090015）

从上述例子可以发现，初三学习者也不能使用序数词有逻辑地组织篇章。他们通常不能完整使用成对出现的话语联系语，有时甚至会使读者产生逻辑混乱，例如，"Firstly..., Second..., Then..." "Secondly..." "First..., first of all ..., secondly..., last..."。统计结果显示，该类偏误率为12.9%。

6.4.2 三个阶段使用特征的异同

1）相同之处

三个阶段的中国英语初学者最常使用的四种话语联系语均是添加、转折、推论、列举，最常使用的四个高频话语联系语均为and、so、but、then，在话语联系语的具体类型，以及各个具体的话语联系语使用频数上都不均衡，且在写作中均存在序数词话语衔接偏误现象。换言之，三个阶段初学者在话语联系语的常用类型上均缺乏多样性，在使用频数上均缺乏均衡性，且他们的偏误类型基本相同。这说明英语初学者话语联系语的总体使用能力较低，具有较大提升空间。

2）不同之处

（1）在话语联系语使用总量上，初一、初二之间存在显著差异，初一、初三之间也存在明显差异，但是初二、初三之间不存在显著差异。与初二、初三相比，初一话语联系语使用显著较多。初二、初三某些较简单的话语联系语显著减少，某些较复杂的话语联系语显著增多。这说明初二、初三学习者话语联系语的使用能力有明显提高。

（2）在话语联系语使用意识和能力的均衡性上，初三零话语联系语使用率与单篇话语联系语超过五个的比率较为接近，同时，单篇零话语联系语使用率在初一、初二、初三分别是27.6%、26.4%、11.2%，可见，随着年级的升高，单篇零话语联系语率逐渐降低。以上现象表明，学习者个体之间话语联系语使用意识与能力较为均衡，与初一、初二相比，初三话语联系语的使用意识与能力有较大提高。

（3）在话语联系语的使用类型和频数的均衡性上不同。（A）在关联方式的使用上，初一、初二更倾向于使用提示关联方式（a）和（c）的话语联系语，而初三这三种关联方式的话语联系语使用较为均衡。可见，与初一、初二相比，初三使用话语联系语的能力有较大提高。（B）在单个话语联系语使用量上，尽管三个阶段使用标频最高的前四个均是so、and、then、but，但根据卡方检验发现，这四个话语联系语的使用在不同阶段之间存在显著差异：在so的使用上，与初二、初三相比，初一使用显著较多；在and的使用上，与初三相比，初一、初二使用显著较多；在then的使用上，与初二、初三相比，初一使用显著较多；在but的使用上，与初三相比，初一、初二使用显著较少。可见，总体而言，与初二、初三相比，初一的多数高频话语联系语均使用显著较多。换言之，初二、初三高频话语联系语使用较多的情况明显好转。

文本观察发现，初一很多话语联系语的使用主要集中在and、so、but、then这几个高频话语联系语上，使用多样性较差，例如：

（10）＊…And we're going to be able to play is together. And I'm going to buy some flowers for my mother with twenty yuan… （070032）

在此句中，可变换使用其他话语联系语，如besides、furthermore等，但受语言能力所限，他们尚不能产出更多的话语联系语。除此之外，还有一些初一学习者在很多高频话语联系语的使用上存在冗余情况，例如：

（11）＊He is four years younger than me. He is funny. And he is always playing jokes on my family. Then he makes us laugh. （070548）

该句中的话语联系语and与then均为冗余，可不使用。

（4）在序数词类联接偏误上，三个阶段的偏误率分别为16.5%、

10.6%、12.9%，呈现出明显降低后又稍有升高的发展趋势，可见，在序数词的类联接使用上，初三阶段出了语言习得的高原期现象（Flynn & O'Neil 1988）。但初二、初三的序数词类联接偏误率明显低于初一。

综上所述，初一到初三话语联系语的使用能力总体呈现出逐渐增强趋势，其中，初二阶段没有独特的使用特征，有些方面与初一相似，有些方面和初三相同，这是初学者语言能力发展的一个过渡阶段。

6.4.3 话语联系语发展特征的影响因素

如前所述，英语初学者话语联系语的使用能力虽总体较低，但呈现出较为明显的逐阶段提升趋势。本节尝试从语言接触量的角度解读这一发展特征。

首先，英语初学者话语联系语的使用能力总体较低，其前提影响因素如下。

《义务教育英语课程标准》（2011年版）"表2语言技能分级标准"中"五级"（即初中毕业时达到的级别标准）对"写"开始有明确的要求："能使用常见的连接词[1]表示顺序和逻辑关系。"调查研究人教版初中英语教材可知，自初一上学期开始，教材课文已出现了少量的常见话语联系语，如and、but、so，还有某些话语联系语在初一上学期接近结束时也开始少量出现，如then、after that。而某些常见的序数词话语联系语则是在初二下学期才开始出现，如first、next、then、finally。换言之，初中英语教材中话语联系语的出现顺序是循序渐进的，最为常见的最先出现，最不常见的最后出现。这一呈现顺序是符合学习者语言发展的认知规律的，但通过访谈得知，多数教师认为，高频话语联系语的出现在每一阶段的多样性较低，某些较为简单的话语联系语初学者能够很好地接受，但却未出现或复现率很低，例如，thus、in a word、in fact、besides在整个初中阶段教材中都未出现或复现率很低，以至于教师需要在课堂中有意识地拓展。但由于教材中未出现或复现率低，拓展的话语标记语缺少多维语境的感知，拓展教学效果并不好。可见，教材所提供的话语联系语接触量较少，多样性较差，复

---

[1]"连接词"在术语上可对应本研究中的"话语联系语"。

现率很低，并且平衡性较差，而少量的接触会减慢习得进程，因此，上述情况都很可能是初学者语篇衔接能力整体较低的重要影响因素。

其次，尽管英语初学者话语联系语使用能力总体较低，但仍在某些方面呈现出逐渐提升的趋势，根据汉语背景的英语学习语言接触量框架，该提升趋势的前提影响因素在于语言接触量的逐步增加。这一理论认为，在接触英语话语联系语的过程中，足量的接触会加速话语联系语的学习进程，少量的接触会导致话语联系语使用不当，减慢其学习进程。英语学习者接触话语联系语只有达到临界量，才会成功习得其使用规则。话语联系语的接触量可通过学习时间来衡量，也可通过学习的课程内容来衡量。在课堂中，话语联系语接触量主要以话语联系语教学时间的长短、话语联系语教学内容的多少及教学质量的高低来衡量。增加话语联系语接触量的一个重要途径，是在多种语境中增加话语联系语接触的频率。

通过访谈得知，多数初中英语教师会根据课标的上述分级标准要求，以及教材内容的编写来设计写作教学方案，从初一上学期末开始在课堂中循序渐进地讲解，为学生提供适当的话语联系语练习材料，使学生获得适量接触，同时引导学生在写作中尝试使用，以提高语言表达的顺序性与逻辑性。然而，初一阶段所接触的话语联系语时间较短，有关话语联系语的材料接触较少，话语联系语的操练机会也较少，因此，初一阶段话语联系语的使用能力较差。例如，他们倾向于反复使用有限的、较为简短的、更易于掌握的话语联系语，且不善于变换使用（如and、so）。他们写作中还出现了较多的使用冗余，以致使用过度。初学者个体之间话语联系语的使用意识与能力差异较大，而且，他们倾向于使用第一种和第三种提示关联方式的话语联系语直接表达观点，而不是以反驳的方式去佐证自己的观点。此外，他们话语联系语的偏误现象较多。

最后，根据汉语背景的英语学习语言接触量框架，临界量与英语语言结构的清晰度和晦涩度有关。较清晰的英语语言结构比晦涩的结构需要相对较少的临界量。话语联系语清晰度较高，其习得所需的临界量较少，因而较容易习得。随着年级的升高，教材及教师所提供的议论文话语联系语的接触量在逐渐增多，逐渐接近临界量。初学者的认知水平及语言能力也逐渐增强。经过一两年的接触与写作训练，初二、初三阶段初学者已可以使用较多、较长且较复杂的话语联系语，变换使用能力增强（如on the other hand），冗余现象减少，且偏误现象也逐渐减少。到初三年级时，他们对议论文话语联系语的接触更多，对其文体风格已较为熟悉，因此，初学者个体之间话语联系语的使用意识与能力较为均衡，且能够较为平衡地使用表达三种关联方式的话语联系语。

6.5 小结

本章以汉语背景的英语学习语言接触量框架为理论依据，基于"中国英语初学者笔语语料库"，探索中国英语初学者议论文写作中话语联系语的使用特征，揭示了三个阶段话语联系语使用特征上的不同，并尝试分析造成差异的前提影响因素。本章研究主要发现如下。

第一，三个阶段初学者在话语联系语的使用上具有相同之处。他们在话语联系语的常用类型上均缺乏多样性，在使用频数上均缺乏均衡性，且他们的偏误类型基本相同。总体而言，三个阶段初学者话语联系语的使用能力较低。

第二，三个阶段初学者在话语联系语的使用上存在不同之处。（1）在话语联系语使用总量上，初一话语联系语使用过度，初二、初三较少使用某些较简单的话语联系语，较多使用某些较复杂的话语联系语。（2）在话语联系语使用意识和能力的均衡性上，初三学习者个体之间话语联系语使用意识与能力较为均衡，与初一、初二相比有较大提高。（3）在话语联系语的使用类型和频数的均衡性上，与初一、初二相比，初三的三种关联方式的话语联系语使用较为均衡，使用话语联系语的能力有较大提高；与初一相比，初二、初三多数高频话语联系语均显著减少，变化性增强，冗余情况减少。（4）初二、初三的序数词类联接偏误率明显低于初一。这说明，初一到初三话语联系语的使用能力虽然较低，但总体上呈现出逐渐增强的发展趋势。

第三，话语联系语总体使用能力较低，与中学英语教材话语联系语的多样性较低有关。其使用能力呈现出发展趋势的前提影响因素是初学者话语联系语接触量的不断增多。话语联系语晦涩度较低，其习得所需的临界量较少，因此，随着年级的升高，教材与教师所提供的话语联系语的接触量在逐渐增多，初学者话语联系语的使用能力呈现出较为明显的不断增强趋势。

第七章 英语初学者指称类口语话语标记语的发展特征

在第四章至第六章中，本研究探讨了英语初学者在写作中的语言能力发展现状及规律性特征（如写作词汇丰富度、句法复杂性、话语联系语）。从本章至第十章，本研究将焦点转向初学者在口语中的语言能力发展现状及规律性特征（如口语话语标记语、词块、动词搭配、模糊限制语），以期探索不同话语输出方式中英语初学者语言能力的发展现状及规律性特征。

7.1 引言

在日常交流中，说话者通常会使用一些语言信号来标记话语之间的关系，或表明他们对话语的态度。话语标记语就是语言信号的一种，一直被认为是话语中常见的单词或短语，例如：so（所以），you see（你明白的），and I mean（我的意思是）。近20年来，随着话语分析、二语习得等语言学分支的发展，话语标记语成为研究的热点。国内外学者从不同角度对话语标记语进行多方面的研究。

国外的相关研究主要从三个视角出发。（1）以 Schiffrin（1987）为代表的基于连贯性的方法：从连贯性的角度研究话语标记语表达相邻话语之间关系的功能。Schiffrin（1987）主要关注话语标记在不同情境下的使用和分布，因此从语篇角度对其分析。她提出了五种不同的平面：交换结构、行动结构、观念结构、参与结构框架和信息状态。每一种都具有自己的连贯性。这五种平面有助于解释为何口语比书面语包含更多的话语标记语，即在书面文本中，许多话语平面是隐含的。(2) 以 Fraser（1999）为代表的句法–语用方法：Fraser 等学者采取句法–语用视角（冉永平 2000：11）。Fraser（1999）主要分析了语法和话语标记语使用之间的关系，以及话语标记语的语义特征，这些特征对语言的程序性含义有何贡献。Fraser（1999）认为，语言表达只有具有核心意义才可以被称为话语标记语，这种核心意义能在情境中不断丰富。Fraser（1999）也认为，话语标记语是基于连词、副词和介词短语等句法类别中的语用类词汇表达。(3) 以 Blakemore（1987）为代表的基于关联的方法：基于关联的方法强调话语标记语对上下文的限制，以及听者对话语的解释，揭示了话语标记语存在的认知心理动机。在关联理论框架内，Blakemore（1987）假定话语标记语是从语言角度对认知语境的特定约束，并且认为，说话者通过在日常交流中使用话语标记语，使情境更易于接受，同时也能限制听者对话语的理解。

　　国内学者也从不同的角度进行了各种研究。(1) 综述话语标记语的语用研究（冉永平 2000；杨国萍等 2016）。(2) 专注于特定的话语标记语（冉永平 2002；徐璐 2015）：某些学者聚焦于一些特定话语标记语的使用，例如徐璐（2015）进行了非英语专业学生话语标记词 like 的语用功能的实证研究，她发现英语学习者倾向于过度使用 like。(3) 对比非本族语者和本族语者话语标记语的使用情况。Liu（2017）探讨了中国英语学习者和本族语者 but 及 so 的不同使用情况，并且从交际能力的角度进行了总结，认为这两个群体在话语标记语的使用上存在差距。这样的对比研究有很多，但是他们没有意识到不应以本族语的标准去衡量二语学习者。Ortega（2014）认为，双语者和单语者之间的这种比较是无法实现的，因为没有固定的参数。(4) 口语中话语标记语的使用情况（何安平、徐蔓菲 2003；王立非、祝卫华 2005）：语料库也被广泛应用于此类研究中。王立非、祝卫华（2005）研究了中国英语学习者口语中话语标记语的使用，发现中国学习者同时存在过度使用和过少使用话语标记语的情况，并且认为母语迁移的影响不明显。(5) 话语标记语在英语课堂教学中的应用。例如，张会平、刘永兵（2010）关注英语教师在课堂教学中使用话语标记语的情况。他们认为英语教师具有一定的话语标记语使用意识，但使用类型不够丰富，语言精确性和口语化程度不高。

前人的研究从不同角度丰富了话语标记语的研究，做出了重要贡献，但仍存在如下不足：(1) 大多研究集中于话语标记语的整体使用情况或某个特定的话语标记语，较少研究学习者的阶段性发展特征；(2) 研究对象一般为中、高级学习者，即语言能力发展到一定水平的大学生、研究生，对语言能力较低的初学者（初中生和高中生）的使用情况研究较少；(3) 研究语体主要是笔语，口语很少，而对指称类口语话语标记语的研究更少。

鉴于此，本研究依据学龄将学习者划分为三个阶段：初一、初二属于阶段一；初三和高一属于阶段二；高二和高三属于阶段三。本研究尝试分析这三个不同阶段中国英语初学者指称类口语话语标记语的使用共性与差异性，发现这些共性与差异性所呈现出的某种发展特征，同时以"汉语背景的英语学习语言接触量框架"为理论基础，结合中学英语课堂标准、教材及课堂教学，探求该发展特征的前提影响因素。本研究旨在进一步丰富话语标记语研究，提高英语初学者在日常交流中使用话语标记语的意识和能力，并帮助英语教师改善口语教学。研究问题如下：

（1）英语初学者各阶段指称类话语标记语的使用特征有何共性？

（2）英语初学者各阶段指称类话语标记语的使用特征有何差异性？

（3）英语初学者指称类话语标记语的使用呈现出何种发展特征？该发展特征的前提影响因素是什么？

7.2 话语标记语及其理论基础

本节首先对话语标记语进行介绍，然后回顾"汉语背景的英语学习语言接触量框架"。

7.2.1 定义与分类

1）话语标记语的定义

学者们提出过多种话语标记语的定义，但目前尚未达成一致。Levinson（1983：87-88）首先指出："英语中有很多词语和短语用于表明话语与先前话语之间的关系，例如，在句首出现的but、there are、in conclusion、to the contrary。它们通常以非常复杂的方式表明，包含它们的话语是部分先前话语的回应或者延续。"这是第一次定义话语标记语，但该定义并不十分清晰。

目前被学界广泛接受的是Schiffrin（1987）给出的更全面、更具体的定义。她提供了两种定义话语标记语的方法：一种从操作性上提供了辨别和测量的方法，另一种从理论上提供了定位话语标记语的框架。针对第一种方法，她将话语标记语定义为"顺序上依存于话语，并将其切分为下级单位的部分"，通过"顺序依存"，话语标记语无论出现在话语中的哪个位置，都具有照应和后照应特征。针对第二种定义，Schiffrin（1987）提出了一种具有启发性的话语模型，该模型有五个不同的领域：特定的框架、信息状态、观念结构、行为结构、交换结构。她认为话语是言语中的常见表达，并且能够指示出话语结构，例如but和I mean。

Fraser（1990：383）将话语标记语定义为"表示当前信息与先前话语之间的顺序关系"的一种表达。在回顾以往研究之后，Fraser（1999）把语法分类添加到了话语标记语的新定义中，包括副词、连词和介词短语。通过"当前"和"先前"这两个词可以看出，Fraser（1999）话语标记语的定义强调了其照应特征。

与以往定义不同的是，在Sperber & Wilson（1986）提出的关联理论框架内，Blakemore（1987）认为，话语标记语是制约听者语用推导过程，引导其正确理解话语的机制。

基于学者给出的不同定义，话语标记语可定义为，对话语的真值没有任何影响，但可以引导听众理解话语标记信息的词语或表达。这也是本研究所采用的定义。

2）话语标记语的分类

正如话语标记语繁多的定义一样，其分类也复杂多样。Schiffrin（1987）认为，话语标记语包含各种词类的一系列的语言表达，如连词but、感叹词oh、副词then，以及像I mean这样的词汇化短语。基于此，Schiffrin（1987）将话语标记语划分为七类，即信息管理、回应、信息和参与、对比、意见、因果和话语时间。尽管这个分类具有启发性，但也存在不少问题，最明显的问题就在于分类过于广泛笼统，因而可能导致一些话语标记语的分类比较混乱。

Phillip（1995）基于话语标记语的功能也给出了话语标记语的分类，基于她对日语的研究，她将话语标记语划分为两种类型：使对话更加连贯的逻辑连接型和填充标记型。逻辑连接型有12类，包括附加类、对比类、重复类、因果类、顺序类、总结类、让步类、时间类、强调类、限定类、选择类和等同类。填充标记型则分为两类：没有明确含义的和有明确含义的。

Maschler（1994，1998，转引自 Fung & Carter 2007）的分类也建立在话语标记语的功能上，此分类不仅从连贯性角度考虑，还包含了人际角度，比以往分类更加全面和广泛。因此，本研究基于此分类框架，并将指称类话语标记语作为研究对象。该类标记语表明话语之间的关系，具有标记原因、对比、合取关系、析取关系、比较、离题和因果这七种功能，由13个话语标记语组成，即because、cos、but、and、yet、however、nevertheless、and、or、likewise、similarly、anyway、so。该分类如表7.1所示。

表7.1　指称类标记语按标记功能分类的情况

人际类话语标记语		指称类话语标记语	
功能	标记语	功能	标记语
标记共有知识	see, you see, you know, listen	标记原因	because, cos
标记态度	well, really, I think, obviously, basically, actually, exactly, sort of, kind of, like, to be frank, to be honest, just, oh	标记对比	but, and, yet, however, nevertheless
标记回应	OK, okay, oh, right, alright, all right, yeah, yes, I see, great, oh great, sure	标记合取关系	and
		标记析取关系	or
		标记比较	likewise, similarly
		标记离题	anyway
		标记因果	so

（待续）

（续表）

结构类话语标记语		认知类话语标记语	
功能	标记语	功能	标记语
标记话题开始或结束	now, OK, okay, alright, all right, let's start, let's discuss, let me conclude the discussion	标记思考过程	well, I think, I see, and
标记话题顺序	first, firstly, second, secondly, next, then, finally	标记重申或自我纠正	I mean, that is, in other words, what I mean is, to put it in another way
标记话题转换	so, now, well, and what about, how about	标记进一步阐明	like, I mean
标记总结性观点	so	标记犹豫	well, sort of
标记话题继续	yeah, and, cos, so	标记对听者关于话语了解程度的评价	you know

注：在检索时，须区分and标记对比关系与and标记合取关系。当and将两种事物进行对比时，用作标记对比关系的标记语，例如："My sister is eighteen and I am fifteen."当and起到增补内容的作用时，用作标记合取关系的标记语，例如：A: What kind of man is he? B: He is very tall, and a little bit dark.

7.2.2 汉语背景的英语学习语言接触量框架

　　英语接触量是影响英语学习效果的前提因素。英语接触量所包括的第一个维度为：英语学习者对于英语语言的接触量。在接触英语语言的过程中，足量的接触会加速英语学习的进程，少量的接触会导致英语使用不当，减慢英语学习的进程。英语学习者接触英语只有达到临界量，才会成功习得英语规则。临界量与英语语言结构的清晰度和晦涩度有关。较清晰的英语语言结构比晦涩的结构需要相对较少的临界量。英语学习者的英语接触若想达到临界量，需要不断增加、提高英语接触的数量和质量。在课堂中，英语接触量主要以教学时间的长短、教学内容的多少以及教学质量的高低来衡量。增加英语接触量的一种途径是在多种语境中增加英语接触频率。

7.3 研究方法

7.3.1 基于语料库的研究方法

1）语料库描述

本章研究采用了基于语料库的研究方法，使用的语料库为"中国英语初学者口语语料库"。该语料库由东北师范大学张会平主持建设，截至本研究2017年7月开始时，采集了来自中国东北34所中学和3所大学的337名学生的口语语料。出于研究需要，本研究只采用中学生语料，去除Speaker 1之后，容量包括3,283个类符，119,395个形符，337个文件。本章研究将学习者划分为三个阶段。阶段一（初一、初二）包括42,939个形符，111个文件；阶段二（初三、高一）包括32,289个形符，93个文件；阶段三（高二、高三）包括44,167个形符，134个文件。

2）数据收集步骤

首先，使用AntConc检索指称类话语标记语的频数。

其次，研究者需要通过细致的人工识别，依据不同标记功能区分话语标记语，或者借助词性标注剔除不符合研究要求的话语标记语。一种情况是，and作为指称类话语标记语时，它既可以标记对比，又可以标记合取，需要根据语境区分；另一种情况是，so同时也可用作副词，需要减去so作副词时的频数。例如：

(1) I think the school is so beautiful. (我觉得这个校园非常美丽)。(10LC32001106)

(2) I don't think so, because children can, children can open their eyes. (我不这样认为，因为孩子们可以，可以开阔眼界) (29HA21000516)

例（1）中的so用作副词，强调后面的形容词。例（2）中的so也是副词，用于指代刚才提到的内容。因此，这样的例子不符合研究要求，应依据词性标注逐一手动剔除。

再次，在检索句法位置分布时，使用 EmEditor 编写正则表达式，统计每个标记语在不同句法位置的频数。在检索偏误时，本研究采用索引行逐条观察分析的方法，对发现的偏误进行归类分析。

最后，基于上述步骤，本研究将从三个方面探讨初学者在不同阶段的指称类话语标记语使用特征，即使用频数、句法位置分布和使用偏误，探讨各阶段间话语标记语使用特征上的共性与差异性，并分析出现某种发展规律性特征的前提影响因素。

7.3.2 访谈法

本章研究主要采用基于语料库的研究方法，但同时结合访谈法，用于辅助数据分析。访谈对象为东北三省 16 所中学的英语教师，均为本研究所建设语料库的被采集者的英语教师，我们以电话、微信、现场访谈或电子邮件的方式，共采访了 26 名。访谈内容主要涉及话语标记语的具体课堂教学方法，对《义务教育英语课程标准》（2011 年版）、《普通高中英语课程标准》（2017 年版）的理解，以及对于人教版初、高中英语教材的使用体会与建议。

7.4 数据分析与讨论

本节从使用频数特征、句法位置分布特征、使用偏误特征三个方面，对比分析三个阶段使用特征的共性与差异性，讨论初学者话语标记语的总体使用情况及发展趋势，并探讨呈现出某种发展特征的前提影响因素。

7.4.1 口语话语标记语的使用特征

表 7.2 各阶段指称类话语标记语频数

话语标记语	阶段一		阶段二		阶段三		共计
	频数	百分比	频数	百分比	频数	百分比	总频数
because	368	31.19	159	19.56	229	21.58	756
cos	0	0	0	0	0	0	0

（待续）

（续表）

话语标记语	阶段一		阶段二		阶段三		共计
	频数	百分比	频数	百分比	频数	百分比	总频数
so	121	10.25	67	8.24	109	10.27	287
and	514	43.56	383	47.11	540	50.90	1437
or	54	4.58	91	11.19	74	6.98	219
but	122	10.34	110	13.53	109	10.27	341
however	0	0	3	0.37	0	0	3
yet	0	0	0	0	0	0	0
nevertheless	0	0	0	0	0	0	0
anyway	1	0.08	0	0	0	0	1
likewise	0	0	0	0	0	0	0
similarly	0	0	0	0	0	0	0
总频数	1,180		813		1,061		3,054

由表7.2可知，英语初学者各个阶段常用的话语标记语类型有限，且极其相似，主要使用because、so、and、or、but，其他标记语几乎未使用。

7.4.1.1　各阶段的使用频数特征

1）阶段一

由表7.2可知，在阶段一，使用频数最高的五个话语标记语分别为and（514次）、because（368次）、but（122次）、so（121次）、or（54次）。and的使用频数几乎为or的九倍，这可能是因为学生们在回答"What do you usually do after school？"（你通常在放学后会做什么？）这类的问题时，倾向于列举。例如，有学生回答："I buy food, and play basketball, do homework and do housework."（我买食物，打篮球，做家庭作业，做家务。）（29HA21003318）

语料观察可知，一些初学者使用了较多的指称类话语标记语，但另一些初学者的使用频数较少。为了进一步探索，本研究计算出阶段一整体使用频数平均值为11次，因此，本研究使用平均值加减5的方法，将整体使用频数的正常范围定为6至16次。如果初学者使用的标记语少于6次，即被认定为使用偏少，如果频数多于16次，即被认定为使用偏多。

表7.3   阶段一使用偏少和使用偏多的频数和百分比

使用情况	频数	百分比
使用偏少	18	16.22
使用偏多	16	14.41
共计	34	30.63

从表7.3可知，在阶段一，接近三分之一（30.63%）的初学者有使用偏少或使用偏多的现象。其中，16.22%使用偏少，14.41%使用偏多。

2）阶段二

由表7.2可知，在阶段二，使用频数最高的五个指称类话语标记语分别为and（383次），because（159次），but（110次），or（91次），so（67次）。

阶段二整体使用频数分布依然不均，平均值为9次，因此，整体使用频数的正常范围被定为4至14次。如果初学者使用的标记语少于4次，即被认定为使用偏少，如果多于14次，即被认定为使用偏多。

表7.4   阶段二使用偏少和使用偏多的频数和百分比

使用情况	频数	百分比
使用偏少	18	19.35
使用偏多	14	15.06
共计	32	34.41

从表7.4可知，在阶段二，超过三分之一（34.41%）的初学者有使用偏少或使用偏多的现象。其中，19.35%使用偏少，15.06%使用偏多。

3）阶段三

由表7.2可知，在阶段三，使用频数最高的五个指称类话语标记语分别为and（540次），because（229次），but（110次），so（91次），or（74次）。

阶段三整体使用频数分布依然不均，平均值为8次，因此，整体使用频数的正常范围被定为3至13次。如果初学者使用的指称类标记语少于3次，即被认定为使用偏少，如果多于13次，即被认定为使用偏多。

表7.5　阶段三使用偏少和使用偏多的频数和百分比

使用情况	频数	百分比
使用偏少	10	7.46
使用偏多	18	13.44
共计	28	20.90

从表7.5可知，在阶段二，约五分之一（20.90%）的初学者有使用偏少或使用偏多的现象。其中，7.46%使用偏少，13.44%使用偏多。使用偏少的百分比较前两个阶段有明显降低，这说明初学者对指称类话语标记语的使用有了更深的理解，同时也更敢于使用。

4）三个阶段的对比

本节采用卡方检验的方法，将阶段一和阶段二，阶段二和阶段三进行组间对比，以检验各阶段间是否具有显著性差异，结果如表7.6所示。

表7.6　三个阶段使用频数组间对比

标记语	阶段一频数	阶段二频数	阶段三频数	对数似然率	
				阶段一、二	阶段二、三
because	368	159	229	35.22***	−0.25
so	121	67	109	4.08*	−1.25
and	514	383	540	0.02	−0.21
or	54	91	74	−23.34***	11.31
but	122	110	109	−1.92	5.76
总频数	1,180	813	1,061	3.79	1.04

由表7.6可知，标记语总使用频数在阶段一、二间不存在显著差异（显著性值为3.79），但其中because、so和or的使用频数在两个阶段存在显著差异：because、so的使用频数在阶段二显著减少（显著性值分别为35.22、4.08），or的使用频数显著增多（显著性值为-23.34）。其余两个标记语（and与but）则不具有显著性差异。标记语总使用频数在阶段二、三间也不存在显著性差异（显著性值为1.04），但其中or和but的使用频数存在显著差异：两者均在阶段三显著减少（显著性值分别为11.31、5.76），其

余三个标记语（because、so、and）频数差异则不具有显著性。

综上所述，一方面，虽然总体使用频数组间差异均不具有显著性，但与阶段二、三间的差异相比，阶段一、二间的差异较为明显，这说明进入阶段二后，初学者对指称类话语标记语的使用频数趋于平稳，并呈现出逐渐减少的趋势。而使用频数高并不代表使用正确，较低的频数反而表明初学者可能正在逐渐掌握正确的用法，因为从下文看，他们滥用的现象也有下降的趋势。换言之，初学者标记语使用偏多的现象在逐渐好转。

7.4.1.2 各阶段的句法位置分布特征

1）阶段一

表7.7   阶段一指称类话语标记语句法位置分布

话语标记语	句首		句中		句末	
	频数	百分比	频数	百分比	频数	百分比
because	367	99.73	1	0.27	1	0
so	121	100	0	0	0	0
and	0	0	514	100	0	0
or	0	0	54	100	0	0
but	122	100	0	0	0	0
anyway	1	100	0	0	0	0

从表7.7可知，多数指称类话语标记语出现在句首，可见，大多数初学者的使用缺乏灵活性。语料观察发现，只有极少数初学者（1次）使用较为灵活，比如有的初学者会将because置于句中，例如，"Uh and bread because...."（29HA21001224）。从上下文可推测出，该学习者在前面对话中没有给出其喜欢面包的原因，所以使用because补充原因。但这种情况频数极少，不具有统计学意义。

在阶段一，大多数初学者将and与or置于句中，这是因为and作为指称类话语标记语时，用来表示合取或析取，例如，"In the library, we can read books and study."（06JA22000749），这里and用来连接"read books"和"study"。另一个例子是，"Sometimes I play basketball, play football, or reading books, ..."（29HA21001924），这里or用来表示三个行为的析取。

2）阶段二

表7.8　阶段二指称类话语标记语句法位置分布

话语标记语	句首		句中		句末	
	频数	百分比	频数	百分比	频数	百分比
because	159	100	0	0	0	0
so	67	100	0	0	0	0
and	0	0	91	100	0	0
or	0	0	383	100	0	0
but	110	100	0	0	0	0
however	3	100	0	0	0	0

阶段二的句法分布与Quirk（1985）的观点仍保持一致，有四个标记语只在句首使用（because、so、but、however），有两个只在句中使用（and与or）。在该阶段，没有话语标记语在句尾使用。

3）阶段三

表7.9　阶段三指称类话语标记语句法位置分布

指称类话语标记语	句首		句中		句末	
	频数	百分比	频数	百分比	频数	百分比
because	229	100	0	0	0	0
so	109	100	0	0	0	0
and	0	0	540	100	0	0
or	0	0	74	100	0	0
but	109	100	0	0	0	0

从表7.9可以看出，有三个标记语只在句首使用（because、so、but），有两个只在句中使用（and与or）。

4）三个阶段对比

对比三个阶段标记语的句法使用位置，发现这三个阶段的使用几乎没有差异，because、so、but、anyway、however均置于句首，and、or均置于句中，几乎没有标记语置于句末。Quirk（1985）认为，大多数话语标记语都居于句首，一些话语标记语也可能出现在句中或句末。观察美国当代英语语料库（COCA）发现，because、so、but既可置于句首，也可置于句中，而以句中为多；anyway可置于句首、句中、句末，而以句末为多；however可置于句首，也可置于句中，前100条索引行中，61次置于句首，39次置于句中，换言之，however的使用句首偏多；and可置于句首、句中，但绝大多数置于句中，极少数置于句首；or只位于句中。可见，很多标记语的句法位置较灵活，而初学者的使用则较为呆板，尚不能灵活使用，这也是其语言能力较低的表现。

7.4.1.3 各阶段的使用偏误特征

1）阶段一

该阶段的使用偏误主要包括两种：第一种为because和so的误用，第二种为and的滥用。例如：

(3) * So we should always play in the outside, because we need exercise and to improve our health. (06JA22000452)

(4) * … because it is summer now, so I usually after I doing my homework, I usually have a take shower. (08JA22000741)

(5) * … because he didn't have a tail, so he didn't play with the other fox. (29HA21003619)

(6) * … because now the zhongkao have the PE class to add score for the examination. So it is thinked it's a good thing…. (08JA22000741)

(7) * Because I didn't do very well in the middle exam. So I study harder than before. (10LA22000517)

(8) * … because do more exercise will make them healthy, and then, it will make them happy. So, they will study, they will study easily, they will study easily. (29HA21002223)

从以上例句可以看出，初学者连用because和so时，有两种情况：在一句话中连用，如例（3）（4）和（5），或是在两句话中连用，如例（6）（7）和（8）。这种误用反映了初学者对because和so用法的误解。

母语迁移可能是造成上述使用偏误的原因。在汉语中，人们常说"因为……所以……"，而"因为"对应英语的because，"所以"对应so，初学者将汉语中的用法迁移到了英语中，在使用英语时也会习惯性地连用because和so，但正确的用法是两者不能连用。

第二种使用偏误是and的滥用。例如：

(9) * I also like Chinese food, such as dumplings, and noodles and rice. (29HA21000616)

(10) * Hum, there is a dormitory, s-, student club, and playground, and basketball field, and ping-pong table in our, hum, school. (06JA22001051)

(11) * My favorite food is dumplings and chocolates and hamburgers and hotdogs and banana and apple. (29HA21004713)

(12) * ... there have teaching building and library and playground and laboratory building and administration building uh and ping-pong table and supermarket and dining hall and dormitory and a student club and basketball field. (29HA21003319)

(13) * ... the students can play on playground, and such as, hum play football, basketball and play basketball and play some games with classmates. (29HA21001524)

(14) * I buy food, and play basketball, do homework and do housework. (29HA21003318)

从例句（9）至（14）可以看出，只要两个短语或单词是并列的，初学者就会使用and来连接；但正确的用法是，只须将and置于倒数第二个和最后一个短语或单词之间。在阶段一，这样的滥用出现了48次，偏误率为9.34%。

2）阶段二

该阶段的使用偏误也主要包括两种，第一种为because和so的误用，第二种为and的滥用。例如：

（15）* ... because I want to go to a good university, so I should improve my grades to achieve my dream.（06JA23000247）

（16）* So the king was very happy because he think he is smart enough to see this coat.（06JA23001346）

（17）* ... because I am a junior high school students, so I have a lot of homework.（42LB31004146）

（18）* ... because children has ton of stress at school, so they should, they are supposed to do more exercise...（06JA23000948）

（19）* ... because now we have many homework to do, we don't have time to exercise, so we may easily get some...（39JA31002204）

（20）* Because I am learning is very very not good. So, I want to improve my study.（42HB23003849）

在该阶段，初学者们更倾向于在同一句中连用because和so，一些初学者甚至出现了在同一篇作文中误用两次，如例（15）至（20）所示，这从另一个角度说明，该偏误也许是根深蒂固的。

在阶段二初学者依然滥用and，例如：

（21）* ... when I have a trouble my, my friend and my parents and my teacher can help me.（35JC31000802）

（22）* ... on the western of this field, it has some ping-pong table and some supermarkets and administer, administration building.（46JA31000147）

（23）* The school has three doors, the side door, and back door and school gate.（17JB31000607）

（24）* ... there have a teaching building and a supermarket and a dining hall, uh, and have a back door.（35JC31000802）

（25）* I also have other hobbies, such as reading, writing, singing, and drawing, watching TV and doing exercise.（37JA31000128）

（26）* It has dining hall, hum, supermarket, ping-pong table, playground, and student club, laboratory building and library and so on. (35JC31000404)

从例（21）至（26）可以看出，多数情况下初学者仍倾向于使用and来连接两个邻近单词或单语。在阶段二，这样的滥用出现了33次，偏误率为8.62%。

3）阶段三

在该阶段，使用偏误也主要包括上述两种：第一种为because和so的连用，第二种为and的滥用。例如：

(27) * ... because I'm in senior high school, so I don't have enough time to watch the film. (32JA33000404)

(28) * ... because in these day students and child they don't have enough exercise, so they have a bad body. (35JB33001311)

(29) * ... because I like watching TV, so I will I usually watch TV. (41LB33000128)

(30) * ... because they are now terribly weak, so we should do exercise more and more. (39JA33001131)

(31) * Because watch TV can make me relaxed and by, and many interesting programs can show us on TV. So I like watching TV. (08HA32001910)

(32) * ... because, uh, children growing their bodies. So a, a healthy body is very important to us. (41LC33001619)

从例（27）至（32）可以看出，because和so连用的现象在阶段三并没有改善，这可能是因为母语迁移的影响较为深远。

在阶段三初学者依旧滥用and，滥用频数为28次，偏误率为5.19%，滥用的频数较前两个阶段有明显降低。例如：

(33) * ... if we stay home every day and also always study and play

computer games... （03JA32000206）

（34）* We have basketball field and dormitory and student club. （08HA32001810）

（35）* I usually listen to music after school and read English book and eat, uh, some foods, and sometimes play computer games. （10LC32001706）

4）三个阶段的对比

本节采用卡方检验，分析 because 和 so 的连用以及 and 的滥用是否存在下降的趋势，结果如表 7.10 所示。

表 7.10　两类偏误组间显著性对比

偏误类型	阶段一频数	阶段二频数	阶段三频数
because 和 so 连用	12	8	12
		阶段一、二对数似然率 –0.19	阶段二、三对数似然率 0.04	
滥用 and	48	33	28
		阶段一、二对数似然率 0.14	阶段二、三对数似然率 4.27	

从表 7.10 可以看出，（1）because 和 so 的连用频数并不具有组间显著性差异；（2）滥用 and 的频数在阶段一、二间不具有显著性差异，但在阶段二、三具有显著差异（显著性值为 4.27），这说明，滥用 and 这一现象呈现出先慢后快的下降趋势，初学者在逐渐习得 and 的正确用法。

7.4.2 三个阶段使用特征的异同

（1）三个阶段的相同点：中国英语初学者指称类话语标记语的使用类符均较少，丰富性均较低（主要使用 because、so、and、or、but），部分标记语几乎被忽略；初学者标记语在句法位置上的使用均较为呆板，主要集中于句首；常见的使用偏误均为两类：一类是误用"because... so ..."结构（该类偏误在三个阶段不具有显著性差异），另一类是 and 的滥用。这说明初学者话语标记语使用能力普遍较低。

（2）三个阶段的不同点：三个学习阶段之间使用过度的现象逐渐好转；在使用偏误方面，滥用and的现象有一直下降的趋势，在阶段三具有显著下降。这说明初学者话语标记语的使用能力仍在某些方面呈现出一定的上升趋势。

7.4.3 话语标记语发展特征的影响因素

根据"汉语背景的英语学习语言接触量框架"，在接触英语话语标记语的过程中，足量的接触会加速学习进程，少量的接触会导致使用不当，减慢学习进程。英语学习者接触话语标记语只有达到临界量，才会成功习得其使用规则。话语标记语的接触量可通过学习时间来衡量，也可以通过学习的课程内容来衡量。在课堂中，话语标记语接触量主要以教学时间的长短、教学内容的多少以及教学质量的高低来衡量。增加话语标记语接触量的一个重要途径，是在多种语境中增加话语标记语接触的频率。

三个阶段初学者话语标记语使用能力普遍较低，但仍呈现出一定上升趋势，出现这一现象的原因与话语标记语的接触量有关。

首先，初学者话语标记语使用能力普遍较低，例如，使用丰富性很低，句法位置较呆板，某些话语标记语的偏误未有显著改善趋势。这与学习者教材中话语标记语出现的丰富性及复现率有关，也与教师在课堂口语教学中话语标记语的讲授方式有关。查阅初、高中英语教材发现，教材对话语篇中指称类的"显性衔接和连贯手段"（术语上可对应本研究中的"话语标记语"）丰富性不够，主要集中于常见的几个，如and、but、so、or、because，而其他标记语如however、yet、nevertheless、anyway、likewise、similarly则很少出现。通过访谈得知，尽管出于中考、高考应试写作的需要，多数英语教师会在课堂口语教学中有意识地讲授多种话语标记语，但由于课堂时间有限，教师难以提供足量的地道的上下文语境，因此学习者很难真正领悟，并在口语中较多样地使用。

就偏误现象而言，如前所述，because和so连用的现象在整个中学阶段都十分常见，其偏误频数并未随年级的升高而减少。出现这一现象的可能原因是：一方面，母语迁移的影响较为深远；另一方面，依据"汉语背景的英语学习语言接触量框架"，英语学习者接触话语标记语只有达到临界量，才会成功习得其使用规则。在课堂中，话语标记语接触量主要以教学时间的长短、教学内容的多少及教学质量的高低来衡量。而增加话语标记语接触量的一个重要途径，是在多种语境中增加话语标记语接触的频率。通过该谈得知，多数英语教师对该类偏误关注不够，或根本没有意识到多数学生一直存在这样的偏误，因此在教学中未有意识地着重讲解，并通过各种途径去纠正，也较少为学生提供because和so的多种语境，强化学习。换言之，从初一到高三这六年中，多数初学者对标记语because与so的接触量一直未能达到临界量，对这两个标记语的各自使用语境尚不清晰，因而很难真正习得并准确使用。

其次，初学者口语话语标记语的使用能力仍呈现出一定的上升趋势，其前提影响因素如下。

如前文所述，《义务教育英语课程标准》（2011年版）"表2：语言技能分级标准"中五级对写开始有明确的要求："能使用常见的连接词表示顺序和逻辑关系。"通过访谈得知，虽然五级对说没有明确要求会使用常用的连接词，但多数初中英语教师会根据这一分级标准的要求设计写作教学方案，循序渐进地为学生提供适当的话语联系语材料，使学生获得适量接触，这对说也是有益的促进。而《普通高中英语课程标准》（2017年版）"表7：普通高中英语课程语篇知识内容要求"的必修中也明确要求"语篇中的显性衔接和连贯手段，如：通过使用代词、连接词、省略句、替代等手段来实现的指代、连接、省略、替代等衔接关系"。

如第六章所述，在人教版初中英语教材中，话语标记语（第六章称为话语联系语）从七年级上册就循序渐进地呈现，尽管丰富性较差，多数初中英语教师也尝试进行丰富性的拓展。而查阅人教版高中英语教材可知，课文中出现的连接词（术语上可对应本研究中的话语标记语）在每一单元均有一定比例，例如，高中英语教材必修一至必修八说明文占有一定比重，在这一文体中，尽管出现的连接词丰富性较差，但常用连接词的复现率较高。通过访谈得知，多数高中英语教师会根据"课标"这一要求以及教材的编写，在课堂口语教学中适当增加显性衔接和连贯手段的讲解，并提供适量的练习材料。因此，尽管初学者话语标记语的使用能力整体较低，但他们在与话语标记语的不断接触中，对衔接的意识会在一定程度上得到提高，在口语表达中话语标记语的使用质量也会得到一定程度的改善。

　　而在三个学习阶段中，初学者话语标记语的接触量是不同的。足量的接触会加速话语标记语的学习进程，少量的接触会导致使用不当，减慢学习进程。多数学生初一（即阶段一的前半部分）才开始正规而系统地学习英语，因此，他们在该阶段对英语的接触量较少，无法恰当地使用英语，口语中语篇衔接就更为困难。但随着学习时间的增长，他们在教师的课堂讲解及指导下获得更多的英语接触，学到更多英语单词，包括话语标记语，英语口语表达能力也在一定程度上有所提高。此外，根据"汉语背景的英语学习语言接触量框架"，临界量与英语语言结构的清晰度和晦涩度有关。较清晰的英语语言结构比晦涩的结构需要相对较少的临界量。话语标记语清晰度较高，其习得所需的临界量较少，因此，尽管具体话语标记语的发展趋势并不完全相同，但总体而言，话语标记语使用过度的现象在逐渐好转，且某些方面还具有明显的好转趋势。

　　例如，滥用and的现象呈现出较为明显的逐阶段好转趋势，这一现象的可能原因是：在阶段一，学生刚开始接触英语，对语法规则并不熟悉，因此，在回答问题时，他们倾向于多次使用and来连接短语和单词。尽管多数教师会不断强调and的用法，但初学者在口语即时表达中可能会忘记其语法规则。因此，他们会有如下表达："... some about history and English books and story books"与"... a side door and a back door and a school gate"。在阶段一，滥用and的百分比为9.34%。然而，进入阶段二后，初学者更多地接触到该语法规则，因此and的滥用在逐渐减少，偏误率下降到8.62%。而在阶段三，由于该语法规则接触量的进一步增多，滥用and的百分比进一步下降（降至5.19%）。

7.5 小结

　　本章以"汉语背景的英语学习语言接触量框架"为理论依据，基于"中国英语初学者口语语料库"，探讨中国英语初学者指称类口语话语标记语的阶段性使用特征。研究有如下发现。（1）中国英语初学者指称类话语标记语的总体使用能力较低，如，使用类符较少，部分标记语几乎被忽略；初学者标记语在句法位置上使用较为呆板，主要集中于句首；常见的两种使用偏误为：误用"because ... so ..."结构，滥用 and。（2）由于话语标记语的习得所需的临界量较少，与其他语言学习方面（如词块、动词搭配）相比，虽总体使用能力也很低，但其发展趋势较为明显。如，三个学习阶段之间使用偏多的现象逐渐好转；滥用 and 的现象呈现出先慢后快的下降趋势。（3）根据"汉语背景的英语学习语言接触量框架"，三个阶段初学者话语标记语使用能力普遍较低，但仍呈现出较为明显的上升趋势，这一发展特征在很大程度上受话语标记语接触量的影响。

第八章 英语初学者口语词块的发展特征

8.1 引言

词块是存在于词汇和句法之间，具有词法和句法特征的半固定结构 (Lewis & Hill 1993)。在表达观点时，人们倾向于使用储存在记忆中的词块，而不是根据语法规则产出新的词块 (Becker 1975)。据统计，本族语者日常交流中约70%的对话是由词块实现的 (Altenberg & Granger 2001)，此外，学习者词块使用的能力与外语能力直接相关 (刁琳琳 2004；丁言仁、戚焱 2005)，掌握大量词块可提高语言流利度 (Lewis 1997)。因此，词块研究具有重要理论与现实价值。国内外学者主要从以下两个维度进行研究。

（1）研究对象，包括英语本族语者与英语学习者。Altenberg (1998) 和 Biber *et al.* (2002，2004) 是基于语料库研究英语词块的先锋，但他们的研究对象均局限于英语本族语者。此后，许多学者关注本族语者和非本族语者写作中词块使用的差异。如 Kashiha & Chan (2015) 发现，英语本族语者倾向于使用词块来执行语篇功能，英语学习者则更倾向于表达立场。还有许多学者调查高级英语学习者的词块使用能力与英语水平的关系，发现词块能力直接影响听力、阅读、写作、翻译水平，此外，其词块使用能力仍较低，因此，改进词块教学是当务之急 (刁琳琳 2004；丁言仁、戚焱 2005；黎宏 2005；濮建忠 2003)。还有少数学者调查词块使用的差异性或发展特征。张健琴 (2004) 进行横断面研究，将学习者分为初级学习者（大学一年级新生）、中级学习者（非英语专业大学生）与高级学习者（英语专业研究生），发现不同英语水平的学习者在词块使用频率、类型、流利度和地道性上存在一定差异。刁琳琳（2004）探讨从第一年到第四年中国英语专业学生词块能力与语言水平之间的关系，结果表明，二者的关系在听力、阅读、写作和翻译方面都是积极的。戚焱（2010）通过纵向研究发现，在四年时间里英语专业大学生口语词块运用水平整体呈上升趋势，而词块流利度、准确性、多样性等方面的变化错综复杂。Vercellotti *et al.*（2021）的纵向研究发现，中、高级英语学习者在三个学期内口语词块使用数量呈现出非线性增长趋势。

（2）语体维度，包括书面语和口语。某些学者研究学习者写作中使用的词块。王立非、张岩（2006）基于"中国学生英语口笔语语料库"（SWECCL）比较中国大学生和英语本族语者在议论文写作中词块使用的情况。结果表明，中国大学生倾向于过度使用三词词块，其中大部分是名词+动词块、名词块和动词块；他们使用的语块具有口语化倾向，并且他们更倾向于使用主动句式构建语块。同样，马广惠（2009）从英语说明文语料库中抽取191个高频率的词块，并研究了英语专业学生在限时写作中的输出。结果表明，目标词块在英语说明文中的出现率和在外语写作中的输出率之间存在显著相关关系。在一定程度上，这意味着输入和输出之间的相关性。周惠、刘永兵（2015）基于Simpson-Vlach & Ellis（2010）关于学术立场词块的理论，比较了中国英语学习者和他们的母语对应者在英语硕士论文中的立场词块的使用情况。他们指出，中国英语学习者一般使用更多的立场词块，他们在特定类别中使用一些不适当的立场词块。

除了写作词块的研究，还有学者调查词块在英语口语中的使用（Kyle & Crossley 2015；Tavakoli & Uchihara 2020；胡元江 2015；卫乃兴 2004；许家金、徐宗瑞 2007）。卫乃兴（2004）采用Altenberg（1998）的理论框架，基于"中国学习者英语口语语料库"（COLSEC）研究了中国大学生英语会话中词块、话语结构和会话管理策略的使用特点，研究发现，学生使用的词块数量较少，篇幅短，变化少。此外，大多数中国学习者使用的词块是表达指定的主题，而不是执行语用功能。许家金、徐宗瑞（2007）从语篇形式和互动功能两个方面研究英语母语者和非英语专业大学生在口语中使用互动语块的差异。结果表明，缺乏人际交往能力的中国大学生倾向于单一、直率而僵硬的表现形式。

文献回顾发现，前人的词块研究主要针对中、高级英语学习者，较少关注水平较低的学习者；多数研究为整群研究，横断面对比研究较少；此外，多数研究聚焦于写作词块，口语词块相对较少。而调查英语初学者的词块阶段性发展特征具有重要理论与现实意义。鉴于此，本研究采用基于口语语料库的方法，从结构和功能两个维度，探讨英语初学者在三个学习阶段词块使用的共性与差异性，以发现英语初学者词块使用的总体现状与发展性特征。

研究问题如下：

（1）英语初学者各阶段词块使用特征有何共性？

（2）英语初学者各阶段词块使用特征有何差异性？

（3）英语初学者词块的使用呈现出何种发展特征？该发展特征的前提影响因素是什么？

8.2 词块及其理论基础

8.2.1 定义与分类

本研究采用Lewis & Hill（1993）对词块的定义：词块是存在于词汇和句法之间，具有词法和句法特征的半固定结构。本研究采用Nattinger & DeCarrico（1992）的分类法，在结构上分为"多词词块"（poly-words）、"习俗语词块"（institutionalized expressions）、"短语限制词块"（phrasal constraints）和"句子构建词块"（sentence builders）；在功能上分为"社交互动词块"（social interaction），"必要话题词块"（necessary topics）和"话语设置词块"（discourse devices）。

（1）按结构分类

A.多词词块

多词词块指长度较短且具有和词语相同功能的词块，其结构是固定且连续的，不允许聚合替换。该类词块可实现多种功能，例如：in a nutshell（总结），by the way（转换话题），after all（强调），let us say（举例）。

B.习俗语词块

习俗语词块指具有句子长度的多词结构，大多数是规范而连续的，形式没有变化，不允许聚合替换。这类词块常常作为独立的话语出现，常是谚语或格言，且直接应用于社交谈话中。例如：Seeing is believing, Easy come, easy go, How do you do?, Have a nice day, Long time no see。

C. 短语限制词块

短语限制词块长度不等，多数有固定的结构，并且在某种程度上词汇或短语可聚合替换，可实现多种语篇功能。例如：three __ ago（时间关系），good __（问候）：good morning, good night。

D. 句子构建词块

句子构建词块是高度可变化的，连续或非连续的，可为整个句子提供框架，它允许短语和从句元素的大量变化，其中包含用于表达整个概念的参数，例如：I think that …（主张），Let me start with …（话题标志），My point is that …（总结）。

表8.1　结构分类以及分类标准

词块类型	长度	规范/非规范	变化性	连续性
多词词块	词汇级别	都可以	固定	连续
习俗语词块	句子级别	规范	固定	连续
短语限制词块	词汇级别	都可以	某种程度上可变化	多数连续
句子构建词块	句子级别	规范	高度可变化	经常连续

（2）按功能分类

Nattinger & DeCarrico（1992）认为，词块不同于其他常规化或冻结形式的主要原因在于，它们用于执行某些功能。这三组词块代表了存在于不同情境中的不同词义类型、语用特征和会话结构。社交互动词块能够描述我们的社会关系，例如，问候（excuse me）；话题转换（what is your opinion about …）；疑问（do you …?）；结束语（Well, that's all about it, I must be going.）。必要话题词块在我们的日常交流中经常出现。例如，自我介绍（my name is …）；询问时间（what time …? / a … ago）；地理位置（next to, in front of），其他话题可能是天气、购物等等。话语设置词块能够实现不同的语篇功能，如组织或终结谈话。例如，逻辑性的连接词（because of …，in spite of …）；总结（My point is …，in a word）；举例（for example，in other words）；主张（as far as I know, there is no doubt that …）。

8.2.2 汉语背景的英语学习语言接触量框架

（详见本书第二章第二节）

8.3 研究方法

8.3.1 基于语料库的研究方法

1）语料库描述

本章研究的语料来自"中国英语初学者口语语料库"。本章研究将采用初中和高中的语料。将语料划分为三个学习阶段：初中一、二年级为阶段一，初中三年级和高中一年级为阶段二，高中二、三年级为阶段三。三个阶段形符数分别为38,801、28,184、39,816。

2）词块提取与过滤

本节统计三个阶段语料中不同长度词块的使用占比，以确定本章研究着重探讨的词块长度。两词词块通常是复合词或只具有语法意义，而六词及以上词块又十分罕见（卫乃兴2004），因此，本章研究将检索范围设定为3—6词词块。首先，将处理干净的语料导入AntConc，然后，利用其N-Grams功能自动生成词块，其中，词块长度设置为3—6，最小频率为10（提取频点设置为每百万词≥10次），且至少出现在5个文本中（最小范围设置为5）。最后，在两名有经验的外教指导下，手动剔除无意义词块。

表8.2 各个阶段不同长度词块的使用情况

不同长度词块	词块类符数/形符数/形符百分比		
	阶段一	阶段二	阶段三
三词词块	96/2319/82.1%	62/1215/89.5%	116/2360/89.3%
四词词块	18/420/15.4%	9/143/10.5%	17/262/9.9%
五词词块	3/71/2.6%	0	2/21/0.8%
六词词块	0	0	0
词块总类符数	117	71	135
词块总形符数	2,810	1,358	2,643

由表8.2可见，阶段一共使用词块117类，2,810次。其中，三词词块最常用（占82.1%），四词、五词词块较少（分别占15.4%、2.6%），未出现六词词块。3—4词词块是使用最多的词块（占97.5%）。阶段二共使用词块71类，1,358次。其中，三词词块也是最常用词块（占89.5%），其次是四词词块（占10.5%），未出现5—6词词块。可见，3—4词词块占使用词块的全部（100%）。阶段三共使用词块135类，2,643次。同样，三词词块是最常用词块（占89.3%），四词、五词词块较少（分别占9.9%、0.8%），未出现六词词块。可见，3—4词词块占使用词块的大多数（99.2%）。

从表8.2中词块长度看，初学者词块使用频数均随词块长度的增加而减小，其中，三词词块均是使用最多的词块，所占比重最大，而3—4词词块等于或接近百分百。因此，本研究着重分析3—4词词块。

为方便比较，本研究的频数均转换为标准化频数（简称"标频"）。

公式：标准化频数 =（观察频数 / 总形符数）*1,000。

在比较组间差异时，采用卡方检验。

在进行词块误用检索时，采用逐条观察、分析的方法。首先，依据语法错误将误用的词块分类；然后，按结构维度与功能维度进一步归类。

8.3.2 访谈法

本章研究主要采用基于语料库的研究方法，但同时结合访谈法，用于辅助数据分析。访谈对象为东北三省16所中学的英语教师，均为本研究所建设语料库的被采集者的英语教师，我们以电话、微信、现场访谈或电子邮件的方式，共采访了26名。访谈内容主要涉及词块的具体课堂教学方法，对《义务教育英语课程标准》(2011年版)、《普通高中英语课程标准》(2017年版)的理解，以及对人教版初、高中英语教材的使用体会与建议。

8.4 数据分析与讨论

本节分析讨论三个阶段英语初学者在词块结构、功能维度的共性与差异性特征，发现词块的总体使用情况与发展趋势，同时探讨呈现出某种发展特征的前提影响因素。

8.4.1 三个阶段的共同特征

8.4.1.1 词块频数占比的共同特征

表8.3 三个阶段结构与功能维度词块的频数所占百分比

维度	词块类型	阶段一	阶段二	阶段三
结构维度	多词词块	9.6%	7.6%	9.3%
	习俗语词块	1.5%	5.4%	3.3%
	短语限制词块	24.9%	24.2%	24.2%
	句子构建词块	64%	62.9%	63.2%
功能维度	社交互动词块	23.4%	25.9%	17.8%
	必要话题词块	57.5%	53.6%	59.4%
	话语设置词块	19.1%	20.5%	23.2%

（1）结构维度

从表8.3结构维度看，各词块类型在三个阶段都使用不均衡：句子构建词块均最为常用，其次是短语限制词块，然后是多词词块，习俗语词块最不常用。

Nattinger & DeCarrico（1992）认为，结构维度词块的一个特征是，从多词词块到习俗语词块、短语限制词块、句子构建词块，这四类词块的可变性和不连续性逐渐增强。句子构建词块为整个句子提供框架，是规范的、高度可变和最不连续的。因此，他们认为句子构建词块最灵活、最丰富，是使用最多的词块类型。在本章研究中，句子构建词块在三个阶段均最为常用，这一发现与Nattinger & DeCarrico（1992）的观点一致。

短语限制词块位居第二。根据Nattinger & DeCarrico（1992）的理论，该类词块在词汇层面上较短，且也有一定程度的可变性，因此初学者较易掌握。

多词词块位居第三。如前所述，它们是固定和连续的，因此不像句子构建词块或短语限制词块那样丰富。此外，该类词块对学习者语言能力提出更高要求，他们必须丝毫不差地准确记忆、掌握和产出该类词块。而他们往往受语言水平局限，很难达到此要求，因此所占比重很低，三个阶段均小于10%。

习俗语词块像多词词块一样，是固定、连续、不变的，而且它们往往用作单独的句子，如谚语、格言。初学者难以产出此类句子，因此该类词块较为罕见，三个阶段均小于6%。

(2) 功能维度

由表8.3可见，三个阶段功能维度词块的使用都不均匀，必要话题词块最为常用，话语设置词块与社交互动词块在不同阶段比例有所起伏，但都使用较少（均为20%左右）。

如前所述，必要的话题为讨论的主题提供模式。在"中国英语初学者口语语料库"中，谈话主要集中在学校、生日、食物、金钱等多个主题上，因此，必要话题词块所占比例最大。

话语设置词块与社交互动词块均使用较少。就话语设置词块而言，它连接了语篇的意义和结构，交际者需要使用该类词块使话语更流畅、更合乎逻辑、更易于理解。虽然初学者已使用了一定数量的该类词块，但只局限在固定的几类，例如逻辑连接，because I __；时态连接，and then __；流畅连接，I think __。我们推断，该现象的出现有两方面原因：一方面，叙述和描述依赖这几类词块衔接；另一方面，初学者英语水平很低，只能使用简单而熟悉的词块。

最后一种是描述社会关系的社交互动词块。我们推测，该类词块较不常用的主要原因在于初学者语言水平很低，该类词块接触与掌握不足，且使用意识较差。

综上所述，在三个阶段中各词块类型使用占比大致接近，都不均衡，某些词块类型使用过少。词块使用的多寡与词块类型本身的特点、初学者较低的语言水平及较少的语言接触量有关。

8.4.1.2 词块误用的共同特征

表8.4　三个阶段结构和功能维度词块误用的标频、频数占比及组间对数似然率

阶段 / 词块分类		阶段一 标频（频数）/占比	阶段二 标频（频数）/占比	阶段三 标频（频数）/占比
结构维度	多词词块 / 组间对数似然率	0	0	0
		阶段一、二无显著性值		阶段二、三无显著性值
	习俗语词块 / 组间对数似然率	0	0	0
		阶段一、二无显著性值		阶段二、三无显著性值
	短语限制词块 组间对数似然率	0.44（17）/23.3%	0.53（15）/34.9%	0.25（10）/17.2%
		阶段一、二 ll=−0.30		阶段二、三 ll=3.48
	句子构建词块 组间对数似然率	1.44（56）/76.7%	0.99（28）/65.1%	1.21（48）/82.8%
		阶段一、二 ll=2.70		阶段二、三 ll=−0.67
功能维度	社交互动词块 组间对数似然率	0.64（25）/34.2%	0.53（15）/34.9%	0.58（23）/39.7%
		阶段一、二 ll=0.35		阶段二、三 ll=−0.06
	必要话题词块 组间对数似然率	0.79（31）/28.8%	0.46（13）/30.2%	0.33（13）/22.4%
		阶段一、二 ll=2.95		阶段二、三 ll=0.77
	话语设置词块 组间对数似然率	0.44（17）/23.3%	0.53（15）/34.9%	0.55（22）/37.9%
		阶段一、二 ll=−0.30		阶段二、三 ll=−0.01
偏误总标频/词块总偏误率 组间对数似然率		1.88（73）/2.59%	1.52（43）/3.17%	1.45（58）/2.19%
		阶段一、二 ll=1.21		阶段二、三 ll=0.05

1）误用标频的共同特征

由表8.4可见，三个阶段词块总偏误率相差无几（分别为2.59%、3.17%、2.19%），阶段一、二间，词块误用总标频虽略有减少（1.21），但没有显著差异，阶段二、三间，词块误用的总标频几乎未发生变化（0.05）。其中，在结构维度方面，阶段一、二间短语限制词块误用几乎未发生变化（–0.30），句子构建词块误用标频略有减少（2.70）。阶段二、三间短语限制词块有一定程度减少（3.48），但未达到显著差异，句子构建词块误用也几乎未发生变化（–0.67）。在功能维度方面，三个阶段必要话题词块、社交互动词块和话语设置词块的误用标频也几乎未发生变化，只有必要话题词块在阶段二时有一定程度减少（2.95），但也未形成显著差异。

总体而言，三个阶段词块误用总标频、词块总偏误率及各类词块的误用标频都未发生显著变化，准确率总体处于较低水平。

2）误用频数占比的共同特征

由表8.4可见，总体而言，在结构维度方面，三个阶段中句子构建词块均误用最多，短语限制词块较少，多词词块和习俗语词块均没有误用。功能维度各类偏误的比率均大致相当。

在结构维度方面，多词词块和习俗语词块结构都十分固定，识记成功后，学习者出错的可能性很小，语料中没有出现误用。而短语限制词块和句子构建词块是可变的，初学者在使用时需要考虑如何搭配，同时需要准确掌握相应的语法规则。我们推测，由于语言接触时间尚短，他们还不具备这种能力；此外，句子构建词块是句子级的，比词汇级的短语限制词块更复杂，因此，学习者在使用句子构建词块时会犯更多错误。

综上所述，从结构维度看，词块误用主要集中在句子构建词块与短语限制词块，从功能维度看，其三大类比率大致相当。偏误的出现与词块本身的难易程度、词块接触量以及学习者的语言水平有关。

3）误用类型的共同特征

语料检索与观察发现，词块误用类型很多，但有些类型误用频数很低，如，it can/will/must _，共出现5次，例如：I think it is must very difficult.（06JA22000849）（改正：I think it must be very difficult.）。频数较高的词块误用主要分为以下五类。

（1）there are many/some/a lot of __ 的误用

本族语者通常使用there are many/some/a lot of __ +可数名词复数。该

类误用在三个阶段都很典型，标频分别为0.28（11）[1]、0.21（6）、0.38（15）。例如：

(1) *And there is three door in this school.（34JB23000419）

（改正：And there are three doors in this school.）

(2) *There are many teacher in it.（42HB21003038）

（改正：There are many teachers in it.）

该类误用可归于结构维度的句子构建词块与功能维度的社交互动词块。

（2）it/this/there is __ 的误用

该类误用也较为典型，在三个阶段标频分别为0.36（14）、0.32（9）、0.20（8）。例如：

(3) * And it is also make me relax.（42HB22004349）

（改正：And it also makes me relaxed.）

(4) * This is a good for our health.（42HB21002647）

（改正：It is good for our health.）

(5) * There is also has a library.（06JA23000544）

（改正：There is also a library.）

该类误用可归于结构维度的句子构建词块与功能维度的社交互动词块。

（3）like do __ 的误用

本族语者通常使用 like doing __/ to do __，而不是 like do __。该类误用在三个阶段标频分别为0.52（14）、0.67（26）、0.65（25）。例如：

(6) * And I like speak English with my classmates.（35JB32001011）

（改正：And I like speaking English with my classmates.）

---

[1] 括号中数据为标准化之前的频数。

(7) * I don't like people yell at me. (08HA32001335)

（改正：I don't like people yelling at me.）

该类误用可归为结构维度的短语限制词块与功能维度的必要话题词块。

（4）动词词块时态和单数形式的误用

英语动词具有形态变化，而汉语没有；受母语汉语影响，英语初学者在词块的时态和单数形式上时常误用，三个阶段标频分别为 0.31（12）、0.21（6）、0.25（10），其中 don't see __ 和 don't like __ 较多。例如：

(8) * I don't see a movie recently. (42JA22004852)

（改正：I have not seen a movie recently.）

(9) * After that I don't saw ghost film. (29HA21002523)

（改正：After that I didn't see ghost films.）

(10) * He don't like English. (06JA22000849)

（改正：He doesn't like English.）

该类误用可归于结构维度的短语限制词块与功能维度的必要话题词块。

（5）"Because __ so" "although/though/even if __ but"

Because __ so 在三个阶段标频分别为 0.31（12）、0.28（8）、0.30（12），although/though/even if __ but 标频分别为 0.13（5）、0.18（5）、0.25（10），这两类标频分别为 0.31（17）、0.28（13）、0.30（22），可归为结构维度的句子构建词块与功能维度的话语设置词块。

前四类为语法误用，主要为动词词块时态和单复数形式的误用，频数较高，三个阶段标频分别为 1.03（40）、0.95（27）、1.00（40）。第五类为语篇误用，如上所述，标频分别为 0.31、0.28、0.30。此外，还有其他较为零碎、标频很低的偏误类型。由表 8.4 可知，三个阶段所有偏误的标频分别为 1.88、1.52、1.45，虽呈减少趋势，但无组间显著性变化。可见，三个阶段词块主要误用类型相似，误用标频均较高，且大致相当。

Ellis（2013）认为，母语和外语存在差异时，外语学习可能会受到母语干扰。我们推测，上述五类偏误很大程度上是受母语的影响。例如，like do，汉语"喜欢"（like）和"做"（do）两个词可直接搭配，无须形态变换。不同的是，英语两个动词不能直接搭配，其中一个须变成其非谓语形式，所以在动词 like 之后，应接动词非谓语形式 to do 或 doing。初学者受母语影响，很可能将母语"无形态标记"的语法规则迁移到英语表达中。

综上所述，三个阶段词块误用总标频、总偏误率，以及各类词块的误用标频、误用频数占比都大致相当，且词块主要误用类型相似，可见，初学者词块使用的准确度未能逐阶段提高。这说明，词块在口语中的准确表达能力提升困难。因此，在词块学习与教学中，应针对误用集中的几种类型进行强化练习。

8.4.2 三个阶段的差异特征

本节首先统计分析三个阶段词块使用总形符和总类符的差异，同时统计对比每个阶段的类符形符比，用于分析初学者口语输出中词块多样性发展特征。一般而言，词块变化度越高，说明所用词块越多样化，产出性词块能力就越强（Read 2000）。最后，统计分析词块结构与功能维度的相异特征。

8.4.2.1 词块总形符和总类符的差异特征

表8.5 词块总形符、总类符组间对数似然率及类符形符比

	阶段一	阶段二	阶段三
总形符	2,739	1,358	2,622
	ll=137.49		*ll*=−89.93
总类符	114	71	133
	ll=1.05		*ll*=−3.78
类符形符比	0.04	0.05	0.05

由表 8.5 可见，在词块使用总形符上三个阶段有组间显著差异：阶段一、二显著减少（137.49），二、三阶段显著增多（−89.93），可见，词块使用总形符在三个阶段呈现出显著减少后再显著增多的"U"形发展轨迹。在词块使用总类符上无组间显著差异，但有一定的增减趋势：阶段一、二略有减少（1.05），阶段二、三稍有增多（−3.78），可见，词块使

用总类符变化不明显，呈现出略微减少后又稍有上升的"U"形趋势。对比三个阶段的类符形符比发现，三个阶段几乎未发生变化（0.04≈0.05 = 0.05）。可见，词块使用多样性几乎未发生变化。以上情况说明，阶段一在尝试大量使用词块，而阶段二出现了词块习得的高原期现象（Flynn & O'Neil 1988；朱曼殊 1990），在词块使用上较为谨慎，使用频数显著减少；阶段三在较多词块接触后，又在尝试大量使用词块。但三个阶段词块使用频数无论如何变化，都局限在有限的类符上，即词块多样性几乎未提高。

高原期现象是指学习者在学习初期学习成效上升，但达到某一阶段后就停滞不前，学习成效呈现出平坦甚至下降趋势，这种平坦期称为"高原期"，超越这个时期，学习成效又呈上升趋势（朱曼殊1990）。

8.4.2.2 结构与功能维度的差异特征

表8.6　三个阶段结构维度的频数及组间对数似然率

维度	阶段	阶段一	阶段二	阶段三
结构维度	多词词块	263	103	245
	组间对数似然率	阶段一、二 ll=30.52		阶段二、三 ll=−20.94
	习俗语词块	42	73	86
	组间对数似然率	阶段一、二 ll=−21.30		阶段二、三 ll=1.29
	短语限制词块	682	328	634
	组间对数似然率	阶段一、二 ll=39.28		阶段二、三 ll=−21.89
	句子构建词块	1,752	854	1,657
	组间对数似然率	阶段一、二 ll=95.10		阶段二、三 ll=−58.48
功能维度	社交互动词块	640	352	468
	组间对数似然率	阶段一、二 ll=18.00		阶段二、三 ll=0.74
	必要话题词块	1,576	728	1,558
	组间对数似然率	阶段一、二 ll=107.09		阶段二、三 ll=−89.47
	话语设置词块	523	278	607
	组间对数似然率	阶段一、二 ll=18.21		阶段二、三 ll=−37.90
总频数		2,739	1,358	2,622
组间对数似然率		阶段一、二 ll=137.49		阶段二、三 ll=−89.93

由表8.6可见，从结构维度来看，三个阶段间多词词块、短语限制词块和句子构建词块的使用均具有显著差异：在阶段一、二均使用减少，在阶段二、三均使用增多。习俗语词块在阶段一、二间使用显著增多，在阶段二、三没有显著差异，但呈减少趋势。从功能维度来看，阶段一、二社交互动词块、必要话题词块和话语设置词块的使用均显著减少。阶段二、三必要话题词块和话语设置词块的使用均显著增多，社交互动词块略有减少（0.74），但无显著差异。

以下是结构维度各类词块的具体典型例子。

表8.7　结构维度各类词块典型例子使用频数的组间显著性差异

结构维度词块	具体典型词块	阶段一、二 对数似然率	阶段二、三 对数似然率
多词词块	do my homework	2.05	0.52
	my favorite food	4.93	0.00
	get enough exercise	0.55	−3.94
习俗语词块	that's all	−20.26	0.43
短语限制词块	in font of	14.56	0.08
	next to the	−2.60	0.14
	go to the	0.25	−0.01
句子构建词块	there is a	20.64	0.83
	it is very	2.80	−0.24
	I don't	−2.51	5.95

在多词词块中，do my homework、my favorite food和get enough exercise最常用。从表8.7可见，在阶段一、二之间，my favorite food使用显著减少，do my homework和get enough exercise没有显著差异，呈使用减少趋势。在阶段二、三之间，do my homework和my favorite food没有显著差异，呈使用减少趋势，而get enough exercise使用显著增加。

在习俗语词块中，that's all具有代表性，在阶段一、二之间使用显著增加，但在阶段二、三之间没有显著差异，呈现出使用减少趋势。

在短语限制词块中，阶段一、二之间，典型的例子in front of使用显著减少，而next to the没有显著差异，呈现出使用增加趋势，go to the没有显著差异，呈现出使用减少趋势。在阶段二、三之间，这三个词块均没有显著差异，in front of和next to the呈现出使用减少趋势，go to the呈现出使用增加趋势。

在句子构建词块中，阶段一、二之间there is a使用显著减少，而it is very和I don't没有显著差异，前者呈现出减少趋势，后者呈现出增加趋势。阶段二、三之间，I don't使用显著减少，there is a和it is very没有显著差异，前者呈现出减少趋势，后者呈现出增加趋势。

以下是各个功能分类的典型例子。

表8.8　各个功能类型的典型词块在每个阶段之间的显著性差异

功能维度词块	具体典型词块	阶段一、二 对数似然率	阶段二、三 对数似然率
社交互动词块	there is a	20.64	0.83
	that's all	−20.26	0.43
	it is very	2.80	−0.24
必要话题词块	go to the	−2.60	0.14
	in front of	14.56	0.08
	next to the	0.25	−0.01
话语设置词块	I don't	−2.51	5.95
	I think it	−3.38	0.01

在社交互动词块中，there is a在阶段一、二间使用显著减少，在阶段二、三间没有显著差异，但呈现使用减少趋势。that's all的使用在阶段一、二间使用显著增多，在阶段二、三间没有显著差异，呈现使用减少趋势。it is very在阶段一、二间没有显著差异，但呈现出使用减少趋势，在阶段二、三间没有显著差异，但呈现出使用增多趋势。

在必要话题词块中，阶段一、二间，典型的例子in front of使用显著减少。而go to the和next to the的使用没有显著差异。从阶段二到阶段三，它们的使用没有显著差异，但go to the和in front of的使用减少，next to the增加。

在话语设置词块中，三个阶段中只有I don't在阶段二、三之间有显著差异。但是在阶段一、二之间，I don't 和 I think it 的使用均增多。在阶段二、三之间，两者的使用均减少。

综上所述，词块使用总形符与总类符在三个阶段均呈现出减少后又上升的"U"形趋势，在两个词块类型维度中，除少数词块外，多数词块类型的使用频数趋势基本一致：阶段二与阶段一相比，使用总频数显著降低，其中结构维度除习俗语词块显著升高外，其他词块均显著降低，功能维度的三类词块均显著降低；阶段三与阶段二相比，使用总频数又显著升高，其中结构维度除习俗语词块略有降低外，其他三类词块均显著升高，而在功能维度中，除社交互动词块略有降低外，其他两类词块均显著升高。除了少数词块外，具体典型词块的总体使用发展趋势也具有一致性。

8.4.3　词块发展特征的影响因素

由 8.4.1 节分析可知，初学者各词块类型的使用不均衡，某些词块类型使用过少，且词块使用的准确率总体较低。目前《义务教育英语课程标准》(2011 年版) 中表 3 列出了"五级语言知识的分级标准"，其中，"词汇"要求"学会使用 200—300 个习惯用语或固定搭配"[1]。而本研究中，初三、高一阶段口语中词块使用的总类符数为 71 个，高二、高三阶段也只有 135 个。这一现象也说明，初学者口语中词块的使用较为困难，总体水平较低，距离课标要求还有较大差距。

而由 8.4.2 节分析可知，尽管初学者口语词块的使用总体水平较低，但仍在使用总形符、总类符及两个维度各类词块方面呈现出"U"形发展趋势。根据"汉语背景的英语学习语言接触量框架"，这在很大程度上受口语词块接触量的影响。

本理论框架认为，在接触英语语言过程中，足量的接触会加速英语学习的进程，少量的接触会导致英语使用不当，减慢英语学习的进程。英语学习者接触英语只有达到临界量，才会成功习得英语规则。临界量与英语语言结构的清晰度和晦涩度有关。较清晰的英语语言结构比晦涩的结构需要相对较少的临界量。词块结构较为复杂多样，清晰度较低，晦涩度较高，

---

[1] 课标中的"固定搭配"在术语上可基本对应本研究中的"词块"。

因此，初学者对口语词块结构的成功习得需要相对较多的临界量。

根据本理论框架，英语学习者的英语接触若想达到临界量，需要不断增加、提高英语接触的数量和质量。在课堂中，英语接触量主要以教学时间的长短、教学内容的多少及教学质量的高低来衡量。调查研究人教版初中英语教材可知，总体而言，教材中的词块数量较少，类型多样性较低，词块的复现率不均衡，且不同年级的分布也不均衡。此外，由于词块结构的成功习得需要较多的临界量，因此，教材中与之配套的词块专项练习量尤显不足。

通过访谈得知，在初中课堂教学中，词块的归纳性讲解虽是多数英语教师的重点讲授内容之一，但教师主要集中于教材中复现率较高的几类，如句子构建词块、短语限制词块，而多词词块，尤其是习俗语词块，均较少涉及。初学者对复现率较低的词块语境的感知主要源于课外英语阅读中的接触，而学生在以课堂为主的英语学习环境中，英语课外阅读材料的接触量较为有限。少量的接触会导致英语使用不当，减慢英语学习的进程，加之词块本身的习得难度较大，这致使在前两个阶段（四年）的学习中，初学者口语词块的总体使用频数没有提升，反倒出现了"高原期现象"，呈现出显著下降趋势。

与之不同，目前《普通高中英语课程标准》（2017年版）在表5"普通高中英语课程词汇知识内容要求"中明确了词汇必修、选择性必修、选修（提高类）各自的具体要求。在词汇选择性必修中明确提出了词块的学习要求。通过访谈得知，虽然高中教材与初中教材的词块呈现具有类似问题，但在高中课堂教学中，多数英语教师会根据课标这一要求，从高二开始适当增加课堂中词块的讲授，同时适当提供有关词块的阅读材料。随着教师在教学过程中自觉或不自觉的词块渗透，以及词块材料的逐渐增多，初学者的词块接触量得到不断增多，逐渐接近临界量，因此，学习者的词块使用在阶段三时出现了显著提升。但需要指出的是，总体而言，由于口语词块的成功习得需要相对较多的临界量，因此，目前课堂（教材与教师）及课外阅读所能提供的接触量仍显不足，以致初学者直到高中毕业，口语词块的使用仍存在较大问题。

8.5 小结

本章以"汉语背景的英语学习语言接触量框架"为理论依据，基于"中国英语初学者口语语料库"，依据Nattinger & DeCarrico（1992）的词块分类框架，分析了三个阶段初学者口语词块的使用特征。研究发现，英语初学者词块总体使用能力较低，主要表现在使用类型均衡性、准确性及多样性上。如结构维度的多词词块与习俗语词块，功能维度的话语设置词块与社交互动词块使用比率很小；总体偏误类型多，偏误率高；词块多样性差。三个阶段词块总体使用能力提升不明显，但仍在某些方面有一定程度提高：尽管在各类词块的使用频数占比、词块误用频数及其占比、误用类型及词块使用多样性方面，三个阶段具有高度相似性，但在使用总形符、总类符、两个维度各类词块方面仍呈现出不同程度的"U"形变化趋势，综合分析可知，初学者在经历了阶段二的词块习得高原期后，在阶段三有较大提高，主要表现为词块使用总频数的显著增多。

（1）三个阶段的共同特征

从使用频数占比上看，在结构维度方面，句子构建词块均为最常用词块类型，其次是短语限制词块，然后是多词词块，习俗语词块最不常用。在功能维度方面，必要话题词块均最为常用，话语设置词块与社交互动词块都使用较少。从词块误用看，三个阶段偏误总标频大致相当，结构维度的句子构建词块均误用最多，短语限制词块较少，习俗语词块和多词词块均没有误用；功能维度的三类词块偏误比例相当。在词块多样性上，三个阶段大致相当。总体而言，三个阶段各类词块使用标频都不均衡，词块偏误率都较高，多样性均较差。其主要原因与各类型词块习得所需要的临界量、初学者较低的语言水平以及较少的语言接触量有关。

（2）三个阶段的差异特征

三个阶段在词块使用总形符、总类符，以及两个维度各类词块方面有所不同：组间词块使用总形符均有显著差异，总类符均无显著差异，但均呈"U"形发展趋势。在两个维度中，多数词块类型及具体典型词块的使用总体趋势也基本呈"U"形发展趋势：阶段二与阶段一相比，结构维度方面，除习俗语词块显著升高外，其他类型均显著降低，功能维度的三类词块均显著降低；阶段三与阶段二相比，结构维度方面，除习俗语词块略有降低外，其他三类词块均显著升高；而功能维度方面，除社交互动词块略有降低外，其他两类词块均显著升高。

（3）英语初学者词块发展特征的前提影响因素

根据"汉语背景的英语学习语言接触量框架"，英语初学者的上述词块发展特征主要受词块接触量的影响。受英语教材、课堂教学方式等的限制，前两个阶段口语词块接触量不足，加之词块本身的难度，需要较多的临界量，初学者在阶段二时出现了词块习得高原期现象；而由于课堂教学方式的不同，他们在阶段三时口语词块接触量增多，词块使用情况明显提升。

第九章 英语初学者高频口语动词搭配的发展特征

9.1 引言

由于动词的高频性及其用法的复杂性，动词素来是二语习得的难点。对英语初学者而言，在口语中正确使用动词是一项重要的英语应用能力。此外，作为语言能力的重要组成部分，学习者的搭配知识和搭配能力引起了国内外二语研究者的关注，其中，动词搭配是学习者较为薄弱的知识环节（王文宇、李小撒 2018）。动词搭配研究多采用填空或翻译测试、实验测试和基于语料库的研究方法，而基于语料库的研究方法是目前被广泛采纳的研究方法。二语动词搭配研究可分为两大类。

第一类，笔语中的动词搭配研究。多数研究着眼于动名搭配和高频动词搭配，研究内容主要针对以下方面。

（1）动词搭配特征、搭配错误类型（Laufer & Waldman 2011；Yoon 2016；邓耀臣、肖德法 2005；王瑞 2016；王文宇、李小撒 2018；张莎 2011）。王瑞（2016）对比中国英语学习者使用"做"类动词时，名词搭配词与英语母语者的语义韵差别，发现原词本身的语义韵色彩对学习者选择搭配词的语义韵取向有一定影响，而这一点对英语母语者影响不大。王文宇、李小撒（2018）考察高水平二语学习者在写作产出中的动名搭配使用情况，发现学习者过分依赖常用短语和泛义（虚化）动词，约有四分之一是错误搭配，包括近义词的混用、虚化动词的过度使用等。

（2）动词搭配学习和使用的影响因素（Nguyen & Webb 2016；贾光茂 2017；张文忠、杨士超 2009；张会平、刘永兵 2013）。Nguyen & Webb（2016）研究了五个因素（节点词频率、搭配频率、互信息、一致性和词性）对越南英语学习者动名搭配知识的影响，发现节点词频率与动名搭配知识密切相关。贾光茂（2017）从认知语法视角考察了汉英概念化方式的差异对中国英语学习者动名搭配的影响，发现概念迁移是动名搭配错误的重要原因。

（3）二语动词搭配教学法（Daskalovska 2015；Szudarski & Carter 2014；Tsai 2018）。Tsai（2018）比较采用关注形式教学法和概念主导教学法教授英语动名搭配的有效性，发现概念主导教学法优于关注形式教学法。

第二类，口语中的动词搭配研究。该类研究较为欠缺。俞钰（2011）调查中国英语专业学生口语高频短语动词的使用情况，发现学生使用短语动词的能力随英语水平的提高而增长，但在英语水平从中级向高级发展阶段，其能力却停滞不前，学生在短语动词使用上存在小品词或动词误用、搭配偏差等现象。郑李卉、肖忠华（2015）研究中国英语学习者的口语搭配行为，发现与动词有关的搭配知识是动名搭配学习和使用的难点，而母语迁移、同/近义词误用、过度概括以及目标词选择错误是造成动名搭配错误的主要原因。蔡金亭（2018）动态考察中国大学生在五次英语口语叙事语篇中使用动名搭配的情况，以及英汉语相似度对其使用的影响，发现随着二语水平的提高，动名搭配的正确率并没有显著提高，就动名搭配错误而言，动词、名词、介词、冠词四类错误的百分比都是曲折变化的，但均无显著意义。

前期研究对揭示学习者的动词搭配习得规律做出了重要贡献，然而，目前多数研究关注本科生、研究生等中、高水平的英语学习者，对初学者的关注较少，且多数研究基于笔语语料库，较少有研究基于口语语料库。此外，很少有研究将初学者分为不同的阶段来研究其发展阶段差异性特征。鉴于此，本章研究侧重考察英语初学者口语中的高频动词搭配，以探究母语负迁移、英语接触量等因素对不同学习阶段的二语学习者动词搭配习得的影响，以期对基础教育领域英语教师教学方法的改进及中学生的动词学习提供启示。

研究问题：

（1）英语初学者各阶段高频动词的使用特征有何共性与差异性？

（2）英语初学者各阶段的高频动词搭配偏误特征有何共性与差异性？

（3）英语初学者高频动词搭配的使用呈现出何种发展特征？该发展特征的前提影响因素是什么？

9.2 理论基础

（1）母语负迁移

语言迁移是二语习得的重要影响因素。Odlin（2001）认为，目的语与任何一种之前习得的语言（或许是并未完全精通的语言）之间总会存在相似和相异之处，源于这些相似和相异之处的影响便是语言迁移。若这一迁移干扰另一种语言的恰当使用或成功习得，它便是负迁移。由于英、汉两种语言在动词用法和语法特征等方面存在差异，我国英语初学者常会发生母语负迁移的现象，在英语表达中时常出现语言偏误。其中，动词搭配偏误是较为常见的偏误类型（张会平、刘永兵 2013）。但随着学龄的增长和英语水平的提高，母语负迁移对学习者的影响可能会有所改变（Jarvis 1998）。因此，以母语负迁移为切入点，研究不同阶段我国英语初学者口语中的动词搭配偏误，有助于帮助教师针对不同水平的学生采取不同的教学方法，以尽量避免母语负迁移对二语习得的影响，这对提高课堂教学效率和学习效率均具有重要意义。

（2）汉语背景的英语学习语言接触量理论框架

（详见本书第二章第二节）

9.3 研究方法

9.3.1 基于语料库的研究方法

（1）语料库描述

本章研究的语料来自"中国英语初学者口语语料库"。本章研究将所选语料分为三个阶段：初中一、二年级为阶段一，初中三年级和高中一年级为阶段二，高中二、三年级为阶段三。三个阶段形符数分别为38,801、28,184、39,816。

（2）搭配

搭配是词与词之间的"结对关系"，即检索词与搭配词之间的共现关系。很多动词都有相对固定的另一个词汇与之搭配使用，这样一组结对的词语叫作"搭配词"（collocate）（Sinclair 1991；梁茂成等 2010）。例如，介词 for 是动词 look 的常用搭配词。

本章研究借助 Foxpro 软件对语料库进行分析，将动词提取出来，再按词频大小排列，最后选出五个典型的动词 play、have、like、go、make（包括其曲折变化）来分析搭配错误，利用 AntConc 软件逐条找出所选动词的使用频数和搭配偏误情况，同时，分析中国英语初学者口语中产生动词搭配偏误的原因。

9.3.2 访谈法

本章研究主要采用基于语料库的研究方法，但同时结合访谈法，用于辅助数据分析。访谈对象为东北三省 16 所中学的英语教师，均为本研究所建设语料库的被采集者的英语教师，我们以电话、微信、现场访谈或电子邮件的方式，共采访了 26 名。访谈内容主要涉及动词搭配的具体课堂教学方法，对《义务教育英语课程标准》（2011 年版）、《普通高中英语课程标准》（2017 年版）的理解，以及对人教版初、高中英语教材的使用体会与建议。

9.4 **数据分析与讨论**

在本节中，第一部分首先列举三个阶段的高频动词，再进行横向对比，考察各阶段的高频词及其频数的共性与差异性，以确定动词搭配的具体研究目标项。第二部分对所选择的高频动词进行偏误分析，并将三个阶段的偏误进行横向对比，发现其共性与差异性，同时探讨母语负迁移、英语接触量对初学者动词搭配习得所呈现出的发展特征的影响。

9.4.1 高频动词的使用情况

表9.1 三个阶段高频动词频数及标准化频数情况

排序	阶段一	频数	标频	阶段二	频数	标频	阶段三	频数	标频
1	play	412	10.62	have	306	10.86	think	384	9.64
2	think	343	8.84	play	259	9.19	have	380	9.54
3	have	342	8.81	think	243	8.62	play	374	9.39
4	do	255	6.57	go	208	7.38	go	311	7.81
5	like	246	6.34	like	151	5.36	like	229	5.75
6	watch	227	5.85	watch	142	5.04	do	209	5.25
7	go	218	5.62	see	114	4.04	get	198	4.97
8	buy	186	4.79	get	109	3.87	see	180	4.52
9	eat	146	3.76	make	98	3.48	study	173	4.34
10	get	140	3.61	study	95	3.37	watch	147	3.69
11	make	128	3.30	buy	91	3.23	make	142	3.57
12	see	123	3.17	eat	72	2.55	buy	121	3.04
13	study	112	2.89	read	61	2.16	eat	78	1.96
14	want	103	2.65	do	61	2.16	want	74	1.86
15	say	86	2.22	learn	55	1.95	say	53	1.33
16	read	71	1.83	tell	46	1.63	take	52	1.30
17	tell	63	1.62	want	45	1.60	keep	50	1.26
18	give	63	1.62	know	45	1.60	read	49	1.23
19	take	37	0.95	say	37	1.31	tell	47	1.18
20	relax	36	0.93	relax	30	1.06	relax	44	1.11

从表9.1可知，三个阶段前20位高频口语实意动词的使用类符大体一致。基于表9.1，本章研究对三个阶段18个共同高频动词的标准化频数进行横向对比，如图9.1所示。

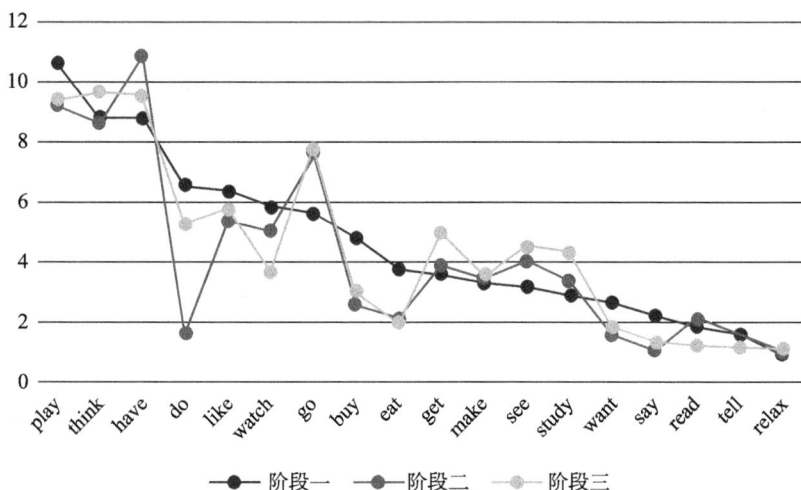

图9.1   三个阶段的共同高频动词的标准化频数的横向对比

从图9.1可见，在各阶段，这些高频动词的标准化频数趋势基本一致，从动词play到relax，在各个阶段逐渐减少。这说明初学者即使随年级升高而词汇丰富性逐渐提高，也仍倾向于使用最基础而熟悉的常用动词，如think、go、play。综合表9.1与图9.1可知，各年级初学者的常用动词在使用类符及总体使用趋势上基本一致。为了更精确地对比各阶段之间的差异性，本章研究借助对数似然率检验各阶段之间的显著性差异。

表9.2   三个阶段高频动词卡方检验结果

排序	动词	阶段一频数	阶段二频数	阶段三频数	阶段一、二显著性值；p值	阶段二、三显著性值；p值	阶段一、三显著性值；p值
1	play	412	259	374	3.35；0.07	−0.07；0.79	2.95；0.09
2	think	343	243	384	0.089；77	−1.88，0.17	−1.38；0.24
3	have	342	306	380	−6.98；0.01**	2.80；0.09	−1.14；0.29
4	do	255	61	209	74.03；0.00***	−42.66，0.00***	5.83；0.02*

(待续)

（续表）

排序	动词	阶段一频数	阶段二频数	阶段三频数	阶段一、二显著性值；p值	阶段二、三显著性值；p值	阶段一、三显著性值；p值
5	like	246	151	229	2.69；0.10	−0.46；0.50	1.13；0.29
6	watch	227	142	147	1.97；0.16	6.94；0.01**	19.37；0.00***
7	go	218	208	311	−7.88；0.01**	−0.40；0.53	−14.12；0.00***
8	buy	186	91	121	9.93；0.00**	0.19；0.66	15.60；0.00*
9	eat	146	72	78	7.51；0.01**	2.62；0.11	22.77；0.00*
10	get	140	109	198	−0.29；0.59	−4.54；0.03*	−8.56；0.00**
11	make	128	98	142	−0.15；0.70	−0.04；0.85	−0.41；0.52
12	see	123	114	180	−3.45；0.06	−0.87；0.35	−9.37；0.00***
13	study	112	95	173	−1.22；0.27	−4.04；0.04*	−11.63；0.00***
14	want	103	45	74	8.57；0.00**	-0.65；0.42	5.55；0.02*
15	say	86	37	53	7.54；0.01**	-0.00；0.95	8.79；0.00**
16	read	71	61	49	−0.92；0.34	8.72；0.00**	4.64；0.03*
17	tell	63	46	47	−0.00；0.98	2.43；0.12	2.77；0.10
18	relax	36	30	44	−0.31；0.58	−0.02；0.87	−0.61；0.44

　　从表9.2可见，高频动词have、do、go、buy、eat、want、say在阶段一、二的对比中具有较显著的差异性，显著性值分别为−6.98、74.03、−7.88、9.93、7.51、8.57、7.54；p值分别为0.01、0.00、0.01、0.00、0.01、0.00、0.01。其中，have、go在阶段二的使用频数均显著高于阶段一，do、buy、eat、want、say在阶段一显著高于阶段二，其他高频词没有显著性差异。数据分析与语料观察可知，不同学龄段的初学者感兴趣的话题有所不同：阶段一更关注"做什么""买什么""吃什么""想要什么""说什么"这样的话题，

而阶段二更关注"有什么""去哪"之类的话题。可见,阶段二与阶段一相比,阶段一所突显关注的话题类型比阶段二要多。

高频动词do、watch、get、study、read在阶段二、三的对比中具有显著性差异,显著性值分别是-42.66、6.94、-4.54、-4.04、8.72,p值分别为0.00、0.01、0.03、0.04、0.00。其中watch和read在阶段二的使用频数显著高于阶段三,而do、get、study在阶段三均显著高于阶段二,其他高频动词则没有显著性差异。数据分析与语料观察可知,阶段三与阶段二初学者感兴趣的话题也有所不同:阶段二更关注"观看"和"读"之类的话题,而阶段三更关注"做什么""获得""学习"之类的话题。可见,阶段三与阶段二相比,阶段三所突显关注的话题类型也比阶段二要多。

高频动词do、watch、go、buy、eat、get、see、study、want、say、read在阶段一、三的对比中具有显著性差异,显著性值分别是5.83、19.37、-14.12、15.60、22.77、-8.56、-9.73、-11.63、5.55、8.79、4.64,p值分别为0.02、0.00、0.00、0.00、0.00、0.00、0.00、0.00、0.02、0.00、0.03。其中do、watch、buy、eat、say、read在阶段一的使用频数显著高于阶段三,go、get、see、study、want在阶段三的使用频数显著高于阶段一,其他高频动词则没有显著性差异。数据分析与语料观察可知,阶段三与阶段一初学者感兴趣的话题也有所不同:阶段一更关注"做""观看""买""吃""说""读"之类的话题,而阶段三则更关注"去""获得""看""学习""想要"之类的话题。可见,阶段与阶段三相比,阶段一所突显关注的话题数量比阶段三略多。

综合三组初学者动词使用倾向度的组间差异,如前所述,阶段二与阶段一相比,阶段一更关注"做什么""买什么""吃什么""想要什么""说"这样的话题,而阶段二只更关注"有什么""去哪"之类的话题。阶段三与阶段二相比,阶段三更关注"做什么""获得""学习"之类的话题,而阶段二只更关注"观看""读"之类的话题。阶段三与阶段一相比,阶段三更关注"去""获得""看""学习""想要"之类的话题,阶段一更关注"做""观看""买""吃""说""读"之类的话题。

可见,三个阶段初学者关注的话题各不相同,阶段二的突显关注点最少,阶段一与阶段三的突显关注点较多,即其所突显关注的话题数量呈现出"U"形发展趋势。而其关注的话题体现在语言层面，则是高频动词的使用频率。因此，这种发展趋势在某种程度上说明，初学者高频动词的使用虽在使用类符及总体使用趋势上基本一致，但在具体偏好动词的选择数量上，呈现出先下降再提升的趋势；换言之，初学者高频动词的使用多样性能力呈现出"U"形发展趋势。

9.4.2　高频动词搭配习得发展特征

基于前一节的数据，本节选取 play、have、like、go、make、relax 这六个高频动词进行搭配偏误分析。选择这六个动词的原因如下。

首先，在数据统计中（见表9.1），高频动词虽然较多，但并非每个动词都存在典型的动词搭配偏误。例如，think 的排名虽在前两位，但其使用非常固定和模式化，鲜有动词搭配偏误，而主要是动词时态和第三人称单数形式的偏误。

其次，对于其他高频动词，筛查后发现，watch、do、buy、eat、see、study、want、say、read、tell 这些动词偏误大多出现在句子时态和第三人称单数形式方面，其搭配基本上均为"动词＋名词"或"动词＋代词"的正确表达，如 watch some films、watch TV、watch some cartoon、do homework、do housework、buy some food、buy something delicious、buy a banana、eat my favorite food、eat vegetable、eat dinner、see a school gate、see the dormitory、see trees around it、study English、study art、say sorry、say something、read books、read them、tell me、tell us。而动词搭配偏误非常少（＜5个），例如，watch the Ping-Pong table（see a Ping-Pong table）、study about him（study with him）。即使对动词 want，初学者也基本能掌握其正确搭配形式（"want + to"），偏误搭配甚少（只有4个），例如，want play（want to play）、want pass（want to pass）。

再次，对动词 get，其后可搭配的介词或副词很多，但是语料观察发现，初学者对动词 get 的用法掌握不够全面，换言之，get 所搭配介词或副词的种类很少，主要集中在 get up、get along with，且偏误更少（只有3个），例如，get clean the room（clean the room）。可见，上述高频动词的偏误特征均不具有典型性。

最后，play、have、like、go、make、relax 这六个动词是初学者经常使用的动词，其搭配偏误具有较强的典型性与代表性，因此，本章研究选择这六个高频动词，研究其搭配偏误特征。

表9.3   play、have、do、like、go、make、relax 三个阶段的使用情况统计

常错高频动词		阶段一	阶段二	阶段三
play	偏误频数/标频	16/0.41	18/0.64	17/0.43
	偏误率	3.88%	6.95%	4.55%
	显著性差异	前两阶段 ll=-1.62，p=0.20		后两阶段 ll=1.41，p=0.23
have	偏误频数/标频	56/1.44	43/1.53	58/1.46
	偏误率	16.37%	14.05%	15.26%
	显著性差异	前两阶段 ll=-0.07，p=0.78		后两阶段 ll=0.05，p=0.82
like	偏误频数/标频	20/0.52	19/0.67	26/0.65
	偏误率	8.13%	12.60%	11.35%
	显著性差异	前两阶段 ll=-0.70，p=0.40		后两阶段 ll=0.01，p=0.92
go	偏误频数/标频	19/0.49	18/0.64	14/0.35
	偏误率	8.71%	8.65%	4.50%
	显著性差异	前两阶段 ll=-0.65，p=0.42		后两阶段 ll=2.83，p=0.09
make	偏误频数/标频	26/0.67	20/0.71	36/0.90
	偏误率	20.31%	20.41%	25.35%
	显著性差异	前两阶段 ll=-0.04，p=0.85		后两阶段 ll=-0.77，p=0.38
relax	偏误频数/标频	12/0.31	14/0.50	19/0.48
	偏误率	33.33%	46.67%	43.18%
	显著性差异	前两阶段 ll=-1.45，p=0.22		后两阶段 ll=0.01，p=0.91

9.4.2.1 动词play及其搭配偏误

受母语负迁移的影响，中国英语初学者常在动词play的搭配上出现偏误。由于汉语不存在定冠词，而在英语中，定冠词是词汇语法的重要组成部分。但并不是所有"动-名"搭配的名词前都需要使用定冠词，对于

动词play，在表示球、棋、牌等的名词前不加定冠词，如play badminton，play chess；在乐器类的名词前则需要搭配定冠词，如play the piano。很多初学者对于这一规则常感到困惑，以致在英语表达中出现过度泛化，在所有名词前均加上the。语料观察发现，play的偏误形式均为定冠词搭配偏误。初学者各阶段play的高频右搭配词如表9.4所示。

表9.4　各阶段动词 *play* 的高频右搭配词

排序	阶段一			阶段二			阶段三		
	右侧搭配词	频数	标频	右侧搭配词	频数	标频	右侧搭配词	频数	标频
1	basketball	69	1.78	basketball	44	1.56	basketball	69	1.73
2	with	51	1.31	computer	40	1.42	computer	49	1.23
3	the	35	0.90	the	29	1.03	the	40	1.00
4	Ping-Pong	31	0.80	Ping-Pong	19	0.67	Ping-Pong	27	0.68
5	computer	30	0.77	with	17	0.60	some	22	0.55
6	soccer	21	0.54	some	13	0.46	with	21	0.53
7	in	13	0.34	it	8	0.28	games	12	0.30
8	football	12	0.31	on	7	0.25	football	11	0.28
9	on	9	0.23	games	6	0.21	sports	7	0.18
10	some	8	0.21	football	4	0.14	in	7	0.18
11	games	8	0.21	there	3	0.11	on	6	0.15
12	it	7	0.18	soccer	3	0.11	tennis	4	0.10
13	and	6	0.15	and	3	0.11	we	3	0.08
14	tennis	5	0.13	ball	2	0.07	there	3	0.08
15	badminton	5	0.13	badminton	2	0.07	many	3	0.08

从表9.3动词play的偏误标准化频数上看，阶段一（0.41）＜阶段二（0.64）＞阶段三（0.43），虽均未达到显著性（$ll=-1.62$，$p=0.20$；$ll=1.41$，$p=0.23$），但可见其偏误的增减趋势。从偏误率上看，同样地，阶段一（3.88%）＜阶段二（6.95%）＞阶段三（4.55%）。可见，阶段二偏误最多，

阶段一其次，阶段三最少。换言之，初学者在最初学习play的搭配时能较好掌握，但并不能说明其基本习得了该搭配，因为在阶段二时偏误有所增多，到阶段三时才有所好转。可见，动词play的发展呈现出微弱的"U"形发展趋势。例如：

(1) * I will play the soccer with some boys or girls. (06JA22000452)

(I will play soccer with some boys or girls.) [1]

(2) * If I finish my homework, I will play the basketball with my, with my father. (10LA22000317)

(If I finish my homework, I will play basketball with my father.)

(3) * Hum, we have, we are, we ate delicious food and play the games. (10LA22000417)

(Hum, we have, we are, we ate delicious food and play games.)

(4) * He always play the football all about. (42HB22004249)

(He always play football all about.)

(5) * Uh, some, some students can play the Ping-Pong with the Ping-Pong table. (29HA21000316)

(Uh, some, some students can play Ping-Pong with the Ping-Pong table.)

9.4.2.2　动词have及其偏误分析

汉语用"有"表达某处或某段时间存在着某人、某物，例如，"屋里有人""在墙脚有一个大铁桶"（刘月华等 2017），而英语have则没有这种用法。因此，受母语负迁移的影响，中国英语初学者在习得there be句型和have时经常出现困难，例如，他们常使用动词have与地点相搭配表示存在。语料观察发现，have的偏误形式均为"have+地点"。初学者各阶段have的高频右搭配词如表9.5所示。

---

[1] 括号中为改正之后的句子。

表9.5　各阶段动词have的高频右搭配词

排序	阶段一			阶段二			阶段三		
	右搭配词	频数	标频	右搭配词	频数	标频	右搭配词	频数	标频
1	a	120	3.09	a	93	3.30	a	123	3.09
2	some	20	0.52	some	24	0.85	many	28	0.70
3	many	19	0.49	many	18	0.64	to	24	0.60
4	the	12	0.31	more	9	0.32	some	21	0.53
5	to	11	0.28	the	8	0.28	enough	11	0.28
6	lunch	9	0.23	lunch	8	0.28	the	9	0.23
7	dinner	9	0.23	fun	6	0.21	lunch	9	0.23
8	three	5	0.13	something	5	0.18	two	8	0.20
9	an	5	0.13	time	4	0.14	no	8	0.20
10	Ping-Pong	4	0.10	dinner	4	0.14	three	6	0.15
11	good	4	0.10	classes	4	0.14	more	6	0.15
12	enough	4	0.10	to	3	0.11	fun	6	0.15
13	basketball	4	0.10	there	3	0.11	basketball	6	0.15
14	two	3	0.08	student	3	0.11	time	5	0.13
15	too	3	0.08	library	3	0.11	Ping-Pong	5	0.13

由表9.3可知，三个阶段使用的have偏误标准化频数先增后减：阶段一（1.44）＜阶段二（1.53）＞阶段三（1.46），虽不具有显著性差异（ll=−0.07，p=0.78；ll=0.05，p=0.82），但可见其增减趋势。三个阶段的偏误率均超过10%，呈现出先减后增的趋势：阶段一（16.37%）＞阶段三（15.26%）＞阶段二（14.05%）。语料检索与观察发现，阶段二的偏误率比其他两个阶段低，这是由于该阶段have正确表达的过度使用且缺乏灵活性，从而形成了偏误率较低的表象，而不是因为其习得情况较好。因此，从整体上看，动词have的发展仍呈现出微弱的"U"形发展趋势。三个阶段初学者均频繁使用动词have，却很少能意识到"have+地点"这一偏误搭配。例如：

（6）* There have a teaching building and a supermarket and a dining hall, uh, and have a back door.（35JC31000802）

(There is a teaching building and a supermarket and a dining hall, uh, and a back door.)

(7) * There also have a basketball. (10LC32002206)

(Also, there is a basketball.)

(8) * There have a middle school. (29HA21003319)

(There is a middle school.)

9.4.2.3 动词like及其偏误分析

受母语负迁移的影响，中国英语初学者在使用动词like时常犯动词结构偏误。汉语具有"动词+动词"的语法结构，例如，"接着（动词1）吃喝（动词2）"，"继续（动词1）前进（动词2）""喜欢（动词1）逛街（动词2）"。但是，在英语语法系统中，like后搭配动词时，不可以直接搭配动词原形，而应使用"like to do"或"like doing"这两种形式。通过语料观察发现，like的偏误形式均为"like+do"。本章研究将语料库中动词like的高频右搭配词统计如下（见表9.6）。

表9.6 各阶段动词like的高频右搭配词

排序	阶段一			阶段二			阶段三		
	右搭配词	频数	标频	右搭配词	频数	标频	右搭配词	频数	标频
1	to	26	0.67	to	27	0.96	to	24	0.60
2	it	24	0.62	the	15	0.53	it	22	0.55
3	the	12	0.31	it	10	0.35	the	21	0.53
4	I	11	0.28	play	8	0.28	play	11	0.28
5	eat	9	0.23	my	4	0.14	playing	7	0.18
6	running	5	0.13	eating	4	0.14	basketball	6	0.15
7	playing	5	0.13	in	3	0.11	and	5	0.13
8	me	5	0.13	go	3	0.11	this	4	0.10
9	English	5	0.13	and	3	0.11	that	3	0.08
10	this	4	0.10	a	3	0.11	my	3	0.08
11	play	4	0.10	you	2	0.07	me	3	0.08
12	pizza	4	0.10	watch	2	0.07	her	3	0.08

（待续）

（续表）

排序	阶段一			阶段二			阶段三		
	右搭配词	频数	标频	右搭配词	频数	标频	右搭配词	频数	标频
13	apple	4	0.10	that	2	0.07	eat	3	0.08
14	very	3	0.08	paying	2	0.07	do	3	0.08
15	sweet	3	0.08	Ping-Pong	2	0.07	what	2	0.05

　　由表9.3和表9.6可见，动词like的高频右搭配词偏误形式均为
"like+do"，如"like+eat""like+play""like+watch"。Like的搭配偏误所占
比率均超过了5%，阶段一到阶段三偏误标准化频数呈先增后减的趋势（阶
段一0.52＜阶段二0.67＞阶段三0.65），这三个阶段间的偏误频数虽不具
有显著差异（ll=−0.70，p=0.40；ll=0.01，p=0.92），但可见其增减的趋势。
搭配偏误所占比率也先增后减（阶段一8.13%＜阶段二12.6%＞阶段三
11.35%）。综合观之，阶段二搭配使用情况最差，阶段一与阶段三较好。换
言之，在like搭配学习的最初阶段，学习者掌握情况较好，但这也不能说
明其基本习得了该动词的搭配，因为在阶段二出现了较多的搭配偏误，到
阶段三才呈现出较稳定的提高趋势。总体而言，该动词的习得可描述为由
最初的较好到略有下降，再到稳定提升的微弱的"U"形趋势。

　　同时，我们可以看到，"like+doing/to do"的搭配习得较为困难，这类
偏误在整个初、高中阶段都较为常见，因此，应在中学英语教学过程中给
予充分关注。例如：

　　（9）＊Well, I like eat cake.（10JA22000542）
　　（Well, I like eating cake.）
　　（10）＊Some children like, who likes play basketball can play
basketball on it.（06JA22000652）
　　（Some children like, who likes playing basketball can play basketball
on it.）
　　（11）＊And students like, very like go here and reading book.
（29HA21002923）

(And students like, like going here and reading books very much.)

(12) * Hum, and I don't like watch TV actually. (32JA31000201)

(Hum, and I don't like watching TV actually.)

(13) * I like listen to music. (35JB32000728)

(I like listening to music.)

9.4.2.4 动词go及其偏误分析

本章研究首先统计了各阶段动词*go*的右搭配词频数（见表9.7）。通过观察语料库中go的右搭配词，可发现go的右搭配词偏误主要分为以下四类："go+名词""go+to+地点副词""go+介词""go+动词"。因此，本章研究进一步统计各阶段go的各类偏误搭配所占的比例（见图9.2）。

表9.7 各阶段动词go的高频右搭配词

排序	阶段一			阶段二			阶段三		
	右搭配词	频数	标频	右搭配词	频数	标频	右搭配词	频数	标频
1	to	131	3.38	to	101	3.58	to	162	4.07
2	home	16	0.41	home	15	0.53	out	16	0.40
3	out	9	0.23	out	13	0.46	straight	12	0.30
4	there	7	0.18	there	9	0.32	home	12	0.30
5	go	5	0.13	straight	7	0.25	shopping	11	0.28
6	shopping	4	0.10	back	6	0.21	there	10	0.25
7	we	3	0.08	shopping	5	0.18	on	9	0.23
8	on	3	0.08	through	4	0.14	through	8	0.20
9	into	3	0.08	on	3	0.11	back	4	0.10
10	all	3	0.08	into	2	0.07	along	4	0.10
11	swimming	2	0.05	for	2	0.07	into	3	0.08
12	outside	2	0.05	and	2	0.07	go	3	0.08
13	my	2	0.05				when	2	0.05
14	I	2	0.05				swimming	2	0.05
15	here	2	0.05				sightseeing	2	0.05

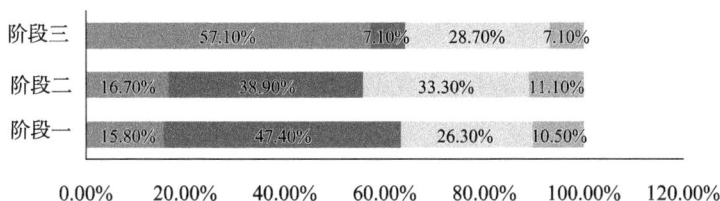

	阶段一	阶段二	阶段三
■go+名词	15.80%	16.70%	57.10%
■go+to+地点副词	47.40%	38.90%	7.10%
□go+介词	26.30%	33.30%	28.70%
▨go+动词	10.50%	11.10%	7.10%

图9.2　各阶段go的各类偏误搭配所占的比例

从表9.3可知，动词go的搭配偏误标频先增后减：阶段一（0.49）＜阶段二（0.64）＞阶段三（0.35），虽未达到显著性（ll=−0.65，p=0.42；ll=2.83，p=0.09），但可见其增减趋势。而从偏误率的角度看，初学者动词go的偏误率阶段一（8.71%）＞阶段二（8.65%）＞阶段三（4.50%），可见，阶段一与阶段二相当，阶段三偏误率最低。整体观之，在go的搭配使用上，阶段二与阶段一大致相当，阶段三最好。这说明随着年级的升高，初学者逐渐掌握了go的搭配，但仍有部分偏误出现。而综合其搭配偏误标频与偏误率，可发现其习得发展趋势也呈现出微弱的"U"形发展趋势。

进一步统计观察可知（见图9.2），go每类偏误搭配的使用趋势有所不同。随着年级的升高，"go+名词"的偏误比例逐渐上升，到阶段三时有明显增多趋势：阶段三（57.10%）＞阶段二（16.70%）＞阶段一（15.80%）；"go+to+地点副词"的偏误比例则逐渐下降，到阶段三有明显减少趋势：阶段三（7.10%）＜阶段二（38.90%）＜阶段一（47.40%）；"go+介词"的偏误比例则先增后减，但三个阶段起伏不大：阶段一（26.30%）＜阶段二（33.30%）＞阶段三（28.70%）；"go+动词"的偏误比例也呈现出先增后减趋势，三个阶段也未有明显起伏：阶段一（10.50%）＜阶段二（11.10%）＞阶段三（7.10%）。这说明初学者"go+to+地点副词"偏误较容易纠正，"go+介词"与"go+动词"偏误则较难纠正，而"go+名词"偏误最难纠正。

（1）"go + 名词"
例如：

(14) * If you want to go out of the school, you can go the side door and the back door. (29HA21003419)
(If you want to go out of the school, you can go to the side door and the back door.)
(15) * If I am very tired, I will go, I will go bed. (06JA23000147)
(If I am very tired, I will go to bed.)

动词go的意义为"离去"时，英文释义是move away from the place where the speaker or writer is, or a place where he imagines himself to be (Hornby 1997)，只表示"离开"的动作。除此之外，go在语法上是不及物动词，若要表达"去某地"，需要在地点名词前搭配表方向的介词to/into/through等，例如go to the library。汉语与英语go典型概念意义最接近的词是"去"。《现代汉语词典》（第5版）（中国社会科学院语言研究所词典编辑室，2005：1129）中"去"的基本意义为："'去'是动词，表示从所在地到别的地方，跟'来'相对"。因此，"去"不仅表达离开的动作，还包含去往某地的方向性。在词汇搭配层面，"去"与"某地"之间的介词不是必需的，而是具有选择性共现关系。受汉语母语的影响，很多中国英语初学者在使用动词go时容易遗漏介词to，出现"go+地点名词"这种偏误。
（2）"go + to + 地点副词"
例如：

(16) * ... so I won't go to there. (08HA32001335)
(... so I won't go there.)
(17) * When I go to home, I first, I go, I, I, I write my homework. (29JA21000616)
(When I go home, I first, I go, I, I, I write my homework.)

如前所述，"go+to+地点名词"是英语中正确的搭配规则，但中国英语初学者在习得这一搭配规则过程中，时常出现过度泛化现象。地点副词如here、there、home、upstairs、downstairs、anyway、everywhere、nowhere、somewhere、abroad、elsewhere等不需要加任何介词就可以与动词go直接搭配，即"go+地点副词"。而初学者时常将"go+to+地点名词"这一搭配规则泛化到"go+地点副词"中，以致出现"go+to+地点副词"这一偏误搭配形式。

（3）"go+介词"

例如：

（18）* You can, uh, go on the playground and, uh, to find basketball field.（08JA22001006）

（You can go to the playground and, uh, to find basketball field.）

汉语中动词"去"可由"上"来代替，如，汉语口语中表达"去操场"的含义时，可使用"上操场"，而英语则应表达为go to the playground。但受母语负迁移的影响，某些初学者将汉语"上"直译为英语"on"，因而常出现go on the playground这类偏误。

（19）* when you go into the school gate, the library is on the sight of you.（51LA22000147）

（when you go through/across the school gate, the library is on the sight of you.）

汉语"走进+门"表达的意义为，走进"门"所连接的空间里，例如"进门就是家，搬东西很方便"（CCL）。英语对译词"go into + gate/door"这一搭配，表示走进该"门"本身，而在美国当代英语语料库等英语本族语语料库中没有这样的表达方式。中国英语初学者倾向于使用go into the school gate等来表达"进门"，这显然受母语负迁移的影响。正确表述方式应当为go across the school gate或go through the school gate。

（4）"go+动词"

例（20）：* He said, "Why do you go visit my home?"（29HA21004019）
（He said, "Why do you go to visit my home?"）

汉语连动句里，动词"去"后可接动词，例如，"去吃饭""去拜访"，
而英语里两个谓语动词不可以在一个句子中同时使用。受母语负迁移的影
响，中国英语初学者时常出现go visit这类偏误。

通过上述分析，我们发现go的偏误搭配较为复杂，涉及地点副词、多
种介词以及不定式。因此，初学者习得较为困难，教师应在中学英语教学
过程中给予充分关注。

9.4.2.5 动词make及其偏误分析

本章研究首先统计了各阶段动词make的右搭配词频数（见表9.8）。
通过观察语料，发现make的右搭配词偏误主要分为以下五类：make表示
"做，制作"时的"make+名词"，make表示使役动词时的"make+名词+
动词""make+名词+to do/doing""make+名词+feel+形容词"以及"make+
名词+形容词"。因此，本章研究又统计了各阶段动词make的各类偏误搭
配所占的比例（见图9.3）。

表9.8　各阶段动词make的高频右搭配词

排序	阶段一			阶段二			阶段三		
	右搭配词	频数	标频	右搭配词	频数	标频	右搭配词	频数	标频
1	me	24	0.62	us	21	0.75	me	24	0.45
2	them	21	0.54	me	10	0.35	us	18	0.35
3	our	12	0.31	our	9	0.32	our	14	0.18
4	children	11	0.28	a	8	0.28	them	7	0.18
5	us	10	0.26	them	6	0.21	a	7	0.15
6	an	9	0.23	their	4	0.14	some	6	0.15
7	a	8	0.21	the	4	0.14	my	6	0.15
8	friends	6	0.15	my	3	0.11	children	6	0.13

（待续）

（续表）

排序	阶段一			阶段二			阶段三		
	右搭配词	频数	标频	右搭配词	频数	标频	右搭配词	频数	标频
9	their	2	0.05	it	3	0.11	their	5	0.10
10	the	2	0.05	up	2	0.07	you	4	0.10
11	some	2	0.05	some	2	0.07	the	4	0.05
12	rice	2	0.05	more	2	0.07	will	2	0.05
13	my	2	0.05	friends	2	0.07	we	2	0.05
14				children	2	0.07	students	2	0.05
15							people	2	0.05

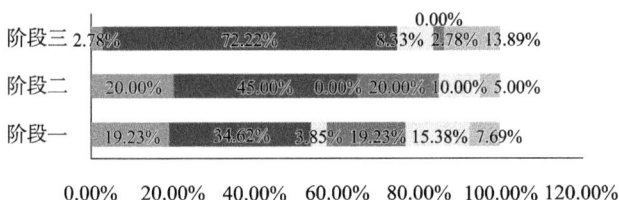

	阶段一	阶段二	阶段三
■ make+名词	19.23%	20.00%	2.78%
■ make+名词+动词	34.62%	45.00%	72.22%
make+名词+to do/doing	3.85%	0.00%	8.33%
■ make+名词+feel+形容词	19.23%	20.00%	2.78%
make+形容词性物主代词+形容词	15.38%	10.00%	0.00%
■ 其他	7.69%	5.00%	13.89%

图9.3　各阶段make的各类偏误搭配所占的比例

　　由表9.3可知，总体而言，动词make的搭配偏误标频先几乎未变化后较明显增加：阶段一（0.67）＜阶段二（0.71）＜阶段三（0.90），阶段一、二之间显著性几乎未发生变化（$ll=-0.04$，$p=0.85$），阶段二、三之间有一定的增加趋势（$ll=-0.77$，$p=0.38$），尽管各阶段之间均未达到显著性。而从偏误率的角度看，初学者动词make的偏误率阶段一（20.31%）≈阶段二

（20.41%）＜阶段三（25.35%），可见，阶段一与阶段二相当，阶段三偏误率最高。整体观之，在make的搭配使用上，阶段一与阶段二大致相当，阶段三最差。结合表9.1可知，make在阶段三时使用频率最高，搭配偏误也最高。可见，make的发展趋势呈现出平稳发展后微弱下降的趋势（而该趋势并不能说明其使用能力的降低，见下文9.4.3节分析）。

进一步统计观察可知（见图9.3），make每类偏误搭配的使用趋势有所不同。随着年级的升高，make意义为"做，制作"时，"make+名词"的偏误比例先略有增加后明显减少：阶段一（19.23%）＜阶段二（20.00%）＞阶段三（2.78%）；"make+名词+动词"的偏误比例则逐渐增加，到阶段三时有明显增加的趋势：阶段一（34.62%）＜阶段二（45.00%）＜阶段三（72.22%）；"make+名词+to do/doing"的偏误比例则先减后增：阶段一（3.85%）＞阶段二（0.00%）＜阶段三（8.33%）；"make+名词+feel+形容词"的偏误比例先增加后减少，到阶段三时有明显下降：阶段一（19.23%）＜阶段二（20.00%）＞阶段三（2.78%）；"make+形容词性物主代词+形容词"的偏误比例呈现出明显递减趋势，阶段一（15.38%）＞阶段二（10.00%）＞阶段三（0.00%）。这说明初学者对make表示"做，制作"时的"make+名词"以及"make+形容词性物主代词+形容词"的纠正较为容易，"make+名词+feel+形容词"次之，"make+名词+to do/doing"纠正难度较大，而"make+名词+动词"的纠正最为困难。

（1）"make+名词"
例如：

（21）* Students always make chemistry and physics in there. (06JA23000948)

(Students always do chemical and physical experiments there.)

该句想表达"做化学和物理实验"的语义，而make和do所对应的汉语概念均为"做"，受母语负迁移的影响，初学者易将二者混为一谈。

（2）"make+名词+动词"

例如：

（22）* Watching TV can, uh, make children get more knowledge. (03JA32000704)

（Watching TV can, uh, help children get more knowledge.）

该句出现了语义韵偏误，在英语中，"make+名词+动词"表示"强迫，迫使（某人）做某事"，该结构带有负面语义韵，例如make me cry、make you lose control，而汉语中"使"的概念范畴中褒义特征为原型特征（张会平、刘永兵 2013），如"努力使高等教育大众化"。学习者常将"使"的褒义特征迁移到"make+名词+动词"中，从而造成了语义韵偏误。语义韵偏误的比率在三个阶段均超过30%，在阶段三甚至高达72.22%（阶段三72.22%＞阶段二45.00%＞阶段一34.62%）。可见，该类偏误非常普遍，比比皆是。该发现与前人研究观点一致，如蔡晨（2017）认为，语义韵作为词汇的隐性知识，是中国英语学习者习得的难点。

（3）"make+名词+to do/doing"

例如：

（23）* So my mother always makes me to watch with her. (29HA21000616)

（So my mother always makes me watch with her.）

（24）* Getting enough exercise could make us keeping good health. (08HA32001710)

（Getting enough exercise could make us healthy.）

初学者已对英语中的某些语法概念，如不定式、现在分词有了一定了解和接触，但对于何种动词后加to do、doing，或直接加动词原型仍有困惑，在接触量没有达到临界值时，容易产生偏误。

（4）"make+名词+feel+形容词"

例如：

（25）* My favorite food is banana, because it's sweet and make, and, and it can make me feel happy.（34JB23000935）

（My favorite food is banana, because it's sweet and make, and, and it can make me happy.）

该句为汉语语义"使我感到快乐"的直接翻译，体现出典型的汉语思维方式，受到了母语负迁移的影响，致使行文累赘，去掉feel则为较地道的用法。

（5）其他偏误

例如：

（26）* It makes our can strong.（29HA21004213）

（It makes us strong.）

此类错误体现为学习者缺乏英语语法概念，同时，受母语负迁移影响，仅能从汉语语义"它使我们能强壮"直接翻译。

通过上述分析，我们发现make表达"做，制作"时较易习得，而其使役用法较难习得，因涉及多种语法概念与语义韵知识，导致偏误搭配在三个阶段均非常普遍，教师应在中学英语教学过程中给予充分关注。

9.4.2.6 动词relax及其偏误分析

本章研究统计了relax的右搭配词频数（见表9.9），发现受母语负迁移影响，relax的搭配偏误主要为"relax+反身代词"，该类偏误频数及所占比率如表9.3所示。

表9.9　各阶段动词relax的高频右搭配词

排序	阶段一			阶段二			阶段三		
	右搭配词	频数	标频	右搭配词	频数	标频	右搭配词	频数	标频
1	themselves	6	0.15	ourselves	8	0.28	myself	7	0.18
2	and	4	0.10	and	4	0.14	themselves	7	0.18
3	our	3	0.08	myself	3	0.11	ourselves	4	0.10
4	ourselves	2	0.05	themselves	2	0.07	us	3	0.08
5	myself	1	0.03	yourself	1	0.04	me	3	0.08
6	himself	1	0.03	our	1	0.04	and	3	0.08

根据表9.3与表9.9，relax在三个阶段中的偏误标频先增加后略有减少：阶段一（0.31）＜阶段二（0.5）≈阶段三（0.48），前两个阶段的偏误有一定增加趋势（ll=−1.45，p=0.02），后两个阶段几乎没有变化（ll=0.01，p=0.91）。从偏误率上看，阶段一（33.33%）＜阶段二（46.67%）＞阶段三（43.18%），可见，阶段二的偏误率最大。整体来看，初学者对relax的使用呈先下降后略上升的发展趋势。

通过观察语料可以发现，学生relax的搭配偏误均为"relax+反身代词"，例如：

（27）* And doing exercise is the best way to relax themselves. （10JA22000642）

（And doing exercise is the best way to relax.）

（28）* I will watch a funny movie to relax myself. （06JA23001446）

（I will watch a funny movie to relax.）

受汉语中"放松自己"的搭配影响，学生使用"relax+反身代词"表达休息、放松身心之意，然而，"relax+反身代词"这类用法在美国当代英语语料库中几乎没有。学生因母语负迁移的影响，将relax与反身代词直接连用，且忽略了relax的其他用法，如relax with something。这类偏误在初学者中偏误率较高，应引起教师与学生的重视。

9.4.3 高频动词搭配习得发展特征的影响因素

总体来看，三个阶段之间动词搭配偏误情况并无显著差异，换言之，初学者动词搭配习得情况总体较差。根据"汉语背景的英语学习语言接触量理论框架"，初学者接触英语动词搭配只有达到临界量，才会成功习得英语动词搭配的规则。临界量与英语语言结构的清晰度和晦涩度有关。较清晰的英语语言结构比晦涩的结构需要相对较少的临界量。如前所述，由于动词搭配用法的复杂性，动词搭配是二语习得的难点之一（王文宇、李小撒 2018）。因此，动词搭配的习得需要相对较多的临界量，初学者动词搭配的习得现状与动词搭配习得所需的临界量有关。

同时，不可否认，造成这一习得现状的原因也与教材及课堂教学所能提供的接触量因素有关。调查研究教材发现，词汇搭配的数量、类型和分布不够合理：教材中词汇搭配的呈现数量，尤其是高频搭配的数量较少；词汇搭配的多样性较低；各类动词搭配在各年级教材中的分布没有显著性差异，动词＋介词以及动词短语搭配在文中出现频繁，其次是动－名搭配，动词搭配副词出现的频率很低，而且搭配在教材中没有明确的指示。通过访谈得知，正因为教材的导向问题，教师在课堂中很难有效地讲授各类动词搭配：他们即使有意识地加强动词搭配的准确性与多样性的讲解，但由于缺乏课文内容的语境体悟，加之课堂时间所限，也很难使学生获得充分接触。

尽管各阶段之间动词搭配偏误情况无显著差异，但仍呈现出一定的发展趋势。通过分析动词 play、have、like、go、make、relax 的搭配偏误，我们发现初学者动词搭配的使用能力并未随着年级的升高而呈现出连续性上升的趋势，而是在总体上呈现出微弱的"U"形发展趋势。从动词搭配偏误标频来看，前四个高频动词都在阶段二时偏误最多，阶段一与阶段三时较少，即偏误标频呈现出先增后减的微弱趋势。从偏误率上看，play 的偏误率阶段一（3.88%）＜阶段二（6.95%）＞阶段三（4.55%），have 的偏误率阶段一（16.37%）＞阶段二（14.05%）＜阶段三（15.26%），like 的偏误率阶段一（8.13%）＜阶段二（12.6%）＞阶段三（11.35%），go 的偏误率阶段一（8.71%）＞阶段二（8.65%）＞阶段三（4.50%），relax 的偏误率阶段一（33.33%）＜阶段二（46.67%）＞阶段三（43.18%）。可见，其动词搭配偏误率也在总体上呈现出先增后减的微弱趋势。需要说明的是，make 的搭配偏误趋势有所不同，无论搭配偏误标频，还是偏误率，均呈现出先几乎未变化，后较明显增多的趋势，但阶段三偏误的增多也是其搭配能力提升的表现。该微弱的"U"形发展趋势可结合母语负迁移与英语接触量这两个理论视角来解读。

根据"汉语背景的英语学习语言接触量理论框架"，英语接触量是初学者动词搭配习得的重要影响因素，初学者需要接触英语动词搭配。在这一接触过程中，足量的接触会加速动词搭配的习得进程，少量的接触会产生偏误，减慢习得过程。通过访谈得知，多数学习者从初一才开始系统而正规地学习英语（人教版初中英语教材也是针对零起点学习者的教材），加之初中英语教材的编写对英语词汇搭配等语言知识没有给予充分关注（胡开宝 2016），因此，阶段一（初一、初二）时，初学者动词及动词搭配的接触量较少，能掌握的动词非常有限，能在口语表达中正确使用的动词搭配则更为有限。但通过进一步访谈得知，多数英语教师会在初中一年级开始尝试归纳某些常用的动词搭配，引导学生强化记忆。因此，多数学生在阶段一已能够使用某些简单的动词搭配。然而，通过语料观察发现，这一阶段的初学者动词搭配的使用多样化低且较为模式化，尚不能说明其基本习得了动词搭配的规律，因此，其动词搭配习得情况较好的现象只是表象。

随着学习过程中动词搭配接触量的逐渐增多，初学者到阶段二（初三、高一）时对搭配语境能够有更全面的感知，对搭配规则也能够有更深入的理解，虽然此时出现较多的搭配偏误，但仍是习得进步的表现：首先，母语负迁移对初学者的影响并未随其英语水平的提高而减弱，而是恰恰相反——阶段二初学者动词搭配的总体使用情况从表面上看比前一阶段还要差，或与前一阶段相当。这与前人的研究结论相似，例如，Wode（1977）与 Jarvis（2008）认为，在很多情况下，迁移偏误是在学习者的语言发展后期逐渐出现的，那时已习得了足够的目的语，能够进行目的语与本族语的比较。初学者在阶段二时已经有了一定量的积累，是最容易出现母语负迁移的阶段，因此，阶段二时多数动词搭配使用情况看似最差，但实则是语言积累到一定程度、语言能力提升的表现。其次，根据 Selinker（1972）的中介语理论，偏误的出现表明学习者在通过"假设–验证假设"积极地建立中介语系统。在本章研究中，学习者虽尚未完全掌握各类动词搭配，但在口语表达中积极尝试使用这些搭配，这本身就是假设－验证假设的过程。在这一过程中，学习者逐渐习得动词搭配。

到阶段三时，初学者动词搭配的接触达到一定数量，因此，在动词搭配偏误上呈现出好转的状态。目前《普通高中英语课程标准》（2017年版）表5普通高中英语课程词汇知识内容要求中词汇"选择性必修"明确了关于习惯搭配的学习要求（如形容词与名词、动词与副词、动词与名词等的搭配）。通过访谈得知，多数中学英语教师会根据这一要求，在高中阶段教学设计中逐渐增加习惯搭配的归纳性讲解，并增加配套的练习材料与阅读材料，使学生有更多习惯搭配的接触量。因此，多数动词在这一阶段的偏误情况趋向好转。需要说明的是，make在这一阶段偏误标频与偏误率均呈现出微弱的升高趋势，其原因如下：在阶段一时，play、have、like、go、relax这几个高频动词均已出现，而make的使役用法直到初三第十一单元（阶段二）才正式出现，换言之，make的正式讲授比其他高频动词推后了一个阶段，加之其难度较大，所需临界量较多，此外，如前所述，母语负迁移的影响会随着语言接触量的增多而增大，因此，在这一阶段出现make搭配情况较差的表象。

9.5 小结

本章研究以母语负迁移及"汉语背景的英语学习语言接触量理论框架"为理论依据，基于"英语初学者口语语料库"，研究三个阶段英语初学者在高频动词使用特征与动词搭配偏误特征上存在的异同，以探究初学者动词搭配能力发展的规律性特征。研究发现：（1）三个阶段的初学者口语表达中使用的高频动词在使用类符及总体使用趋势上极其相似；在不同阶段，初学者突显关注的话题各不相同，在具体偏好动词的选择数量上，呈现出先下降再提升的"U"形趋势，换言之，其高频动词的使用多样性能力呈"U"形发展趋势。（2）高频动词play、have、like、go、make、relax的偏误类型在各阶段没有差异，但在偏误标频及偏误率上有所不同，其中，阶段二多数动词无论在偏误标频还是在偏误率上均最高，即初学者动词搭配使用能力总体上呈现出"U"形发展趋势。（3）初学者动词搭配使用能力总体较差，但仍呈现出一定的"U"形发展趋势，这与动词搭配的接触量及母语负迁移有关，而由于动词搭配晦涩度较高，其习得所需的临界量较多，与某些语言学习方面相比（如话语联系语、话语标记语），其发展速度较为缓慢。

第十章　英语初学者口语模糊限制语的发展特征

10.1 引言

"起先人们在使用语言时更加强调精准性。但是，人们后来慢慢意识到了模糊语的重要性，甚至发现模糊性是语言的一个基本特点"（曾文雄2005：27-30）。因此，模糊限制语作为模糊语的一个重要部分吸引了众多语言学家的目光，很多学者从语用学、语义学和修辞学的角度研究模糊语。从20世纪80年代以来，二语习得领域出现了很多关于二语使用中模糊限制语的研究。国内相关研究稍晚，始于21世纪初。该类研究可分为基于笔语语料库的研究与基于口语语料库的研究，其中以基于笔语语料库的研究为多。而基于笔语语料库的研究还可分为两大类，第一类是模糊限制语使用的对比研究，第二类是模糊限制语的语用功能研究。

第一类可分为：（1）二语学习者与本族语者的使用差异性研究；（2）不同水平二语学习者之间的使用差异性研究。

（1）二语学习者与本族语者的使用差异性研究

Clyne（1991）探究学术写作中模糊限制语的使用，结果发现，对于英语学习者甚至高水平的学者来说，正确地使用模糊限制语是件很难完成的任务。Nikula（1997）也做过相似的研究，发现芬兰的英语学习者对模糊限制语的使用过少，并且出现很多误用现象。Thabet（2018）研究发现，英语学习者在毕业论文中习惯过多使用模糊限制语，而且准确性较低。黄锦如、陈桦（2001）对比中国高级英语学习者专八写作中模糊限制语的使用和新闻社论数据库中本族语者的使用，发现中国英语学习者在使用模糊限制语时，局限于某些类别，会过度使用，并且四类模糊限制语的分布呈现出不同的特点。

（2）不同水平二语学习者之间的使用差异性研究

Wishnoff（2000）发现，高水平学习者在学术写作中使用更多的模糊限制语。俞希、曹洪霞（2015）也发现，模糊限制语的使用与写作水平呈正相关，高水平的学习者能够频繁准确地使用模糊限制语。杨丽娜（2016）对比不同水平英语学习者在写作中的模糊限制语的使用，发现高水平英语学习者在写作中使用更多的模糊限制语。但从分类上看，呈现出多样化的趋势，比如，高水平学习者对直接缓和语的使用频率低于低水平学习者。

关于模糊限制语的语用功能，也有不少学者做过相关研究。Ponterotto（2018）发现美国前总统奥巴马在接受采访时使用了模糊限制语，这是为了避免正面回答有争议的政治问题，达到了缓和语气的语用功效。黄锦如、陈桦（2001）研究发现，说话人在使用模糊限制语的过程中遵守了合作原则和礼貌原则，因此他们建议教师应该引导学生掌握这些表达，并了解它们的语用功能。应国丽（2015）发现，模糊限制语的应用使说话人的观点更加礼貌和含蓄，是对礼貌选择的一种遵守。

尽管多数模糊限制语的研究多是基于笔语语料库，但是基于口语语料库的研究也取得了一定成果。Poos & Simpson（2002）基于MICASE学术英语口语语料库，考察说话者性别和学科领域对模糊限制语使用的影响，结果发现性别对模糊限制语的使用频率没有显著影响，而学科领域对其使用则存在显著影响。然而，王健刚、孙凤兰（2018）却发现，女性在口头学术交流中使用直接缓和型模糊限制语的频率高于男性，且不同话语模式和学科领域中使用模糊限制语的频率存在显著差异。段士平（2015）对中国大学生英语口语模糊限制语的使用特点做过一项对比研究，结果发现，中国学生模糊限制语的使用频数过少，种类较为单一。

文献回顾发现，以往研究的对象多为包括大学生、研究生在内的中、高级英语学习者，缺少以中国英语初学者为被试的研究，更缺少不同阶段中国英语初学者的对比研究。且以往研究多基于笔语语料，基于口语语料的研究很少。而诸多学者发现，模糊限制语对大多数二语学习者而言都是难点（如Holmes 1982，1988；Hyland 1994；Scarcella & Brunak 1981）。鉴于此，本章研究尝试探索不同阶段的中国英语初学者口语中模糊限制语的发展规律性特征。

研究问题如下：

（1）英语初学者各阶段模糊限制语的使用特征有何共性？

（2）英语初学者各阶段模糊限制语的使用特征有何差异性？

（3）英语初学者模糊限制语的使用呈现出何种发展特征？该发展特征的前提影响因素是什么？

10.2 模糊限制语及其理论基础

10.2.1 定义与分类

（1）定义

模糊语的研究始于20世纪60年代。1965年，Zadeh发表了著名的文章《模糊集》（"Fuzzy sets"），提出了模糊集理论（Fuzzy Theory）。后来，Lakoff（1973）于20世纪70年代将Zadeh（1965）的模糊集理论引入语言学领域，此后，模糊语成为语言学领域中的热门话题之一。Lakoff（1973）把模糊限制语定义为，使事物变得更加模糊的词或其他表达方式，并列出了一系列可用作模糊语的表达。此外，他还发现有些模糊语的内在含义是字典中查不到的。在他之后，Brown & Levinson（1987）对模糊限制语的定义做出了重要贡献；他们将模糊限制语定义为：修饰谓语动词的程度，或名词词组的范围，或在某种条件下可以部分地改变话题真值程度的分词、词或词组。

将Zadeh（1965）的模糊集理论引入中国语言学领域的第一位学者是伍铁平教授。他认为，关于时间、颜色、尺寸、年龄等的表达不可能做到完全精准，很难在不同的时间词或颜色词中找到一个明确的概念，因此是模糊概念。大多数学者把模糊限制语形容为表达模糊和无限接近的多次惯用语（伍铁平 1999）。段士平（2015）把模糊限制语的定义总结为，用来限制词汇或概念的模糊程度、影响或修正命题内容真实程度或表达不同命题态度的词汇、短语、表达式等。

本章研究采用Brown & Levinson（1987）的定义。

（2）分类

按照Zadeh（1965）的模糊集理论，模糊限制语可以从语义和逻辑两个方面分为两类，第一类模糊语直接修饰模糊词，如much、slightly、more or less等；第二类是形容它们如何修饰模糊词的，如essentially、technically、virtually等。第二类比第一类所起的作用更加复杂（Zadeh 1965）。在模糊限制语的分类上贡献最大的是Prince，Frader和Bosk（1981），他们从语用角度进行分类：根据语用功能的不同，模糊限制语可分为"变动型模糊限制语"和"缓和型模糊限制语"，"变动型模糊限制语"用以对内容进行某种程度的修正，影响话语的真实性，而"缓和型模糊限制语"并不改变话语内容的真实性，而是改变说话人和听者的关系，使语气更加缓和。"变动型模糊限制语"可进一步分为"程度变动词"和"范围变动词"。"程度变动词"是指对原话语意义做出某种程度修正的词，暗示其与最真实的现实的距离，如somewhat、kind of、to some extent等。"范围变动词"是指对某种范围做出限定的表达，如about、and or so。"缓和型模糊限制语"可进一步分为"直接缓和语"和"间接缓和语"。"直接缓和语"是指对观点做出谨慎判断的词，表示说话人对话题的不确定。"间接缓和语"是说话人用以强调内容不是说话人所说，而是来源于他人，比如，according to、it is said等常用于表达说话人对该论点的态度（Prince *et al.* 1982）。

中国语言学家也对模糊限制语的分类做出了重要贡献。何自然（1985）分析模糊限制语的具体应用并判断它们是否改变原语句，据此将模糊限制语分为两类："缓和型模糊限制语"和"变动型模糊限制语"。"变动型模糊限制语"分为"程度变动词"和"范围变动词"，可以改变原语句的意思，定义变化的范围，对原句的真实性做出修饰。"缓和型模糊限制语"分为"直接缓和语"和"间接缓和语"，目的是使说话人的言论更加礼貌和委婉，避免直接与武断。陈林华、李福印（1994）对模糊、含糊、歧义和模糊限制语做了区分，他们指出，模糊限制语是指具有模糊语义特点的一类词语，与模糊、含糊和歧义截然不同，并把模糊限制语从语义的角度分为五类：程度模糊限制语、范围模糊限制语、数量模糊限制语、质量模糊限制语和方式准则模糊限制语。程度模糊限制语是指那些揭示语义程度存在差别的模糊限制语，如kind of、really、almost、entirely等。有些程度模糊限制语所揭示的程度差异是可以进行比较的，如You're very tall中的very就比You're pretty tall中的pretty表达高的程度更高一些。范围模糊限制语是指给言语限定范围的词，如in most respects、strictly speaking、loosely speaking、roughly、about等，它可使听者在一定的范围内理解言语的意义。数量模糊限制语是指，在言语中给出一个大概数字或者大体范围的词，如more or less、approximately、most、something between ... and ...、around等。质量模糊限制语是指，通过使语气更加间接和委婉，从而为自己的言论保留余地的词，比如，I think perhaps you should ...、if you don't mind ...、according to the doctor ...、so far as I know ...、as might、I was wondering ...、it is said等。方式准则模糊限制语是指，用间接的表达方式来减弱语气，表达一些有伤体面的行为（陈林华、李福印 1994）。本研究以Prince（1981）的分类标准为分类框架，分析英语初学者模糊限制语的使用情况，即，模糊限制语分为变动型模糊限制语和缓和型模糊限制语两种，变动型模糊限制语进一步分为程度变动词和范围变动词，缓和型模糊限制语又进一步分为直接缓和语和间接缓和语（Prince *et al.* 1982）。

10.2.2 汉语背景的英语学习语言接触量框架

（详见本书第二章第二节）

10.3 研究方法

本章主要采用基于语料库的研究方法，但同时结合访谈法，用于辅助数据分析。本节首先简要介绍本章研究使用的语料库、检索工具，以及具体的操作方法和步骤，然后简要介绍本章采用的访谈法。

10.3.1 基于语料库的研究方法

1）语料库描述

本研究基于"中国英语初学者口语语料库"。该语料库共收录494名学生（其中有158名初中生、189名高中生和147名大学生）的对话录音，并转写为txt纯文本文件。本章研究使用其中的初中和高中语料，将其划分为三个学习阶段：初中一、二年级为阶段一，初中三年级和高中一年级为阶段二，高中二、三年级为阶段三。三个阶段形符数分别为38,801、28,184、39,816。

2）语料索引工具

本章研究使用AntConc统计每个模糊限制语出现的频数，并观察其使用语境，同时观察每个检索词的分布，分析每个模糊限制语的语用功能。同时，结合理论框架分析初学者模糊限制语出现某些发展特征的前提影响因素。此外，由于每个子库库容不同，为便于三个阶段的对比分析，本章研究还统计了每个和每类模糊限制语出现的标准化频数。

3）研究步骤

（1）数据的选择

本研究依据Prince（1981）的分类标准，将模糊限制语分为两类，即变动型模糊限制语和缓和型模糊限制语。变动型模糊限制语又分为程度变动词和范围变动词，缓和型模糊限制语又分为直接缓和语和间接模糊语（见表10.1）。

表10.1　本研究检索的模糊限制语

两大类	四个子类	具体的模糊限制语
变动型模糊限制语	程度变动词	somewhat, sort of, to some extent, to some degree, kind of, seldom, more or less, little, few
	范围变动词	approximately, about, or so, as it were, actually, chiefly, mainly, roughly
缓和型模糊限制语	直接缓和语	I think, perhaps, seem, I'm afraid, so far as I am concerned, probably, as far as I know
	间接模糊语	according to, it's said/assumed

（2）数据整理

本研究借助AntConc来统计模糊限制语出现的频数，具体的操作步骤如下。

第一步：启动AntConc并打开目标文件夹；

第二步：建立索引并统计频数，观察索引行；

第三步：将检索结果保存为txt文件。

获取了含有检索词的全部句子之后，手动删除不是模糊限制语的词。例如，kind of在what kind of exercise do you like中表示种类，并不是作为模糊限制语使用的。再如，about意为"关于"时，也并非模糊限制语。还有一些词可以用作两种模糊限制语，比如little，既可以当作程度变动词，又可以当作范围变动词，这些特殊情况也需要做特殊处理。

10.3.2 访谈法

本章研究的访谈对象为东北三省12所中学的英语教师，均为本章研究所建设语料库的被采集者的英语教师，我们以电话、微信、现场访谈或电子邮件的方式，共采访了21名。访谈内容主要涉及模糊限制语的具体课堂教学方法，对《义务教育英语课程标准》（2011年版）、《普通高中英语课程标准》（2017年版）的理解，以及对人教版初、高中英语教材的使用体会与建议。

10.4 数据分析和讨论

10.4.1 模糊限制语的使用特征

10.4.1.1 各类模糊限制语总体使用情况

本节首先分析两大类、四个子类，以及各具体的模糊限制语使用的总体特征，然后分析各阶段模糊限制语的使用特点，最后对比各阶段模糊限制语的使用共性与差异性，同时探讨出现某种发展特征的前提影响因素。

由表10.2可知，三个阶段使用直接缓和语的标频最高，其次是范围变动词，再次是程度变动词，间接缓和语最少。每阶段这四个子类模糊限制语的使用也各不相同。在范围变动词的使用上，阶段一使用最多。在程度变动词和直接缓和语的使用上，阶段二使用最多。而在间接缓和语的使用上，阶段三使用最多。

三个阶段模糊限制语的总标频分别为每千词4.43、5.39、5.10次，这说明初学者在口语中模糊限制语的使用较少。两大类以及四个子类之间的差

表10.2　各阶段两大类及四个子类模糊限制语的使用情况

总类	变动型模糊限制语			缓和型模糊限制语			总体		
阶段	阶段一	阶段二	阶段三	阶段一	阶段二	阶段三	阶段一	阶段二	阶段三
频数	34	27	26	138	125	177	172	152	203
标频	0.88	0.96	0.65	3.56	4.44	4.45	4.43	5.39	5.10

子类	程度变动词			范围变动词			直接缓和语			间接缓和语		
阶段	阶段一	阶段二	阶段三	阶段一	阶段二	阶段三	阶段一	阶段二	阶段三	阶段一	阶段二	阶段三
频数	4	9	11	30	18	15	136	124	172	2	1	5
标频	0.10	0.32	0.28	0.77	0.64	0.38	3.51	4.40	4.32	0.05	0.04	0.13

距很大：缓和型模糊限制语的频数远超过变动型，具体到四个子类中，直接缓和语的频数远超过其他三种，是学生用得最多的一类，而间接缓和语用得最少，这说明模糊限制语的使用不平衡。

　　总体而言，英语初学者模糊限制语使用类型较少，只使用了三类（kind of、seldom、little），使用频数不高（共使用21次），但已有使用的意识。每阶段都使用了little（17次），它也是使用频数最高的词。Seldom排第二位（4次），初三、高一和高二的学生都用到该词。Kind of用得最少（3次），初三、高一和高三的学生都用到了该词。在每阶段的使用频数上，阶段二使用最多（0.319次），阶段三其次（0.276次），阶段一最少（0.103次）。

　　表10.4是各个年级范围变动词的使用情况。总体而言，该类型使用较多，共使用五个：about、little、few、actually和mainly；使用频数较高，共使用62次，其中，about使用最多（共23次），除了初三，每个年级都用到了该词。Little和few其次（均使用了19次），除了初三年级，其他五个年级都使用了little，而除了高二与高三年级，其他四个年级都使用了few。Actually只有高一学生用过一次，mainly也只有高三学生用过一次。在每阶段的使用频数上，阶段一使用最多（0.773次），阶段二其次（0.639），阶段三最少（0.377），且与前两个阶段相比差距较大。

表10.3　各个阶段程度变动词的使用情况

程度变动词	各阶段使用频数						总频数
	阶段一		阶段二		阶段三		
	初一	初二	初三	高一	高二	高三	
somewhat	0	0	0	0	0	0	0
sort of	0	0	0	0	0	0	0
to some extent	0	0	0	0	0	0	0
to some degree	0	0	0	0	0	0	0
kind of	0	0	1	1	0	1	3

（待续）

（续表）

程度变动词	各阶段使用频数						总频数
	阶段一		阶段二		阶段三		
	初一	初二	初三	高一	高二	高三	
seldom	0	0	1	1	2	0	4
more or less	0	0	0	0	0	0	0
little	2	2	3	2	5	3	17
总频数 / 标频	4/0.103		9/0.319		11/0.276		21

表10.4　各个阶段范围变动词的使用情况

范围变动词	各阶段使用频数						总频数
	阶段一		阶段二		阶段三		
	初一	初二	初三	高一	高二	高三	
approximately	0	0	0	0	0	0	0
about	6	3	0	8	1	5	23
or so	0	0	0	0	0	0	0
as it were	0	0	0	0	0	0	0
actually	0	0	0	1	0	0	1
little	7	1	0	3	1	7	19
roughly	0	0	0	0	0	0	0
chiefly	0	0	0	0	0	0	0
few	12	1	3	3	0	0	19
mainly	0	0	0	0	0	1	1
总频数 / 标频	30/0.773		18/0.639		15/0.377		62

表10.5　各个阶段直接缓和语的使用情况

直接缓和语	各阶段使用频数						总频数
	阶段一		阶段二		阶段三		
	初一	初二	初三	高一	高二	高三	
I think	76	59	41	82	93	78	429
perhaps	0	0	0	0	0	0	0
seem	0	1	0	1	0	0	2
I'm afraid	0	0	0	0	0	0	0
so far as I am concerned	0	0	0	0	0	1	1
probably	0	0	0	0	0	0	0
as far as I know	0	0	0	0	0	0	0
总频数/标频	136/3.505		124/4.400		172/4.320		432

　　直接缓和语的使用总频数较多（432次），但使用类型很少，共使用了三类：I think、seem、so far as I am concerned。其中，I think在这六个年级里使用得最多（429次）；seem只在初二和高一各使用一次。So far as I am concerned只在高三使用了一次。在每阶段的使用频数上，阶段二最多（4.400），阶段三略少（4.320），阶段一最少（3.505）。

表10.6　各个阶段间接缓和语的使用情况

间接缓和语	各阶段使用频数						总频数
	阶段一		阶段二		阶段三		
	初一	初二	初三	高一	高二	高三	
according to	0	0	0	0	0	0	0
it's said	1	1	0	1	1	4	8
总频数/标频	2/0.052		1/0.035		5/0.126		8

　　间接缓和语的使用总频数很少（共8次），使用类型也极少，只使用一个：it's said。除初三外，其他五个年级均使用了it's said。在使用频数上，

阶段三最多（0.126），阶段一其次（0.052），阶段二最少（0.035）。

10.4.1.2　各阶段模糊限制语的使用特点

本节分别分析三个阶段初学者模糊限制语的使用特征。

1）阶段一使用特征

由表10.2可知，阶段一模糊限制语的总标频为每千字4.433次，说明该阶段模糊限制语的使用较少。而且，每种模糊限制语的使用并不平衡：缓和型模糊限制语的使用频数为每千词3.557次，而变动型为每千词0.876次，可见，缓和型的使用远多于变动型。在四个子类的使用上也存在严重不平衡现象：直接缓和语使用最多（每千词3.505次），其次是范围变动语（每千词0.773次），再次是程度变动语（每千词0.103次），而间接缓和语用得最少（每千词0.052次）。由上述数据可知，直接缓和语是用得最多的一类，其他三类用得较少，其中，间接缓和语用得最少。而具体到每类中的模糊限制语，阶段一在选词上都比较单一，每个子类基本上只使用了有限的两三个具体的模糊限制语。例如，程度变动语中只用了little，直接缓和语只用了I think，间接缓和语只用了it's said。但在范围变动语中，阶段一使用稍多，使用了三个（about、few和little），而且分布较为均衡。

阶段一使用程度变动语（如little）表达对自己所说内容的不确定性，暗示说话者对语句做出了程度上的改变，用范围变动语（如about和actually）表达对某个范围内某个东西数量上的不确定性。他们使用直接缓和语（如I think和seem）来强调观点的主观性，以降低观点的可信度，避免与听话人产生分歧。同时使用间接缓和语（it's said），通过引用他人的话来增加观点的可信度。例如：

（1）I play basketball about an hour I likes it, because I can play basketball a little (.). Uh ((Stutter)), near the basketball field have a supermarket. (42HB21002647)

本句中，说话人用a little（"一点儿"）修饰打篮球的水平，a little的概念非常模糊，似乎并没有给出明确的信息，这似乎违反了合作原则中的质量准则，但实际上对量的原则的违反恰是对质的原则的遵守，因为有说话人对打篮球水平的进一步修饰，该句话的可信度就得到了进一步提高。

(2) I play basketball about an hour. (29HA21001824)

该句中的about用于修饰时间的长度，表示对这段时长的不确定。说话人通过对打篮球的时长进行限定，避免了意外情况发生的可能性。说话人实际上无法提供具体精确的时长，因此使用了范围变动语对时长进行模糊限定，使该句话的可信度更高，这实际上遵守了合作原则中的质量准则。

(3) I like it because I think it's very delicious. (29HA21000316)

在该句中，说话人用直接缓和语I think来强调观点的主观性，同时给听者预留了不同意该观点的余地，降低了有损听者颜面的可能性，因而遵守了礼貌原则中的得体原则和一致原则。

(4) He said you, you said this because you don't have the tails. (29HA21000316)

在该例中，说话人使用了间接模糊语he said来强调该观点源于他人，以此摆脱自己与该观点的关系，减少对听者贬损的可能性，因此遵守了礼貌原则中的得体原则。

2）阶段二使用特征

阶段二模糊限制语的总标频为每千词5.393次，可见，该阶段的使用也不多。他们对两大类模糊限制语的使用也不平衡：缓和型（每千词4.435次）的使用远多于变动型（每千词0.958次），二者存在较大差距。四个子类的使用也存在严重失衡现象：四个子类的使用频数分别为每千词0.319、0.639、4.400和0.035次。可见，直接模糊语用得最多，其次是范围变动词和程度变动词，间接模糊语用得最少。在具体的模糊限制语的使用方面，程度变动词中，该阶段较为均衡地使用了 kind of、seldom 和 little；范围变动词中的 about 和 few 也使用得比较均衡；在范围变动词中还使用了 little 和 actually；在直接模糊语中，主要使用了 I think，也用了一次 seem；间接模糊语只用了 it's said 一种，且只使用了一次。例如：

(5) Hum, because our school work is hum is a kind of difficult. (35JC31001002)

本句中，kind of 作为程度模糊语用来修饰 difficult 的程度。说话人通过给 difficult 加上一个修饰词，使之更加贴近现实，可信度更高，因此遵守了合作原则中的质量准则。

(6) And I usually ta- took him outside about three times a week. (32JA31000401)

该例中，说话人运用了范围模糊语 about 表示对数字的不确定性，但说话人实质提供了更精确的信息使话语更加可信，因此也体现了对合作原则中质量准则的遵守。

(7) And ah ac- actually five of my family mem members all in the car and the car just uh ((Stutter)) slip from the high way to the to the a kind of valley. (32JA31000101)

与上例相似，范围模糊语 actually 用来修饰数字，表示对数量的不确定性，使话语可信度更高，因此遵守了合作原则中的质量准则。

(8) Yes, because I think uh ((Stutter)), we uh ((Stutter)), often study in class and always sit on chair. (06JA23000644)

(9) Hum, the eyesight seem uh ((Stutter)) seems important. (32JA31000201)

这两句中的I think和seems语用功能相似。说话人通过运用直接模糊语来强调观点的主观性，为听话人留有否定的余地，保护了说话人的面子，因此遵守了礼貌原则中的得体原则和同意原则。

（10）Wang Peng said in his empty restaurant feeling very frustrate (w).（06JB31000203）

该句中Wang Peng said是用来强调此观点仅代表Wang Peng的个人看法，和说话人无关，听话人也无须完全同意该观点，这体现了礼貌原则中的得体原则和同意原则。

3）阶段三使用特征

首先，阶段三模糊限制语的总标频是每千词5.098次，说明该阶段使用的模糊限制语也不多。其次，每类模糊限制语的使用也不平衡：缓和型（每千词4.445次）要远多于变动型的使用（每千词0.653次）。而这两大类的四个子类（程度变动词、范围变动词，直接模糊语和间接模糊语）使用标频分别为每千词0.276、0.377、4.320和0.126次。因此与阶段一、二一样，阶段三这四类模糊限制语的使用也存在严重失衡现象：直接缓和语是用得最多的一类，其次是范围变动词，再次是程度变动词，间接缓和语用得最少。每类模糊限制语各个词的使用情况如下：程度变动词kind of、seldom和little三个词中，little用得最多；范围变动词about、little和mainly中，about使用最多；直接缓和语I think和as far as I am concerned中，I think使用最多；间接缓和语中只使用了it's said一种。例如：

（11）Uh（（Stutter）），our school is very uh（（Stutter））kind of big or large.（11JB33000309）

（12）And after homework I seldom do anything else.（39JA32001539）

这两个句子中seldom和kind of都作为程度变动词修饰程度，kind of修饰学校大的程度，seldom修饰做某事的频率，通过使用修饰词，话语信息变得更加完整，可信度也进一步提高，因此体现了合作原则中的质量准则。

(13) Because it take really a long time about one year, uh ((Stutter)), one and a half year. (07JA33000603)

该句中的about是范围变动词，用来修饰时间的长度，表示说话人对这个时长的不确定性，这保障了话语的真实性，因此遵守了合作原则中的质量准则。

(14) Uh ((Stutter)), uh ((Stutter)), uh ((Stutter)), as far as, uh ((Stutter)), hum ((Stutter)), as far as I'm concerned, uh ((Stutter)), we must, uh ((Stutter)), we must find so- ((Stutter)), uh ((Stutter)), so- ((Stutter)), uh ((Stutter)), find ((Stutter)), find new ((Stutter)), new way, uh ((Stutter)), uh ((Stutter)), solve (w) my pro-((Stutter)), problem. (42HA33000443)

(15) uh ((Stutter)), I think uh ((Stutter)), although I have the experience on uh ((Stutter)), to show myself on the stage, I have more space to improve myself. So this is my story. (03JA32000106)

这两个句子中as far as I'm concerned和I think都是直接模糊词，用以强调它们仅代表个人看法，具有很强的主观性，也为听者不同意该论点提供了空间，避免争执的产生，因此体现了礼貌原则中的同意原则和谦虚原则。

(16) so they should be exercising. And it's said that it's good for the immune system. (07JA33000503)

这句话中的it's said是间接模糊语，用以表达该观点源于他人，摆脱了自己的责任，也避免了与听话人产生争执的可能性，因此遵守了礼貌原则中的得体原则和同意原则。

10.4.2 三个阶段使用特征的异同

1) 模糊限制语的组间对数似然率结果

表10.7　阶段一、二对数似然率

分类	模糊限制语		阶段一频数	阶段二频数	对数似然率
两大类	变动型模糊限制语		34	27	−0.12
	缓和型模糊限制语		138	125	−3.18
四个子类	程度变动词		4	9	−3.90*
	范围变动词		30	18	0.42
	直接缓和语		136	124	−3.33
	间接缓和语		2	1	0.10
具体模糊限制语	程度变动词	kind of	0	2	无数值
		seldom	0	2	无数值
		little	4	5	−0.66
	范围变动词	about	9	8	−0.17
		actually	0	1	无数值
		little	8	3	1.04
		few	13	6	0.89
		mainly	0	0	无数值
	直接缓和语	I think	134	123	−3.49
		seem	1	1	−0.05
	间接缓和语	so far as I am concerned	0	0	无数值
		it's said	2	1	0.10
总体			172	152	−0.079

表10.7体现了阶段一、二在模糊限制语使用上的不同。由表10.7可知，只有程度变动词存在显著差异：阶段一的使用标频显著低于阶段二（显著性值为−3.90）。两个阶段其他词虽不具有显著差异，但也呈现出增多或减少的趋势：阶段一模糊限制语的总体使用频数少于阶段二（显著性值为−0.079），两大类变动型和缓和型的使用也少于阶段二（显著性值分别为−0.12和−3.18），具体到四个子类，直接缓和语也少于阶段二（−3.33）。

而范围变动语和间接缓和语的使用阶段一比阶段二略多（分别为0.42与0.10）。具体模糊限制语中，范围变动词中little和few，间接模糊语中it's said阶段一比阶段二多（分别为1.04、0.89、0.10）。其余所有词，阶段一都比阶段二使用少。总体而言，无论在总体频数、两大类、四个子类，还是具体模糊限制语上，阶段二模糊限制语的使用均比阶段一略多。

表10.8　阶段二、三对数似然率

分类	模糊限制语类型		阶段二频数	阶段三频数	对数似然率
两大类	变动型模糊限制语		27	26	1.94
	缓和型模糊限制语		125	177	−0.00
四个子类	程度变动词		9	11	0.10
	范围变动词		18	15	2.29
	直接缓和语		124	172	0.02
	间接缓和语		1	5	−1.71
具体模糊限制语	程度变动词	kind of	2	1	0.77
		seldom	2	2	0.12
		little	5	8	−0.05
	范围变动词	about	8	6	1.39
		actually	1	0	无数值
		little	3	8	−0.96
		few	6	0	无数值
		mainly	0	1	无数值
	直接缓和语	I think	123	171	0.02
		seem	1	0	无数值
	间接缓和语	so far as I am concerned	0	1	无数值
		it's said	1	5	−1.71
总体			152	203	0.27

由表10.8可知，两个阶段在总体使用标频、两大类、四个子类及各具体模糊限制语的使用标频上均没有明显差异。而从使用趋势上看，总体而言，阶段二比阶段三模糊限制语使用较多。两大类中，变动型的使用阶段

二略多于阶段三（1.94），而缓和型的使用阶段二与阶段三相当（–0.00）。具体到四个子类，阶段二在多数子类的使用上略多于阶段三，例如，程度变动语、范围变动语和直接缓和语（其使用频数显著性差异值分别为0.10、2.29、0.02）；而在间接缓和语的使用上阶段二略少于阶段三（–1.71）。在具体模糊限制语的使用上，两个阶段的情况也有所不同：在程度变动语中，与阶段三相比，阶段二kind of和seldom使用较多（显著性值分别为0.77与0.12），但little使用较少（显著性值为–0.05）；在范围变动语中，与阶段三相比，阶段二about、actually和few使用较多（显著性值分别为1.39、无数值、无数值），而little和mainly使用较少（显著性值分别为–0.96、无数值）。在直接缓和语中，阶段二I think、seem使用较多（显著性值分别为0.02、无数值）；在间接缓和语中，阶段二so far as I am concerned、it's said使用略少（无数值、–1.71）。总体而言，与阶段三相比，阶段二无论在总体使用频数、两大类、四个子类，还是在具体模糊限制语上，均使用较多，虽均不具有显著性差异。

2）三个阶段使用特征的共性与差异性

对比三个阶段模糊限制语的使用频数，发现三个阶段之间不具有显著性差异，换言之，初学者在这六年时间里，模糊限制语的使用能力一直处于较低的状态，并没有随着学龄的增长而发生显著性变化。但仍有一定的发展趋势，即稍微增多后又略微减少的倒"U"形发展趋势，在阶段三时出现了语言习得的高原期现象。

（1）使用特征的共性

根据上文的分析和讨论，我们发现，三个阶段在模糊限制语的使用上存在很多相似之处。首先，三个阶段模糊限制语的总体使用频数都不高。其次，三个阶段两大类模糊限制语的使用都不平衡，缓和型模糊限制语的使用都远多于变动型。再次，三个阶段四个子类（即程度变动词、范围变动词、直接模糊语和间接模糊语）的使用也存在严重失衡现象：直接缓和语的使用标频远高于其他三类，而间接缓和语则使用最少。最后，三个阶段在具体模糊限制语的选词上都比较单一，一般不超过四个词，基本都只用到其中的两个或三个。总体而言，三个阶段初学者模糊限制语的使用能力均处于较低水平。

（2）使用特征的差异性

三个阶段模糊限制语的使用特征存在一定的差异性。

如前所述，阶段一、二在模糊限制语的使用总频数、各大类、各子类，以及每个具体模糊限制语的使用频数上都基本不存在显著差异（程度变动词除外），但仍有使用起伏的趋势。总体而言，在模糊限制语的总频数、两个大类的使用频数上，阶段二比阶段一稍多。但在四个子类的使用上出现了不同的趋势：在范围变动词和间接缓和语的使用上，阶段二略少于阶段一；在程度变动词和直接缓和语的使用上，阶段二多于阶段一，其中，在程度变动词的使用频数上阶段二显著多于阶段一。同时，每个具体模糊限制语的使用趋势也不甚相同，但多数词的使用阶段二多于阶段一：程度变动词的三个模糊限制语 kind of、seldom 和 little，阶段二都比阶段一用得多。在范围变动词中，about 和 actually 阶段二用得稍多，但是 little 和 few 阶段一用得较多。直接缓和语中，模糊限制语 I think 阶段二比阶段一用得多。间接缓和语中的 it's said 阶段一用得稍多，但是 seem 阶段二用得较多。

如前所述，阶段二、三在模糊限制语的使用总频数、各大类、各子类，以及每个具体模糊限制语的使用频数上均没有明显差异，但也存在使用起伏的趋势。首先，从总频数上看，阶段二比阶段三使用了较多的模糊限制语。其次，阶段二在变动型模糊限制语的使用上也多于阶段三，而在缓和型模糊限制语的使用上少于阶段三。在四个子类的使用趋势上也略有不同，但多数子类（三个子类）阶段二比阶段三使用频数较多：在程度变动词、范围变动词和直接缓和语的使用上，阶段二比阶段三多，而在间接缓和语上，阶段二比阶段三少。在具体模糊限制语上，多数词阶段二多于阶段三：在程度变动词中，阶段二在 kind of 和 seldom 的使用上多于阶段三，但在 little 的使用上少于阶段三。在范围变动词中，阶段二在 about、actually 和 few 的使用上多于阶段三，但是在 little 和 mainly 的使用上少于阶段三。在直接缓和语中，I think 的使用阶段二多于阶段三，而 so far as I am concerned 阶段二少于阶段三。在间接缓和语中，阶段二 it's said 的使用少于阶段三，但 seem 的使用多于阶段三。

总体观之，三个阶段在模糊限制语的使用频数上不存在明显差异，但仍有不同的使用趋势。和其他两个阶段相比，阶段二在口语中使用模糊限制语频数较多，在两大类的使用上，阶段二变动型的使用比其他两个阶段多，但是在缓和型的使用上多于阶段一，少于阶段三。在四个子类上，程度变动词和直接缓和语阶段二用得最多，其次是阶段三，阶段一用得最少；范围变动词阶段一用得最多，阶段二其次，阶段三用得最少；间接缓和语阶段三用得最多，阶段一其次，阶段二最少。

三个阶段每类模糊限制语的使用能力各不相同，说明每类模糊限制语的发展情况不均衡，有的类别随着学生年级的升高而增多，有的类别并没有提高，甚至有所下降。在程度变动词和直接缓和语的使用上，阶段二用得最多，阶段三其次，阶段一最少。这说明学生使用程度变动词和直接缓和语的能力随年级的升高有所进步后又有所下降。在范围变动词的使用上，阶段一用得最多，阶段二其次，阶段三用得最少，这说明学生们越来越倾向于提供精确精准的信息。在间接模糊语的使用上，阶段三用得最多，阶段一其次，阶段二最少。阶段三用得最多，说明初学者使用模糊限制语使自己的观点更加礼貌、更加委婉的能力增强，但是阶段一与阶段二使用均较少，说明前两个阶段在利用间接模糊语使话语更礼貌、更委婉的能力还较弱。

综合上述发展特征可见，初学者在阶段二时模糊限制语使用能力较强，但阶段三时也在某些方面呈现出提升的趋势。总体而言，学习者模糊限制语的习得呈现出微弱的倒"U"形发展趋势，尽管各类别发展并不均衡。

10.4.3 模糊限制语发展特征的影响因素

如前所述，初学者模糊限制语的使用能力普遍较低，三个阶段呈现出微弱的倒"U"形发展趋势，本节将探讨这种发展规律性特征的前提影响因素。

一方面，初学者使用能力普遍较低的前提影响因素在于模糊限制语接触量的多少。根据"汉语背景的英语学习语言接触量框架"，在接触英语语言的过程中，足量的接触会加速英语学习的进程，少量的接触会导致英语使用不当，减慢英语学习的进程。英语学习者接触英语只有达到临界量，才会成功习得英语规则。英语学习者的英语接触若想达到临界量，需要不断增加、提高英语接触的数量和质量。在课堂中，英语接触量主要以教学时间的长短、教学内容的多少以及教学质量的高低来衡量。增加英语接触量的一种途径是在多种语境中增加英语接触的频率。三个阶段在模糊限制语的总体使用频数上没有明显差异，学生的语用能力并没有随着年级的升高而显著增强。这一现象的前提影响因素为初、高中英语课程标准的导向、教材和教师教学所提供的有限且低质的接触量。

《义务教育英语课程标准》（2011年版）对语用的要求非常模糊，例如，它强调教师应注重语言实践，培养学生的语言运用能力；在加强学习策略指导，培养学生自主学习能力方面，提出学生应能够理解英语句型的结构和语用功能。但通篇并没有语用能力培养的具体指导，例如"模糊限制语"的术语并未出现。而查阅《普通高中英语课程标准》（2017年版）也发现，该标准对语用的要求也较为模糊，在表8"普通高中英语课程语用知识内容要求"中，必修提出根据交际具体情境，正确理解他人的态度、情感和观点，运用得体的语言形式，如礼貌、直接或委婉等方式，表达自己的态度、情感和观点。其中，礼貌、直接或委婉等方式并未举例明确说明，例如对模糊限制语的使用。

中学英语课程标准对语用能力培养方面较为模糊，这会使多数中学教师缺乏概念上的认知，也就很难在教学中有效灌输。通过访谈得知，多数初、高中英语教师在教学中并不知道何谓模糊限制语，更无法系统讲授它的概念和功能，学生也不清楚什么是模糊限制语，更不知道它的功能，即使在口语中偶尔使用，但也只是出于语义表达的需要，并未考虑它们的语用功能。学生对模糊限制语的感知主要源于课堂中教师的口语表达、教材语篇与课外阅读材料。而通过课堂观察及访谈得知，限于教师本身的口语表达能力及学生对纯英语授课的接受能力，多数非重点中学（包括初、高中）的课堂纯英语授课量并不多，因此，学生从教师语言表达中所能接触的模糊限制语数量较少、质量较低。教材语篇方面，《普通高中英语课程标准》（2017年版）规定，语篇要涉及记叙文、议论文、说明文、应用文等不同类型的文体，同时要使用口头、书面等多模式形态的语篇。但高中教材中的语篇以书面形式为主，口语语篇很少出现。少数的口语语篇中，模糊限制语很少出现。初中教材虽有较多口语语篇，但模糊限制语也很少出现，且由于多数文本已经过改编，模糊限制语的使用多缺乏地道性。而英语课外阅读材料所能呈现的模糊限制语的语境，也需要经历较为漫长的过程才能被初学者所理解并使用。此外，多数初学者在课堂及课后练习口语的机会不多且缺乏语境，加之缺少必要的指导，这就造成他们口语表达中缺乏委婉表达以及与听话人达成合作的意识。可见，初学者模糊限制语的习得缺乏足量的接触，习得过程较为漫长而困难。

另一方面，初学者模糊限制语的发展呈现出微弱的倒"U"形发展趋势，在阶段三时出现了语言习得的高原期现象。该发展趋势的前提影响因素也在于模糊限制语接触量的多少。

与其他英语学习方面相比，模糊限制语的习得高原期出现较晚，而其他学习方面，如词块习得、动词搭配习得是在第二阶段出现了习得高原期现象，其原因在于模糊限制语在每个阶段的接触量均较少，甚至比其他英语学习方面的接触量还要少，因此，第一个学习阶段还处于模糊限制语的逐渐积累阶段，到第二个阶段才有缓慢的提高，直到第三阶段时才出现习得的高原期现象。需要强调的是，高原期现象的出现并不能说明初学者模糊限制语能力的倒退，反倒是其能力提升的一种表现（朱曼殊1990）。

在使用总量及某些类型的使用量上，第二阶段比第一阶段具有一定程度的提升，而第三个阶段虽有所下降，但仍在某些方面表现出提升趋势。三个阶段呈现出这种发展趋势的可能原因如下：高年级学生因为接触英语的时间较长，与低年级学生相比词汇量较大，对某些词的掌握也比低年级的学生要好。有些词或短语可能直到高二、高三年级才会学到，因此，学生在低年级时很难在口语中做到熟练掌握。而且，随着学生年级的不断升高，他们越来越倾向于表达更加细节的信息，而模糊限制语可以表达语气、范围或程度等的细微差别。因此，阶段二比阶段一在口语中用的模糊限制语较多，而且阶段二用到的某些表达在阶段一中并没有出现（如seldom）。同时，可以看到，阶段三在某些类型的模糊限制语的使用上也呈现出上升趋势，如在间接模糊语的使用上，阶段三用得最多，这说明他们使用模糊限制语使话语更加礼貌、更加委婉的能力增强。

10.5 小结

本节以"汉语背景的英语学习语言接触量框架"为理论基础，以

Prince的分类标准为分类框架，采用语料库研究方法，基于"英语初学者口语语料库"，分析中国英语初学者模糊限制语的使用及发展差异性特征。主要研究发现如下。

1）三个阶段模糊限制语的使用具有相同特点。（1）模糊限制语使用数量均较少。（2）不同种类的模糊限制语使用均不平衡：缓和型的使用显著多于变动型，四个子类中，直接缓和语最多，远超过其他三种，范围变动语其次，程度变动语再次，间接缓和语最少。（3）模糊限制语的选词均较为单一。这说明英语初学者模糊限制语的使用能力总体较低。

2）三个阶段模糊限制语的组间使用差异包括如下方面。（1）在使用总频数上，三个阶段不存在显著差异。（2）在使用趋势上，三个阶段有一定差异：首先，三个阶段模糊限制语的使用标频略有不同，阶段二使用最多，其次是阶段三和阶段一；其次，三个阶段每种类型的模糊限制语的使用能力也略有差异，在程度变动词和直接缓和语的使用上，阶段二能力稍强，在范围变动词的使用上，阶段一的能力稍强，在间接缓和语的使用上，阶段三的能力稍强；最后，三个阶段每种具体的模糊限制语的使用能力也略有不同。总体而言，初学者模糊限制语的使用能力虽然较低，但呈现出微弱的倒"U"形发展趋势，尽管各类别发展并不均衡。

3）三个阶段呈现出微弱的倒"U"形发展趋势，其发展缓慢的前提影响因素在于初、高中英语课程标准导向的不明确、教材与教师教学所提供的低质、低量的接触量，但总体仍呈现出微弱的倒"U"形发展趋势，其前提因素则在于英语接触的时间在不断增长，模糊限制语的接触量也在不断增加；而其高原期较迟的原因也在于模糊限制语的接触量较少。

第十一章 总结与启示

11.1 总结

本书基于"中国英语初学者笔语语料库"与"中国英语初学者口语语料库",从"汉语背景的英语学习语言接触量框架"理论视角出发,以英语学习的七个方面(写作词汇丰富性、写作句法复杂度、话语联系语、话语标记语、口语词块、口语动词搭配、口语模糊限制语)为切入点,研究中国英语初学者四个层面(词汇层、句法层、语篇层、语用层)的口笔语发展规律性特征,同时探索这些发展规律性特征的前提影响因素。

本书首先对基于使用的二语研究进行文献综述,在综述的基础上提出了本书的具体研究问题。针对这些研究问题,本书阐释了语言接触量假说的核心思想,进而提出了本书的理论框架——"汉语背景的英语学习语言接触量框架"。在此基础上,本书建构了两个英语初学者语料库:"中国英语初学者笔语语料库"与"中国英语初学者口语语料库"。

采用基于语料库的研究方法,同时辅之以访谈法,本书分别考察了我国英语初学者七个学习方面在不同学习阶段的使用特征(写作词汇丰富性、写作句法复杂度、话语联系语、话语标记语、口语词块、口语动词搭配、口语模糊限制语),根据这些特征发现其二语发展的规律性特征,同时探讨这些发展特征的前提影响因素。然后,根据研究发现,提出基础英语教学的几点启示。本书对二语使用特征的主要发现如下。

1）总体而言，初学者写作词汇丰富性有待提高，其词汇综合运用能力较弱；随着年级的升高，他们的词汇丰富性逐阶段提高，但各维度发展不均衡，在某些维度或某个阶段呈现出较为显著的提升。具体而言，他们的词汇复杂度总体水平处于初级阶段；随着学龄的增长，其词汇复杂度逐阶段提高，呈现出先慢后快的发展趋势。他们的词汇多样性变换的能力总体较弱，但随年级的升高而显著提升；他们在不同阶段时词汇变化度能力发展具有不同特征。他们的词汇密度总体水平尚可，但仍然偏低；随学龄增长，他们的词汇密度不断提高，呈现出先快后慢的增长趋势，且逐渐变换使用不同词类的实词。阶段二与阶段一相比，他们的词汇拼写准确率上升，词汇使用能力发展明显；而在阶段三时他们出现了词汇习得的高原期现象，其拼写准确率几乎没有提高。在各级词表拼写偏误率方面，他们对高频词的拼写掌握越来越准确，而对较复杂的低频词掌握较为困难。

2）总体而言，初学者写作句法复杂度水平尚处于初级阶段，其句法综合运用能力较弱。随着英语句法规则接触量的增多，他们的句法复杂度呈现出缓慢的逐阶段上升趋势，较为复杂多样的句法形式逐渐增多，但各维度发展不平衡。（1）产出单位长度呈现出"U"形变化趋势，先显著下降后缓慢升高，句法偏误逐渐减少。（2）从属结构数量呈现出微弱的"U"形变化趋势，句法结构的复杂性增强。（3）并列结构中并列短语逐渐增多，呈现出微弱的"U"形变化趋势，句式变化幅度增加，但与本族语者相比仍然使用过少，且形式较为单一。并列结构中并列句的使用则逐阶段降低，先快后慢，说明初学者句式变换幅度逐渐增大，但同时存在并列句过度使用甚至滥用的现象。综合并列结构的两个维度，初学者并列结构的使用能力呈现出逐阶段缓慢上升趋势。（4）句法形式的学术化逐渐增强（如复杂名词），词汇密度逐渐增加，信息概括能力逐渐增强，呈现出逐阶段缓慢升高趋势。虽然初学者除并列句之外的其他指标的使用都较少，但总体呈现出缓慢的逐阶段上升趋势，这是其句法使用能力向更高阶段过渡的表现。

3）初学者写作话语联系语的使用能力总体较低，但呈现出较为明显的逐阶段增强趋势。具体而言，三个阶段最常使用的四种话语联系语均是添加、转折、推论与列举。最常使用的四个话语联系语均为and、so、but和then。在话语联系语的具体类型，以及各个具体的话语联系语的使用频数上都不均衡，且在写作中均存在序数词话语衔接的偏误现象。这是其话语联系语使用能力总体较低的表现。三个阶段在话语联系语的使用总量上，后两个阶段较阶段一显著减少，其中，某些较简单的联系语显著减少，较为复杂的联系语则显著增多。学习者个体之间话语联系语的使用意识与能力趋向于均衡，阶段三与前两个阶段相比有较大提高。表达三种关联方式的话语联系语的使用也趋向于均衡，阶段三与前两个阶段相比也有较大提高。与阶段一相比，后两个阶段多数高频话语联系语均显著减少，这说明话语联系语的使用变化性显著增强，冗余情况显著减少。此外，后两个阶段的序数词类联接偏误率也明显低于阶段一。这些使用特征说明，初学者话语联系语的使用能力呈现出较为明显的逐阶段增强趋势。

4）初学者口语指称类话语标记语的使用能力较低，总体发展较为缓慢，但在某些方面呈现出较为明显的逐阶段提升趋势。具体而言，三个阶段在使用频数方面均较为单一，部分指称类话语标记语几乎被忽略。五个最常用的指称类话语标记语均为because、so、and、or、so，其中，and使用最频繁。指称类话语标记语句法位置的使用均较为呆板，主要集中于句首。在使用偏误上都主要包括两种：一种是受母语影响的"because … so …"结构的误用，另一种是and的滥用。这是初学者指称类话语标记语总体使用能力较低的表现。三个阶段总体使用频数不存在显著性差异，但阶段二比阶段一显著更少地使用了because与so，而显著更多地使用了or。阶段三比阶段二则显著更少地使用了or与but。总体而言，三个阶段使用过度的现象逐渐好转。在使用偏误方面，滥用and的现象有下降的趋势，到阶段三时已显著下降。这说明初学者在指称类话语标记语的某些使用方面呈现出较为明显的逐阶段提升趋势。

5）初学者口语中词块的总体使用能力较低，但仍在某些方面呈现出不同程度的"U"形发展趋势。具体而言，三个阶段在使用类型的均衡性、准确性及多样性上具有共性：结构维度的多词词块与习俗语词块，功能维度的话语设置词块与社交互动词块使用比率都很小；总体偏误类型较多，偏误率较高；词块多样性较差。三个阶段的词块总体使用能力无显著提升，但仍在使用总形符、总类符、两个维度各类词块及各具体典型词块方面有不同程度的"U"形提高趋势。

6) 初学者口语中动词搭配能力总体较低，但仍总体上呈现出微弱的"U"形上升趋势。具体而言，初学者口语表达中使用的高频动词在使用类符及总体使用趋势上极其相似；在不同阶段，初学者突显关注的话题各不相同，在具体偏好动词的选择数量上，呈现出先下降再提升的"U"形趋势，换言之，其高频动词的使用多样性能力呈"U"形发展趋势。高频动词play、have、like、go、make的偏误类型在各阶段没有差异，但在偏误标频及偏误率上有所不同，其中，阶段二无论在偏误标频还是在偏误率上均最高，即初学者动词搭配使用能力总体上呈现出微弱的"U"形发展趋势。

7) 初学者口语模糊限制语的总体使用能力较低。随着模糊限制语接触量的增多，呈现出微弱的倒"U"形发展趋势，但各个类别发展不均衡。具体而言，三个阶段模糊限制语的使用数量均较少；不同种类的模糊限制语使用不平衡，缓和型的使用显著多于变动型，四个子类中，直接缓和语最多，远超过其他三类；此外，模糊限制语的选词均较为单一。这些特征是初学者模糊限制语使用能力较低的表现。三个阶段在使用总频数上不存在显著差异，但在使用趋势上仍有一定差异。首先，模糊限制语的使用总标频略有不同（阶段二使用最多，阶段三和阶段一较少）；其次，每种类型模糊限制语的使用能力也略有差异（在程度变动词和直接缓和语的使用上，阶段二能力稍强，在范围变动词上，阶段一稍强，而在间接缓和语上，则阶段三稍强）；最后，每个具体的模糊限制语的使用能力也略有不同，总体而言，阶段二所使用的模糊限制语较为多样化。

综上所述，本研究认为：

1) 中学英语教学质量提高的前提，是对我国英语初学者的英语学习进行系统的科学实证研究。而实证研究的焦点之一，应当是对英语初学者目前英语能力发展规律性特征的探索。

2) 经过系统的实证研究，我们发现，在课堂学习为主的大环境中，在英语能力发展的某些方面，我国英语初学者与英语水平发展到中、高级阶段的大学生表现出不同的发展特征，具有独特性。其语言综合表达能力总体较弱，但呈现出一定的提升趋势，尽管各个英语学习方面或同一方面的不同维度发展趋势不尽相同。其发展规律性特征主要表现为以下四个方面：

（1）初学者语言能力发展总体呈现出上升趋势，但各个方面的具体发展趋势有所不同。有的方面呈现出逐阶段连续提升的趋势，如词汇丰富性、句法复杂度、话语联系语与话语标记语；有的则呈现出先下降后再提升的"U"形发展趋势，如词块、动词搭配；而有的虽然整体上呈现出逐阶段连续提升趋势，但在某些维度则呈现出"U"形发展趋势，如句法复杂度。同时，我们发现，同是"U"形发展趋势，不同的英语学习方面，各个阶段之间的变化幅度也有所不同，即"U"形形状不尽相同。例如，口语动词搭配的能力发展呈现出微弱的"U"形趋势，而口语词块能力的各个维度或方面则呈现出不同程度的"U"形趋势。另外，还有的方面呈现出微弱的倒"U"形发展趋势，如模糊限制语（第三个阶段出现了语言习得的高原期，如前所述，这也是其语言能力提升的一种表现）。

（2）初学者语言能力发展总体呈现出上升趋势，但各个英语学习方面的发展速度有所不同。有的各个阶段之间总体上差异较为显著，即发展速度较快，如写作话语联系语、写作词汇丰富性；而有的各个阶段之间总体上差异不显著，即发展速度较慢，如口语词块、口语动词搭配、口语模糊限制语。从另一个角度还可以发现，不同的语言输出方式，其发展速度有所不同。总体而言，写作能力比口语能力发展较为明显。同时，我们发现，即使同是在写作方面，有的英语学习方面发展速度也较为缓慢，如写作句法复杂度。

（3）初学者英语学习每一方面各维度的发展也不均衡，呈现出不同的发展趋势或发展速度。例如，在词块研究中，词块的使用总形符、两个维度某些词块类型及某些具体典型词块呈现出显著的"U"形发展趋势，而使用类符及其他某些方面则呈现出微弱的"U"形趋势。再如，词汇丰富性研究中，初学者词汇丰富性虽整体逐阶段提高，但有的维度发展先快后慢，有的先慢后快，有的则先快后缓。

（4）初学者语言发展过程中会出现多种偏误现象。例如，某类话语联系语或话语标记语使用过度，甚至出现滥用情况。再如，词块使用与动词搭配出现明显的汉语影响偏误。

3）本研究所发现的语言发展规律性特征的影响因素错综复杂，但根据本研究的理论框架——"汉语背景的英语学习语言接触量框架"，上述发展规律性特征的前提影响因素在于语言接触量的多少。总体而言，语言接触量越多，习得效果就越好。

第一，初学者语言发展的总体趋势为逐阶段提升，这在很大程度上归于语言接触量的不断增多。语言接触量既包括接触的数量，也包括接触的质量；既来自学习者本身，也来自教学所提供的接触量（如中学英语课程标准的导向、教材的呈现以及中学英语教师所设计的具体课堂教学方案），而对自主学习能力较差的英语初学者而言，教学所提供的接触量对其语言能力的提升显得更为关键。

第二，初学者英语学习各个方面的具体发展趋势有所不同，或每一方面各维度的具体发展趋势也有不同之处。例如，某些方面呈现出"U"形或倒"U"形发展趋势。这是学习者语言发展过程中经常出现的语言习得高原期现象，这并非是其语言能力退化的表现，反倒在某种程度上能够说明其语言能力的提升。

第三，初学者英语学习各个方面的发展速度有所不同，例如，写作句法复杂度的发展速度较为缓慢。每一方面各维度的发展速度也有不同之处。根据"汉语背景的英语学习语言接触量框架"，语言接触临界量是一个重要影响因素。在同一语言输出方式下，有的英语学习方面所需的语言接触临界量较少，而有的则较多；所需临界量较少的，习得速度相对较快，所需临界量较多的，则习得速度较为缓慢。例如，写作中话语联系语习得速度较快，而词汇丰富性则较慢，句法复杂度最慢。口语中话语标记语习得速度相对较快，而词块、动词搭配则较慢，出现了"U"形发展趋势。此外，除了临界量这一重要因素之外，语言的接触量在某些学习方面更显重要，如模糊限制语，虽然其结构较为"清晰"，所需临界量并不多，但由于其接触量过少，以致发展缓慢，甚至出现倒"U"形发展趋势。

第四，造成上述口笔语使用能力差异的可能因素有很多，其前提影响因素也是语言接触量的多少，如教学所提供的接触量的多少。具体而言，中学英语教材方面，《普通高中英语课程标准》（2017年版）规定，教材语篇要涉及记叙文、议论文、说明文、应用文等不同类型的文体，同时要使用口头、书面等多模式形态的语篇。而教材中的语篇多是书面形式的，口头上的很少出现，这不利于学生诵读能力的提高以及口语能力的提升。在教学方面，在以考试为导向的教学环境中多数教师着力于写作能力的提高，却在某种程度上忽略了口语表达能力的培养。多数教师在教学设计中缺乏有意识的口语能力渗透；而在教学过程中，也缺少足量的口语材料的提供以及必要的情景口语练习。因此，学生写作材料接触量较多，写作能力提升较为明显，但口语接触量较为欠缺，口语表达能力提升缓慢。

第五，在初学者语言发展过程中所出现的偏误现象原因错综复杂，其中语言接触量不足是前提影响因素，同时母语负迁移对不同语言学习阶段会产生不同程度的影响是另一个重要影响因素。

英语教学和学习应依据不同水平学习者的具体习得及偏误特征，设计更有针对性的教学与学习策略。

11.2 启示

基于上述研究发现，本研究首先对中学英语课堂教学的几个具体方面提出有针对性的教学启示，然后，结合目前的中学英语课程标准与人教版中学英语教材，提出几点思考。

11.2.1 对中学英语课堂教学的启示

《义务教育英语课程标准》（2011年版）指出，义务阶段英语课程的总目标是使学生形成初步的综合语言运用能力，也就是"能用英语做事情"。而在我国，无论义务教育阶段，还是高中教育阶段，英语初学者都主要通过课堂学习英语，教师在课堂上主要进行说教式的讲解，初学者接触目的语的机会较少，英语能力总体较低，尤其是口语，很多都是哑巴英语或者中国式英语。因此，为改变这种现状，教师在课堂上要利用现代信息技术，通过创设接近实际生活的各种语境，增加初学者接触地道英语的频率；同时，采用循序渐进的语言实践活动以及各种强调过程与结果并重的教学途径和方法，培养初学者用英语做事的能力，提高综合语言运用能力。

为提高初学者写作中的词汇丰富性，首先，教师可根据他们的接受度适当增加低频词的讲授，提供大量英语本族语语料（如美国当代英语语料库、英国国家语料库）帮助其理解，同时应积极对待低频词拼写偏误，并通过造句、翻译、写作等练习，引导其在使用中逐渐习得低频词。其次，在写作任务之前，可设计"头脑风暴"等教学活动，使他们联想表达相同意义的不同词汇，并鼓励其使用多样化词汇。最后，针对他们大量的名词误用现象，应加强词类变换的讲解，引导其使用正确词类的实词。

为提高初学者写作中的句法复杂度，教师可根据他们的句法复杂度发展趋势以及可能出现的偏误现象，制定更有针对性的课堂教学方案。首先，从低年级起，教师就应努力提升课堂话语以及教学材料的句法恰当性，同时为初学者提供合适的英文原版阅读材料，使其接触大量的、地道的英语句式，以此提升他们所接触语言的数量和质量。这有助于减少其句法偏误。其次，随着英语句式接触量的增多，教师还应有意识地训练他们变换表述方式的能力，如引导其使用不同的句法结构。这有助于避免句式的单一，或某一句法结构的过度使用。再次，教师还应根据他们的接受能力，在恰当的阶段引导其使用较为复杂的句法结构，以进一步提升写作的句法恰当性与多样性。最后，除了引导他们接触更多的英语句法规则，教师还应通过多种教学途径适当营造二语文化情境，使其更多地接触英语文化，产生英语交际意愿，这有助于加快其英语句法表达能力的发展进程。

为提高初学者写作中话语联系语的使用恰当性，首先，教师应引导他们认识到话语联系语在写作和阅读理解方面的重要作用，引导他们提高学习和使用话语联系语的意识。其次，教师应在英语教学课堂设计中增加话语联系语的讲授，同时在日常写作与阅读教学中，创造机会使他们更多地接触话语联系语，培养他们在写作中使用话语联系语的实际能力。最后，教师应引导他们尝试使用较复杂的话语联系语，变换使用不同的话语联系语，同时减少冗余，并注意序数词类联接偏误。

为增强初学者口语表达中话语标记语的使用能力，首先，教师应引导他们加强话语标记语的理解与学习，尤其是那些被忽略的标记语。其次，应引导他们在标记语使用灵活性上加强训练。最后，应引导他们增加口语接触量，在实际口语训练中使用话语标记语；同时，引导他们更多关注常见的偏误，例如，because 和 so 的连用，and 的滥用。

为提高初学者口语中的词块使用能力，首先，教师应根据词块本身特点及他们的语言水平，有针对性地讲授词块，强化练习常用词块，关注使用较少的词块，提高其词块使用意识。其次，教师应帮助他们在语境中理解各类词块的使用特征，着重强调易错词块类型，并通过大量阅读增加词块接触量，减少母语干扰，提高词块使用的准确性。再次，教师应引导他们在有一定词块存储时，尝试变换使用不同词块，提高词块使用的多样性。最后，教师应正确对待他们的词块习得高原期现象，积极引导其树立信心，获得词块学习新的进展。

为提高初学者高频口语动词的搭配能力，首先，教师应在口语教学过程中，尽可能多地培养他们使用多样化动词的意识。其次，教师在课堂中可创设合适的情景来讲授动词搭配，同时为他们提供足量的阅读材料，使他们充分接触动词的具体使用语境，从而更恰当地使用动词。最后，教师应加强英语动词与相应汉语动词用法的区分，尽可能减少母语负迁移对他们动词使用的影响。

为提升初学者口语表达中模糊限制语的使用能力，首先，教师应在教学中渗透模糊限制语的概念及作用，培养他们使用模糊限制语的意识。其次，教师还应该培养他们模糊限制语使用多样性的意识，鼓励他们尝试变换使用不同的模糊限制语表达思想。最后，教师应在教学中更加重视他们的口语发展，给他们提供更多练习模糊限制语的机会。总而言之，教师应在教学中更加重视初学者对模糊限制语的使用，帮助他们正确地使用模糊限制语，提高语用能力。

11.2.2 对中学英语课程标准的启示

总体而言，目前《义务教育英语课程标准》（2011年版）与《普通高中英语课程标准》（2017年版）是符合学习者语言能力发展规律的，但仍在某些方面可进一步改进。

《义务教育英语课程标准》（2011年版）中表3列出了五级语言知识的分级标准（初中毕业时达到的标准）。其中，词汇要求学会使用1,500—1,600个单词和200—300个习惯用语或固定搭配。目前，初一阶段初学者能在写作中使用的词语类符数为1,364个，初二为1,486个，初三为1,714个，可见，英语初学者在初中毕业时已达到了五级标准的词汇要求，这说明该词汇要求与初学者的语言能力发展规律相符，是切实可行的。但本研究发现，初三、高一阶段口语中词块使用的总类符数为71个，高二、高三阶段也只有135个，可见，目前初中生毕业时在口语中能基本使用的习惯用语或固定搭配距离五级所要求的200—300个还有较大差距。然而，在笔者的另一项研究中，我们发现，英语初学者初三毕业时在写作中能基本使用的词块类符数已达到333个，达到了五级的要求。这说明，初学者口笔语能力发展不平衡，在英语词块教学中应给予进一步关注。同时，我们建议，在五级词汇要求中，可区分写作与口语中的不同要求，例如，可明确要求在写作中学会使用1,500—1,600个单词和200—300个习惯用语或固定搭配。

《普通高中英语课程标准》（2017年版）对习惯搭配、词块等的要求较高，对词汇使用的准确性、丰富性要求最高。例如，在其表5"普通高中英语课程词汇知识内容要求"中，明确了词汇必修（"毕业要求"）、选择性必修（"高考要求"）、"选修（提高类）"（"提高要求"）各自的具体要求。关于"习惯搭配"（如形容词与名词、动词与副词、动词与名词等的搭配）、词块的学习要求是在词汇"选择性必修"中提出的，而词汇使用的"准确性""丰富性"则是在词汇"选修（提高类）"中提出的。换言之，这些要求均不是在词汇"必修"中提出的。这种分层要求固然符合我国英语初学者语言能力发展的规律，降低了高中毕业的考试要求，可为初学者减负，但也容易让某些中学英语教师过度关注"必修"中的要求，而有所忽略"选择性必修"与"选修（提高类）"中的要求。因此，我们建议，可将"习惯搭配""词块""准确性""丰富性"等词汇要求也加入词汇"必修"中，但在能力要求上可降到最低。正如《普通高中英语课程标准》（2017年版）表7"普通高中英语课程语篇知识内容要求"，将"语篇中的显性衔接和连贯手段"列为"必修"，而将"语篇中的隐性衔接和连贯手段"列为"选修（提高类）"。

此外，《普通高中英语课程标准》（2017年版）对语用的要求较为模糊（如缺少"模糊限制语"等具体要求），在表8"普通高中英语课程语用知识内容要求"中，"必修"提出"根据交际具体情境，正确理解他人的态度、情感和观点，运用得体的语言形式，如礼貌、直接或委婉等方式，表达自己的态度、情感和观点"。其中，"礼貌、直接或委婉等方式"可举例明确说明，例如，可将模糊限制语等具体学习方面加入其中，为中学教师教学方案的设计提供更为具体的参考依据。

11.2.3 对中学英语教材编写的启示

目前的人教版初、高中英语教材为初学者提供了较好的学习素材，为教师提供了具有方向性的授课依据，其重要性毋庸置疑，但仍存在诸多问题。本节参考前人研究，结合本研究的发现，就语篇语言方面提出教材编写的启示。

（1）提高教材语言的地道性

邹为诚（2015）提到，教材编者经常自己改编材料，中国编者自己编写的教材不注意语言质量和语用的地道性。不可否认，人教版英语教材同样存在这样的问题。调查研究该教材发现，该教材目前采用话题为主的设计方法，在编写过程中，编写者为了坚持内容和语言知识兼顾的原则，选择的策略是改写课文，强行塞进语言点。但这样做，不仅割裂了语篇的完整性，使得语篇既不衔接也不连贯，而且使得语篇语言丧失了地道性。而学习材料的完整性和真实性对外语学习至关重要。通过访谈得知，某些一线教师也明显感觉，有些课文是为了满足某一单元的语法项目需求而故意改写的。英语教师过多地使用这类教材，无异于将一些错误的知识与信息强加给初学者，使得初学者对语言标准形成错误的认识。而不地道的语言接触显然不利于初学者英语语言的学习。这也可能是影响本研究中的英语初学者整体语言能力提升的重要因素。

因此，总体而言，应提高教材语言的地道性。尽量减少对真实文本的删减和改动，保持原汁原味的英语语言，同时，有意识地引导初学者更多地接触较为真实、自然的对话语篇，以培养初学者的语感和理解真实口语话语的能力。

而提高教材地道性的根本途径，是建设专门应用于教材编写的语料库（胡开宝 2016），并将教材编写与语料库相结合。例如，利用语料库对编写的教材进行全面核查，从而使编写的英语教材文本真实、语言地道，且兼具个性化与智能化。

（2）提高教材词汇分布的均衡性，提升词汇搭配、词块呈现的合理性

如第四章所述，目前人教版初中英语教材存在在词汇分布不均衡的问题，这可能是导致初学者词汇能力整体较低的一个重要原因。因此，应提高教材词汇分布的均衡性。首先，应根据初学者的词汇发展水平，在各册

教材中渐变式地增加相应的词汇量，提高低频词汇的复现率。其次，针对教材未呈现的目标词汇，要有目的地增加相关语篇，以提高相应词汇的覆盖率。最后，针对教材中某些目标词汇出现频数过低或常用语义、典型范式缺失的情况，可巧妙地设计相关的词汇活动和练习，有意识地复现目标词汇，呈现常用语义和典型范式。

此外，如第八章和第九章所述，目前人教版英语教材中词汇搭配及词块的呈现均不够合理，这可能是初学者口语动词搭配能力及词块使用能力整体较低的一个影响因素。因此，应改进教材对"基本词汇"搭配及词块的呈现。这可从数量、类型和分布这三个维度进行调整。首先，增加教材中词汇搭配及词块的呈现数量，尤其是高频搭配及常用词块的数量。其次，提升词汇搭配及词块类型的多样性，重点突出，但也要各类兼顾。最后，提升各类词汇搭配及词块分布的均衡性，例如，可增加多词词块与习俗语词块的复现率，避免某类搭配或词块使用过多，而某类使用过少。在词汇搭配及词块的呈现途径上，可创设合理的情景，使初学者接触词汇及词块的具体使用语境，并通过增加课后习题练习等方式加以巩固。

（3）提升教材语篇句法复杂度的阶段衔接

目前人教版初、高中英语教材句法复杂度衔接欠佳，初中句法复杂度较低，高中则升级较大，整体以语法为导向，长难句很多。《义务教育课程标准》（2017年版）规定，英语水平达到五级的学生能够理解并使用简单的基本句型。然而，虽然教材八年级上册附录部分提到了句子成分（如主语、谓语、宾语等）、句子类型（如简单句、并列句、复合句等）以及五种基本句型，但关于句法的知识并未在教材的练习中得以体现。此外，关于句法的基本知识只在这一册书中呈现，在后续的初中教材中却没有复现，而是直接呈现了从句（如状语、宾语、定语从句），这没有体现循序渐进的原则。同时，相关练习的缺失导致初学者的句法知识还比较薄弱。这种缺乏过渡、直接进入从句学习的方式使得多数初学者难以掌握。《高中英语课程标准》（2017年版）指出，句法要关注句子结构，如句子的成分、语序和种类等，并在语篇理解中借助句子成分对长句、难句进行分析。观察发现，高中教材中的句子多以并列句和复合句为主，与初中阶段相比，学习从句的难度加大，种类更多。因此，做好初、高中句法知识的衔接十分必要。但通过调查研究发现，高一英语教材并没有体现必要的初、高中句法知识的衔接（如句子成分、句子类型、基本句式），而是直接呈现了更为复杂的嵌套式从句。另外，高中教材在课后练习方面，部分习题在句法结构练习的设计上也缺乏层次感和难度梯度。

因此，目前初中教材可在"循序渐进，持续发展"的原则下，依据初学者的语言发展规律，阶梯式地提高教材语篇的句法复杂度，实现从简单句向并列句及复杂句的合理过渡，在合适的阶段（如高一）做好句法复杂度的衔接。例如，每册教材应有侧重呈现的句式，且各句式的复杂度由易到难，形成梯度。高年级的教材可呈现更多类型的从句，增强句法结构的复杂性；还应运用更加学术化的句法形式（如复杂名词结构），从而提高初学者的学术用语意识。此外，教材的配套练习也应具有较好的衔接性。

（4）提高话语联系语或话语标记语的多样性

如第六、七章所述，话语联系语或话语标记语是提高语篇衔接的重要手段，其在目前教材中的呈现多样性较低，这可能是导致初学者语篇衔接能力整体较低的重要原因。因此，教材编写应关注话语联系语的多样性问题。在具体操作中，教材课文及配套练习中可增加话语联系语的呈现类型，如递进、让步、对比、原因、总结，而非仅局限于添加、转折、推论和列举等类型上；增加更多样的具体话语联系语，如also、besides、that is、yet、however、or、in fact、thus、in a word、for example，而非只突出几个常用话语联系语，如and、so、but、then。话语联系语的呈现类型也不仅局限于句与句之间，还应体现在整个语篇之中（如段落之间、文字图片之间）。

（5）增加教材语篇的语用元素

教材应进一步突显口语语用能力的重要性，以提高初学者根据具体交际情境，正确理解他人的态度、情感和观点的能力，并培养初学者运用得体的语言形式，如礼貌委婉等方式，表达自己态度、情感和观点的能力，摒弃哑巴口语。例如，可适当调整初中教材的口语语篇，增加高中教材中的口语语篇，并将模糊限制语等语用知识更好地融入初、高中教材中的口语语篇当中。比如，在交际情景语篇中呈现地道的模糊限制语，且在不同语境中复现不同种类的模糊限制语。

总体而言，应进一步提高教材语言的地道性，同时从词汇、句法、语篇、语用各层面入手，提升教材编写的适用性，如提升词汇分布的合理性、句法呈现的衔接性、话语联系语或标记语的丰富性，同时进一步增加语用元素。

11.3 本研究的局限性及今后研究方向

本研究存在研究方法与研究内容上的局限性。在研究方法上，本研究基于自建的两个英语初学者语料库，虽目前已具有一定规模，但仍有待进一步扩建，且各个年级的语料容量有待进一步平衡，以使语料更具有代表性。此外，本研究主要采用基于语料库的研究方法，同时辅以访谈法。今后还可结合调查问卷、深度访谈等研究方法进一步深入研究，挖掘英语接触量的更多变量，如阅读量、影视量、互动量等。在研究内容上，首先，本研究所涉及的英语学习的几个方面虽分别代表了英语学习的四个层面（词汇层、句法层、语篇层、语用层），但仍可选择更多方面进一步拓展，如句法准确性、句法流利度、篇章模式、请求言语行为等，从而进一步发现初学者英语学习的规律性特征。其次，本研究为横断面研究，今后可有代表性地追踪一批英语初学者，跟踪研究三年左右，探索同一批初学者的二语口笔语发展规律性特征。再次，本研究聚焦于初学者的英语语言能力，基于"汉语背景的英语学习语言接触量框架"探讨了初学者语言能力的发展规律性特征，发现随着英语语言接触量的增多，初学者的语言能力也总体上呈现出提高趋势，该结论进一步验证了语言接触量假说。今后研究还可基于该假说，聚焦于初学者的英语社会文化能力，选取有国外生活、学习背景的初学者为语料源，探索初学者英语社会文化知识的习得过程，以及跨文化交际能力的发展过程。最后，本研究基于"汉语背景的英语学习语言接触量框架"，探讨了英语初学者语言能力发展规律性特征的前提影响因素；在今后研究中，可进一步深入探讨其发展规律性特征的其他影响因素，如学习者的动机、学习兴趣、性格特征等因素。

参考文献

Ai, H. & X. Lu. 2013. A corpus-based comparison of syntactic complexity in NNS and NS university students' writing. In A. Díaz-Negrillo, N. Ballier & P. Thompson (eds.). *Automatic Treatment and Analysis of Learner Corpus Data*. Amsterdam: John Benjamins. 249-264.

Altenberg, B. 1998. On the phraseology of spoken English: The evidence of recurrent word-combinations. In A. P. Cowie (ed.). *Phraseology: Theory Analysis and Applications*. Oxford: Oxford University Press. 101-122.

Altenberg, B. & S. Grange. 2001. The grammatical and lexical patterning of "make" in native and non-native student writing. *Applied Linguistics* 22(2): 173-195.

Arkoudis, S. & C. Davison. 2008. Chinese students' perspectives on their social, cognitive, and linguistic investment in English medium interaction. *Journal of Asian Pacific Communication* 18(1): 3-8.

Bai, Y. 2014. A usage-based study of the just me construction. *Yearbook of the German Cognitive Linguistics Association* 2(1): 127-145.

Baker, K. & E. Levon. 2015. Picking the right cherries? A comparison of corpus-based and qualitative analyses of news articles about masculinity. *Discourse and Communication* 9(2): 221-236.

Bao, Z. 2010. A usage-based approach to substratum transfer: The case of four unproductive features in Singapore English. *Language* 86(4): 792-820.

Barbieri, F. 2005. Quotative use in American English: A corpus-based, cross-register comparison. *Journal of English Linguistics* 33(3): 222-256.

Barnes, J. & I. García. 2013. Vocabulary growth and composition in monolingual and bilingual Basque infants and toddlers. *International Journal of Bilingualism* 17(3): 357-374.

Becker, J. D. 1975. The phrasal lexicon. *The Workshop on Theoretical Issues in Natural Language Processing*: 60-63.

Beers, S. F. & W. E. Nagy. 2011. Writing development in four genres from grades three to seven: syntactic complexity and genre differentiation. *Read and Writing* 24(2): 183-202.

Biber, D., S. Conrad & V. Cortes. 2004. If you look at...: Lexical bundles in university teaching and textbooks. *Applied Linguistics* 25(3): 371-405.

Biber, D., S. Jonansson, G. Leech, S. Conrad & E. Finegan. 1999. *Longman Grammar of Spoken and Written English*. Beijing: Foreign Language Teaching and Research Press.

Biber, D., S. Johansson, G. Leech, S. Conrad, E. Finegan & G. Hirst. 2002. The Longman grammar of spoken and written English. *TESOL Quarterly* 34(4): 132-139.

Birdsong, D. 2006. Age and second language acquisition and processing: A selective overview. *Language Learning* 56(1): 9-49.

Blakemore, D. 1987. *Semantic Constrains on Relevance*. Oxford: Blackwell.

Blakemore, D. 1992. *Understanding Utterance*. Oxford: Blackwell.

Blakemore, D. 2002. *Relevance and Linguistic Meaning*. New York: Cambridge University Press.

Bohman, T. M., L. M. Bedore, E. D. Peña, A. Mendez-Perez & R. B. Gillam. 2010. What you hear and what you say: Language performance in Spanish-English bilinguals. *International Journal of Bilingual Education and Bilingualism* 13(3): 325-344.

Boye, K. & P. Harder. 2012. A usage-based theory of grammatical status and grammaticalization. *Language* 88(1): 1-44.

Brown, P. & S. Levinson. 1987. *Politeness: Some Universals in Language Usage.* Cambridge: Cambridge University Press.

Bulté, B. & A. Housen. 2014. Conceptualizing and measuring short-term changes in L2 writing complexity. *Journal of Second Language Writing* 26(14): 42-65.

Bybee, J. 2006. From usage to grammar: The mind's response to repetition. *Language* 82(4): 711-733.

Bybee, J. 2008. Usage-based grammar and second language acquisition. In P. Robinson & N. Ellis (eds.). *Handbook of Cognitive Linguistics and Second Language Acquisition.* New York & London: Routledge. 216-236.

Bylund, E. & S. Jarvis. 2011. L2 effects on L1 event conceptualization. *Bilingualism: Language and Cognition* 14(1): 47-59.

Camiciottoli, B. C. 2004. Interactive discourse structuring in L2 guest lecturers: some insights from a comparative corpus-based study. *Journal of English for Academic Purposes* 3(1): 39-54.

Chafe, W. 1994. *Discourse, Consciousness, and Time: The Glow and Displacement of Conscious Experience in Speaking and Writing.* Chicago: Chicago University Press.

Chan, T. H. T. 2015. A corpus-based study of the expression of stance in dissertation acknowledgements. *Journal of English for Academic Purposes* 20: 176-191.

Chang, C. F. & C. H. Kuo. 2011. A corpus-based approach to online materials development for writing research articles. *English for Specific Purposes* 30(3): 222-234.

Charles, M. 2003. 'This mystery…': A corpus-based study of the use of nouns to construct stance in theses from two contrasting disciplines. *Journal of English for Academic Purposes* 2(4): 313-326.

Chondrogianni, V. & T. Marinis. 2011. Differential effects of internal and external factors on the development of vocabulary, tense morphology and morpho-syntax in successive bilingual children. *Linguistic Approaches to Bilingualism* 1(3): 318-345.

Christiansen, M. H. & M. C. MacDonald. 2009. A usage-based approach to recursion in sentence processing. *Language Learning* 59(1): 126-161.

Clyne, M. 1991. The socio-cultural dimension: The dilemma of the German-speaking scholar. In H. Schröder (ed.). *Subject-oriented Texts*. Berlin: Walter de Gruyter. 49- 67.

Collins, L., J. White, P. Trofimovich, W. Cardoso & M. Horst. 2012. When comprehensible input isn't comprehensive input: A multi-dimensional analysis of instructional input in intensive EFL. In C. Muñoz (ed.). *Intensive Exposure Experiences in Second Language Learning*. Clevedon: Multilingual Matters. 66-87.

Collins, L., P. Trofimovich, J. White, W. Cardoso & M. Horst. 2009. Some input on the easy/difficult grammar question: An empirical study. *The Modern Language Journal* 93(3): 336-353.

Consonni, M., R. Cafiero, D. Marin, M. Tettamanti, A. Iadanza, F. Fabbro & D. Perani. 2013. Neural convergence for language comprehension and grammatical class production in highly proficient bilinguals is independent of age of acquisition. *Cortex* 49(5): 1252-1258.

Conti-Ramsden, G. & M. Jones. 1997. Verb use in specific language impairment. *Journal of Speech, Language and Heritage Research* 40(6):1298-1313.

Cooper, T. C. 1976. Measuring written syntactic patterns of second language learners of German . *The Journal of Educational Research* 69(5): 176-183.

Crossley, S. A. & D. S. McNamara. 2012. Predicting second language writing proficiency: The roles of cohesion and linguistic sophistication. *Journal of Research in Reading* 32(2): 115-135.

Csomay, E. 2007. A corpus-based look at linguistic variation in classroom interaction: Teacher talk versus student talk in American university classes. *Journal of English for Academic Purposes* 6(4): 336-355.

Dabrowska, E. 2008. Questions with long-distance dependencies: A usage-based perspective. *Cognitive Linguistics* 19(3): 391-425.

Daskalovska, N. 2015. Corpus-based versus traditional learning of collocations. *Computer Assisted Language Learning* 28(2): 130-144.

Dahme, A. M. P. & M. Selfa. 2017. Academic languages in Catalan students' research reports across levels of study. *Corpus Linguistics and Linguistic Theory* 16(1): 1-25.

De Carli, F., B. Dessi, M. Mariani, N. Girtler, A. Greco, G. Rodriguez, L. Salmon & M. Morelli. 2015. Language use affects proficiency in Italian-Spanish bilinguals irrespective of age of second language acquisition. *Bilingualism: Language and Cognition* 18(2): 324-339.

Duff, P. A. 2007. Second language socialization as sociocultural theory: Insights and issues. *Language Teaching* 40(4): 309-319.

DuFon, M. A. 2006. The socialization of taste during study abroad in Indonesia. In M. A. DuFon & E. Churchill (eds.). *Language Learners in Study Abroad Contexts*. Clevedon: Multilingual Matters. 91-119.

Durrant, P. & N. Schmitt. 2008. Adult learners' retention of collocations from exposure. *Second Language Research* 26(2):163-188.

Eckstein, G. & D. Ferris. 2018. Comparing L1 and L2 texts and writers in first-year composition. *Tesol Quarterly* 52(1): 137-162.

Egan, T. 2008. *Non-finite Complementation: A Usage-based Study of Infinitive and -ing Clauses in English*. Amsterdam & New York: Rodopi.

Ellis, N. C. 2002. Frequency effects in language processing—A review with implications for theories of implicit and explicit language acquisition. *Studies in Second Language Acquisition* 24(2): 143-188.

Ellis, N. C. 2007. The associative-cognitive CREED. In B. Vanpatten & J. William (eds.). *Theories in Second Language Acquisition: An Introduction*. Mahwah: Lawrence Erlbaum. 77-95.

Ellis, N. C. 2016a. Online processing of verb-argument constructions: Lexical decision and meaningfulness. *Language and Cognition* 8(3): 391-420.

Ellis, N. C. 2016b. Online processing of verb-argument constructions: Visual recognition thresholds and naming. *Review of Cognitive Linguistics* 14(1): 105-135.

Ellis, N. C. & P. Robinson. 2008. An introduction to cognitive linguistics, second language acquisition, and language instruction. In P. Robinson & N.C. Ellis (eds.). *Handbook of Cognitive Linguistics and Second Language Acquisition.* New York: Routledge. 3-24.

Ellis, N. C., M. B. O'Donnell & U. Römer. 2014. Second language verb-argument constructions are sensitive to form, function, frequency, contingency, and prototypicality. *Linguistic Approaches to Bilingualism* 4(4): 405-431.

Ellis, N. C., M. B. O'Donnell & U. Römer. 2015. Usage-based language learning. In MacWhinney, B. & W. O'Grady (eds.). *The Handbook of Language Emergence.* Hoboken: Wiley-Blackwell. 163-180.

Ellis, N. C., U. Römer. & M. B. O'Donnell. 2016. *Usage-based Approaches to Language Acquisition and Processing: Cognitive and Corpus Investigations of Construction Grammar.* Malden, MA: Wiley-Blackwell.

Ellis, R. 2013. *The Study of Second Language Acquisition.* Shanghai Foreign Language Education Press.

Engber, C. A. 1995. The relationship of lexical proficiency to the quality of ESL compositions. *Journal of Second Language Writing* 4(2): 139-155.

Erman, B. 2014. There is no such thing as a free combination: A usage-based study of specific construals in adverb-adjective combinations. *English Language and Linguistics* 18(1): 109-132.

Eskildsen, S. W. 2008. Constructing another language—usage-based linguistics in second language acquisition. *Applied Linguistics* 30(3): 335-357.

Eskildsen, S. W. 2014. What's new?: A usage-based classroom study of linguistic routines and creativity in L2 learning. *Iral* 52(1): 1-30.

Evans, V. & M. Green. 2015. Cognitive Linguisitics: An Introduction. Beijing: World Publishing Corporation.

Fabiszak,M.,M. Hilpert. & K. Krawczak. 2016. Usage-based cognitive-functional linguistics: From theory to method and back again. *Folia Linguistica* 50(2): 345-353.

Fairclough, M. & F. Belpoliti. 2016. Emerging literacy in Spanish among Hispanic heritage language university students in the USA: a pilot study. *International Journal of Bilingual Education and Bilingualism* 19(2):185-201.

Fellbaum, C., F. Koerner & G. Neumann. 2006. Corpus-based studies of German idioms and light verbs. *International Journal of Lexicography* 19(4): 349-360.

Ferguson, G. 2001. If you pop over there: A corpus-based study of conditionals in medical discourse. *English for Specific Purposes* 20(1): 61-82.

Flowerdew, L. 2015. Using corpus-based research and online academic corpora to inform writing of the discussion section of a thesis. *Journal of English for Academic Purposes* 20: 58-68.

Flynn, S. & W. O'Neil. 1988. *Linguistic Theory in Second Language Acquisition.* Dordrecht/Boston/London: Kluwer Academic Publishers.

Frankenberg-Garcia, A. 2012. Learners' use of corpus examples. *International Journal of Lexicography* 25(3): 273-296.

Fraser, B. 1990. An approach to discourse markers. *Journal of Pragmatics* 14(3): 383-395.

Fraser, B. 1996. Pragmatic makers. *Pragmatics* 6(2): 167-190.

Fraser, B. 1999. What are discourse markers?. *Journal of Pragmatics* 31(7): 931-952.

Fuertes-Olivera, P. A. 2007. A corpus-based view of lexical gender in written business English. *English for Specific Purposes* 26(2): 219-234.

Fung, L & R. Carter. 2007. Discourse markers and spoken English: Native and learner use in pedagogical settings. *Applied Linguistics* 28(3): 410-439.

Gao, X. 2016. A cross-disciplinary corpus-based study on English and Chinese native speakers' use of linking adverbials in academic writing. *Journal of*

English for Academic Purposes 24: 14-28.

Garner, J. R. 2016. A phrase-frame approach to investigating phraseology in learner writing across proficiency levels. *International Journal of Learner Corpus Research* 2(1):31-67.

Gathercole, V. C. M. & E. M. Thomas. 2005. Minority language survival: Input factors influencing the acquisition of Welsh. In J. Cohen, K. McAlister, K. Rolstad & J. MacSwan (eds.). *Proceedings of the 4th International Symposium on Bilingualism*. Somerville, MA: Cascadilla Press. 852-874.

Gathercole, V. C. M. 2002a. Command of the mass/count distinction in bilingual and monolingual children: An English morphosyntactic distinction. In D. K. Oller & R. E. Eilers (eds.). *Language and Literacy in Bilingual Children*. Clevedon: Multilingual Matters. 175-206.

Gathercole, V. C. M. 2002b. Grammatical gender in bilingual and monolingual children: A Spanish morphosyntactic distinction. In D. K. Oller & R. E. Eilers (eds.). *Language and Literacy in Bilingual Children*. Clevedon: Multilingual Matters. 207-219.

Gathercole, V. C. M. 2002c. Monolingual and bilingual acquisition: Learning different treatments of that-trace phenomena in English and Spanish. In D. K. Oller & R. E. Eilers (eds.). *Language and Literacy in Bilingual Children*. Clevedon: Multilingual Matters. 220-254.

Gathercole, V. M. & E, Hoff. 2007. Input and acquisition of language: Three questions. In E. Hoff & M. Shatz (eds.). *Blackwell Handbook of Language Development*. Oxford: Blackwell. 107-127.

Gathercole, V. M. 2007. Miami and North Wales, so far and yet so near: A constructivist account of morpho-syntactic development in bilingual children. *International Journal of Bilingual Education and Bilingualism* 10(3): 224-247.

Gavioli, L. & G. Aston. 2001. Enriching reality: Language corpora in language pedagogy. *ELT Journal* 55(3): 238-246.

Gilmore, A. 2009. Using online corpora to develop students' writing skills. *ELT*

Journal 63(4): 363-372.

Givón, T. 2001. *Syntax: An Introduction.* Amsterdam: John Benjamins.

Gonzálvez-Garcia, F. 2009. The family of object-related depictives in English and Spanish: Towards a usage-based constructionist analysis. *Language Sciences* 31(5): 663-723.

González, M. C. 2017. The contribution of lexical variation to college-level writing. *TESOL Journal* 8(4):899-819.

Granger, S. (ed.). 1998. *Learner English on Computer.* London: Longman.

Granger, S., J. Hung & S. Petch-Tyson (eds.). 2002. *Computer Learner Corpora, Second Language Acquisition and Foreign Language Teaching.* Amsterdam: John Benjamins.

Guardado, M. 2009. Speaking Spanish like a boy scout: Language socialization, resistance, and reproduction in a heritage language scout troop. *The Canadian Modern Language Review* 66(1): 101-129.

Halliday, M. & R. Hasan. 1976. *Cohesion in English.* London: Longman.

Halliday, M. & R. Hasan. 1985. *Language, Context, and Text: Aspects of Language in a Social-semiotic Perspective.* Victoria: Deakin University Press.

Halliday, M. A. K. & C. Matthiessen. 1999. *Construing Experience through Meaning: A Language-based Approach to Cognition.* London: Cassell.

Harley, B. & M. Swain. 1984. The interlanguage of immersion students and its implications for language teaching. In A. Davies, C. Criper & A. Howatt (eds.). *Interlanguage.* Edinburg: Edinburg University Press. 291-311.

Hoff, E., C. Core, S. Place, R. Rumiche, M. Senor & M. Parra. 2012. Dual language exposure and early bilingual development. *Journal of Child Language* 39(1): 1-27.

Hölker, K. 1991. Französisch: Partikelforschung. *Lexikon der Romanistischen Linguistik* (Vol. V.1 77-88). Nimeyer.

Holmes, J. 1982. Expressing doubt and certainty in English. *RELC Journal* 13(2): 9-28.

Holmes, J. 1988. Doubt and certainty in ESL textbooks. *Applied Linguistics* 9(1): 21-44.

Hornby, A. S. 1997. *Oxford Advanced Learner's English-Chinese Dictionary*. Beijing: The Commercial Press.

Hou, J., M. H. Verspoor & H. Loerts. 2016. An exploratory study into the dynamics of Chinese L2 writing development. *Dutch Journal of Applied Linguistics* 5(1): 65-96.

Huang, L. S. 2011. Corpus-aided language learning. *ELT Journal* 65(4): 481-484.

Hümmer, C. 2006. Polysemy and vagueness in idioms: A corpus-based analysis of meaning. *International Journal of Lexicography* 19(4): 361-377.

Hyland, K. 1994. Hedging in academic writing and EAP textbooks. *English for Specific Purposes* 13(3): 239-256.

Hyltenstam, K. & N. Abrahamsson. 2003. Maturational constraints in SLA. In C. J. Doughty & M. H. Long (eds.). *The Handbook of Second Language Acquisition*. Oxford: Blackwell. 540-558.

Ionin, T., S. Baek., E. Kim., H. Ko & K. Wexler. 2012. That's not so different from the: Definite and demonstrative descriptions in second language acquisition. *Second Language Research* 28(1): 69-101.

Ishizaki, Y. 2012. A usage-based analysis of phrasal verbs in early and late modern English. *English Language and Linguistics* 16(2): 241-260.

Jarvis, S. 1998. *Conceptual Transfer in the Interlanguage Lexicon*. Bloomington: Indiana University Linguistics Club.

Jarvis, S. 2002. Short tests, best-fitting curves, and new measures of lexical density. *Language Testing* 19(1): 57-84.

Jarvis, S. & A. Pavlenko. 2008. *Crosslinguistic Influence in Language and Cognition*. New York: Routledge.

Jaworska, S. & R. Krishnamurthy. 2012. On the F word: a corpus-based analysis of the media representation of feminism in British and German press discourse, 1990-2009. *Discourse & Society* 23(4): 401-431.

Johnson, J. S. & E. L. Newport. 1989. Critical period effects in second language learning: The influence of maturational state on the acquisition of English as a second language. *Cognitive Psychology* 21(1): 60-99.

Kashiha, H. & S. H. Chan. 2015. A little bit about: Differences in native and non-native speakers' use of formulaic language. *Australian Journal of Linguistics* 35(4): 1-14.

Khor, H. R. 2013. Study abroad and interlanguage pragmatic development in request and apology speech acts among Iranian learners. *English Language Teacher* 6(5): 62-70.

Kim, J. & P. A. Duff. 2012. The language socialization and identity negotiations of Generation 1.5 Korean-Canadian university students. *TESL Canada Journal* 29(6): 82-92.

Kormos, J., K. Csizér & J. Iwaniec. 2014. A mixed method study of language learning motivation and inter-cultural contact of international students. *Journal of Multicultural and Multilingual Development* 35(2): 151-166.

Koster, D. E. S. 2015. A dynamic, usage-based approach to teaching L2 Dutch. *Dutch Journal of Applied Linguistics* 4(2): 257-264.

Kotz, S. A. 2009. A critical review of ERP and fMRI evidence on L2 syntactic processing. *Brain & Language* 109(2-3): 68-74.

Krashen, S. D., M. A. Long & R. C. Scarcella. 1982. Age, rate, and eventual attainment in second language acquisition. In S. D. Krashen, R. C. Scarcella & M. A. Long (eds.). *Child-adult Differences in Second Language Acquisition*. Rowley: Newbury House Publishers. 161-172.

Kusyk, M. & G. Sockett. 2014. From informal resource usage to incidental language acquisition: Language uptake from online television viewing in English. *Asp La Revue Du Geras* 62: 45-65.

Kyle, K. & S. A. Crossley. 2015. Automatically assessing lexical sophistication: Indices, tools, findings, and application. *Tesol Quarterly* 49: 757-786.

Lahuerta Martínez, A. C. 2018. Analysis of syntactic complexity in secondary education EFL writers at different proficiency levels. *Assessing Writing* 35: 1-11.

Lakoff, G. 1973. Hedges: A study in meaning criteria and the logic of fuzzy concepts. *Journal of Philosophical Logic* 2(4): 458-508.

Langacker, R. W. 1987. *Foundations of Cognitive Grammar: Vol. I. Theoretical Prerequisites*. Stanford: Stanford University Press.

Langacker, R. W. 1991. *Foundations of Cognitive Grammar: Vol. II. Descriptive Application*. Stanford: Stanford University Press.

Langacker, R. W. 2000. A dynamic usage-based model. In M. Barlow & S. Kemmer (eds.). *Usage-Based Models of Language*. Stanford: CSLI.

Langacker, R. W. 2005. Reviewed Work(s): *Constructing a Language: A Usage-based Theory of Language Acquisition*. *Language* 81(3): 748-750.

Langacker, R. W. 2008. *Cognitive Grammar: A Basic Introduction*. Oxford: Oxford University Press.

Larsen-Freeman, D. 1978. An ESL index of development. *TESOL Quarterly* 12(4): 439-448.

Larsen-Freeman, D. 2006. The emergence of complexity, fluency, and accuracy in the oral and written production of five Chinese learners of English. *Applied Linguistics* 27(4): 590-619.

Laufer, B. 1991. The development of L2 lexis in the expression of the advanced language learner. *Modern Language Journal* 75(4): 440-448.

Laufer, B. 1994. The lexical profile of second language writing: Does it change over time?. *RELC Journal* 25(2): 21-33.

Laufer, B. 1998. The development of passive and active vocabulary in a second language: Same or different?. *Applied Linguistics* 19(2): 255-271.

Laufer, B. 2011. The contribution of dictionary use to the production and retention of collocations in a second language. *International Journal of Lexicography* 24 (1): 29-49.

Laufer, B. & P. Nation. 1995. Vocabulary size and use: Lexical richness in L2 written production. *Applied Linguistics* 16(3): 307-322.

Laufer, B. & T. Waldman. 2011. Verb-noun collocations in second language writing: A corpus analysis of learners' English. *Language Learning* 61(2):

647-672.

Leech, G. 1998. Preface. In S. Granger (ed.) *Learners English on Computer*. New York: Longman.

Leedham, M. & G. Cai. 2013. Besides...on the other hand: Using a corpus approach to explore the influence of teaching materials on Chinese students' use of linking adverbials. *Journal of Second Language Writing* 22(4): 374-389.

Lei, L. & D. Liu. 2016. A new medical academic word list: A corpus-based study with enhanced methodology. *Journal of English for Academic Purposes* 22: 42-53.

Levinson, S. C. 1983. *Pragmatics*. Cambridge: Cambridge University Press.

Lewis, M. 1997. *Implementing the Lexical Approach: Putting Theory into Practice*. Boston: Heinle ELT.

Lewis, M. 2002. *The Lexical Approach: The State of ELT and a Way Forward*. Boston: Heinle ELT.

Lieven, E. & M. Tomasello. 2008. Children's first language acquisition from a usage-based perspective. In P. Robinson & N. C. Ellis (eds.). *Handbook of Cognitive Linguistics and Second Language Aquisition*. New York & London: Routledge. 168-198.

Lightbown, P. M. 2008. Easy as pie? Children learning languages. *Concordia Working Papers in Applied Linguistics* 1: 5-29.

Linnarud, M. 1986. *Lexis in Composition: A Performance Analysis of Swedish Learner's Written English*. Lund: University of Lund.

Liu, B. 2017. The use of discourse markers but and so by native English speakers and Chinese speakers of English. *Pragmatics* 27(4): 479-506.

Liu, J. & L. Han. 2015. A corpus-based environmental academic word list building and its validity test. *English for Specific Purposes* 39: 1-11.

Lobanova, A., T. Kleij & J. Spenader. 2010. Defining antonymy: A corpus-based study of opposites by lexico-syntactic patterns. *International Journal of Lexicography* 23(1): 19-53.

Lu, X. 2010. Automatic analysis of syntactic complexity in second language writing. *International Journal of Corpus Linguistics* 15(4): 474-496.

Lu, X. 2011, A corpus-based evaluation of syntactic complexity measures as indices of college-level ESL writers' language development. *TESOL Quarterly* 45(1): 36-62.

Lu, X. & H. Ai. 2015. Syntactic complexity in college-level English writing: Differences among writers with diverse L1 backgrounds. *Journal of Second Language Writing* 29: 16-27.

Mair, C. 1988. In defense of the fact that: A corpus-based study of current British usage. *Journal of Linguistics* 21(1): 59-71.

Mancilla, R. L., N. Polat & A. O. Akcay. 2015. An investigation of native and nonnative English speakers' levels of written syntactic complexity in asynchronous online discussions. *Applied Linguistics* 38(1): 112-134.

Maratsos, M. 2000. More overregularizations after all: New data and discussion on Marcus, Pinker, Ullman, Hollander, Rosen & Xu. *Journal of Child Language* 27(1): 183-212.

Marchman, V. A. & E. Bates. 1994. Continuity in lexical and morphological development: A test of the critical mass hypothesis. *Journal of Child Language* 21(2): 339-366.

Martin, J. R. & D. Rose. 2008. *Genre Relations: Mapping Culture*. London: Equinox Publishing.

Martínez, I. A., S. C. Beck & C. B. Panza. 2009. Academic vocabulary in agriculture research articles: A corpus-based study. *English for Specific Purposes* 28(3): 183-198.

Maschler, Y. 1994. Metalanguaging and discourse markers in bilingual conversation. *Language in Society* 23(3): 325-366.

Maschler, Y. 1998. Rotsè lishmoa kéta? "Wanna hear something weird/funny?" [lit.'a segment']: The DMs segmenting Israeli Hebrew talk-in-interaction. In A. Jucker & Y. Ziv (eds.). *Discourse Markers: Descriptions and Theory*. Amstersdem: John Benjamins. 13-59.

Mautner, G. 2005. Time to get wired: Using web-based corpora in critical discourse analysis. *Discourse & Society* 16(6): 809-828.

McGloin, N. H. & Y. Konishi. 2010. From connective particle to sentence-final particle: A usage-based analysis of shi 'and' in Japanese. *Language Sciences* 32(5): 563-578.

Muñoz, C. & D. Singleton. 2011. A critical review of age-related research on L2 ultimate attainment. *Language Teaching* 44(1): 1-35.

Muñoz, C. 2008. Symmetries and asymmetries of age effects in naturalistic and instructed L2 learning. *Applied Linguistics* 29(4): 578-596.

Naismith, B. 2016. Integrating corpus tools on intensive CELTA courses. http:// eltj. oxfordjournals.org.

Nattinger, J. R. & J. S. DeCarrico. 1992. *Lexical Phrases and Language Teaching*. Oxford: Applied Linguistics.

Nelson, M. 2006. Semantic associations in business English: A corpus-based analysis. *English for Specific Purposes* 25(2): 217-234.

Nesset, T. 2006. Gender meets the usage-based model: Four principles of rule interaction in gender assignment. *Lingua* 116(9): 1369-1393.

Nguyen, T. & S. Webb. 2016. Examining second language receptive knowledge of collocation and factors that affect learning. *Language Teaching Research* 21(3): 298-320.

Nikula, T. 1997. *Hedging and Discourse: Approaches to the Analysis of a Pragmatic Phenomenon in Academic Texts*. Berlin: Walter de Gruyter.

Norris, J. M. & L. Ortega. 2009. Towards an organic approach to investigating CAF in instructed SLA: The case of complexity. *Applied Linguistics* 30(4): 555-578.

O' Grady, W. 2008. The emergentist program. *Lingua* 118(4): 447-464.

O' Loughlin, K. 1995. Lexical density in candidate output on direct and semi-direct versions of an oral proficiency text. *Language Testing* 12(2): 217-237.

Odlin, T. 2001. *Language Transfer: Cross-Linguistic Influence in Language Learning*. Shanghai: Shanghai Foreign Language Education Press.

Odlin T. 2005. Crosslinguistic influence and conceptual transfer: What are the concepts?. *Annual Review of Applied Linguistics* 25: 3-25.

Ojima, S., H. Matsuba-Kurita, N. Nakamura, T. Hoshino & H. Hagiwara. 2011. Age and amount of exposure to a foreign language during childhood: Behavioral and ERP data on the semantic comprehension of spoken English by Japanese children. *Neuroscience Research* 70(2): 197-205.

Ortega, L. 2003. Syntactic complexity measures and their relationship to L2 proficiency: A research synthesis of college-level L2 writing. *Applied Linguistics* 24(4): 492-518.

Ortega, L. 2013. SLA for the 21st century: Disciplinary progress, transdisciplinary relevance, and the bi/multilingual turn. *Language Learning* 63(1): 1-24.

Ortega, L. 2014. Experience and success in late bilingualism. Keynote Address at the 17th AILA World Congress, Brisbane, Australia, August 10-15.

Ortega, L. 2015. Usage-based SLA: A research habitus whose time has come. In T. Cadierno & S. W. Eskildsen (eds.). *Usage-Based Perspectives on Second Language Learning*. De Gruyter: Mouton. 353-371.

Östman, J. 1981. *You Know: A Discourse-Functional Approach*. New York: Garland.

Pakulak, E. & H. J. Neville. 2011. Maturational constraints on the recruitment of early processes for syntactic processing. *Journal of Cognitive Neuroscience* 23(10): 2752-2765.

Palacios Martínez, I. M. 2013. Zero quoting in the speech of British and Spanish teenagers: A contrastive corpus-based study. *Discourse Studies* 15(4): 439-462.

Paradis, J. 2009. *Declarative and Procedural Determinants of Second Languages*. Amsterdam: John Benjamins.

Pavlenko, A. 2000. What's in a concept?. *Bilingualism: Language and Cognition* 3(1): 31-36.

Peña, M. S. 2008. Dependency systems for image-schematic patterns in a usage-based approach to language. *Journal of Pragmatics* 40(6): 1041-1066.

Perek, F. 2015. *Argument Structure in Usage-based Construction Grammar*. Amsterdam: John Benjamins.

Philip, M. K. 1995. A Study of Discourse Markers in Japanese Conversation. http://www.aasianst.org/absts/1995/Japan/jses47.htm.

Pienemann, M & A. Lenzing. 2007. Processability theory. In B. Vanpatten & J. William (eds.). *Theories in Second Language Acquisition: An Introduction*. Mahwah: Lawrence Erlbaum. 137-154.

Ponterotto, D. 2018. Hedging in political interviewing: When Obama meets the press. *Pragmatics and Society* 9(2): 175-207.

Poos, D. & R. Simpson. 2002. Cross-disciplinary comparisons of hedging: Some findings from the Michigan Corpus of Academic Spoken English. In R. S. Reppen., M. Fitzmaurice & D. Biber (eds.). *Using Corpora to Explore Linguistic Variation*. Amsterdam/Philadelphia: John Benjamins. 3-23.

Prince, E., Frader, J. and Bosk, C, 1982. On hedging in physician-physician discourse. In R. D. Pietro (ed.). *Linguistics and the Professions*. Norwood: Ablex Publishing Corporation. 83-97.

Quinn, C. 2015. Training L2 writers to reference corpora as a self-correction tool. *ELT Journal* 69(2): 165-177.

Quirk, R. 1985. *A Comprehensive Grammar of the English Language*. New York: Longman.

Ranta, L. & A. Meckelborg. 2013. How much exposure to English do international graduate students really get? Measuring language use in a naturalistic setting. *The Canadian Modern Language Review* 69(1): 1-33.

Read, J. 2000. *Assessing Vocabulary*. Cambridge: Cambridge University Press.

Redeker, G. 1991. Linguistic markers of discourse structure. *Linguistics* 29(6): 1139-1172.

Rudanko, J. 2009. Reviewed work(s): Non-finite complementation: a usage-based study of infinitive and -ing clauses in English. *English Language & Linguistics* 13(1): 137-141.

Salazar, D. 2014. *Lexical Bundles in Native and Non-native Scientific Writing: Applying a Corpus-based Study to Language Teaching*. Amsterdam: John Benjamins.

Scarcella, R. & J. Brunak. 1981. On speaking politely in a second language. *International Journal of the Sociology of Language* 1981(27): 59-75.

Scheibman, J. 2000. I dunno: A usage-based account of the phonological reduction of don't in American English conversation. *Journal of Pragmatics* 32(1): 105-124.

Schmitt, N. 2000. *Vocabulary in Language Teaching*. Cambridge: Cambridge University Press.

Schiffrin, D. 1987. *Discourse Markers*. Cambridge: Cambridge University Press.

Selinker, L. 1972. Interlanguage. *International Review of Applied Linguistics in Language Reaching*. 10(3): 209-231.

Sheng, L., L. M. Bedore, E. D. Peña & C. Fiestas. 2013. Semantic development in Spanish-English bilingual children: Effects of age and language experience. *Child Development* 84(3): 1034-1045.

Shinzato, R. & K. Masuda. 2009. Morphophonological variability and form-function regularity: A usage-based approach to the Japanese modal adverb yahari/yappari/yappa. *Language Sciences* 31(6): 813-836.

Siepmann, D. 2015. Dictionaries and spoken language: A corpus-based review of French dictionaries. *International Journal of Lexicography* 28(2): 139-168.

Simon-Maeda, A. 2016. A corpus-based study of the AAAL conference handbook. *Journal of English for Academic Purposes* 23: 71-82.

Sinclair, J. 1991. *Corpus, Concordance and Collocation*. Oxford: Oxford University Press.

Sinclair, J. 2004. *Trust the Text: Language, Corpus and Discourse*. London: Routledge.

Singleton, D. M. 1989. *Language Acquisition: The Age Factor*. Clevedon: Multilingual Matters.

Singleton, D. M. 2005. The critical period hypothesis: A coat of many colours.

International Review of Applied Linguistics in Language Teaching 43(4): 269-285.

Sperber, D. & D. Wilson. 1986. *Relevance: Communication and Cognition.* Harvard: Harvard University Press.

Stefanowitsch, A. 2008. Negative entrenchment: A usage-based approach to negative evidence. *Cognitive Linguistics* 19(3): 513-531.

Subtirelu, N. 2014. A language ideological perspective on willingness to communicate. *System* 42: 120-132.

Swain, M. 1985. Communicative competence: Some roles of comprehensible input and comprehensible output in its development. In S. Gass & C. Madden (eds.). *Input in Second Language Acquisition.* Rowley: Newbury House. 235-253.

Sznajder, H. S. 2010. A corpus-based evaluation of metaphors in a business English textbook. *English for Specific Purposes* 29(1): 30-42.

Szudarski, P. & R. Carter. 2014. The role of input flood and input enhancement in EFL learners' acquisition of collocations. *International Journal of Applied Linguistics* 26(2): 245-265.

Tavakoli, P. & T. Uchihara. 2020. To what extent are multiword sequences associated with oral fluency?. *Language Learning* 70(2): 506-547.

Thabet, R. A. 2018. A cross-cultural corpus study of the use of hedging markers and dogmatism in postgraduate writing of native and non-native speakers of English. *Intelligent Natural Language Process: Trends and Applications* 740: 677-710.

Thordardottir, E. 2011. The relationship between bilingual exposure and vocabulary development. *International Journal of Bilingualism* 15(4): 426-445.

Tomasello, M. 2003. *Constructing a Language: A Usage-based Theory of Language Acquisition.* Cambridge, Massachusetts: Harvard University Press.

Tono, Y. (ed.). 2012. *Developmental and Crosslinguistic Perspectives in Learner*

Corpus Research. Amsterdam: John Benjamins.

Treffers-Daller, J., P. Parslow & S. Williams. 2018. Back to basics: How measures of lexical diversity can help discriminate between CEFR levels. *Applied Linguistics* 39(3): 302-327.

Tsai, M. 2018. The effects of explicit instruction on L2 learners' acquisition of verb-noun collocations. *Language Teaching Research*: 1-25.

Tummers, J., U. K. Heylen. & D. Geeraertsu. 2005. Usage-based approaches in cognitive linguistics: A technical state of the art. *Corpus Linguistics and Linguistic Theory* 1(2): 225-261.

Tyler, A. 2010. Usage-based approaches to language and their applications to second language learning. *Annual Review of Applied Linguistics* 30: 270-291.

Tyrwhitt-Drake, H. 1999. Responding to grammar questions on the Internet: Providing correction through the corpus. *ELT Journal* 53(4): 281-288.

Unsworth, S. 2013. Assessing age of onset effects in (early) child L2 acquisition. *Language Acquisition* 20(2): 74-92.

Unsworth, S., F. Argyri, L. Cornips, A. Hulk, A. Sorace & I. Tsimpli. 2014. The role of age of onset and input in early child bilingualism in Greek and Dutch. *Applied Psycholinguistics* 35(4): 765-805.

Upton, T. A. & M. A. Cohen. 2009. An approach to corpus-based discourse analysis: The move analysis as example. *Discourse Studies* 11(5): 585-605.

Valipouri, L. & H. Nassaji. 2013. A corpus-based study of academic vocabulary in chemistry research articles. *Journal of English for Academic Purposes* 12(4): 248-263.

Van Dijk, T. A. 1979. Pragmatic connectives. *Journal of Pragmatics* 3(5): 447-456.

Vercellotti, M. L. 2015. The Development of Complexity, Accuracy, and Fluency in Second Language Performance: A Longitudinal Study. *Applied Linguistics* 36(1): 1-23.

Vercellotti, M. L., A. Juffs & B. Naismith. 2021. Multiword sequences in English language learners' speech: The relationship between trigrams and lexical variety across development. *System* 98:1-13.

Verspoor, M., M. S. Schmid & X. Xu. 2012. A dynamic usage based perspective on L2 writing. *Journal of Second Language Writing* 21(3): 239-263.

Villarreal, L. 2013. CLIL, age or something else? Paper presented at the 37th AEDEAN Conference, Novermber 13-15, Universidad de Oviedo.

Wishnoff, J. R. 2000. Hedging your bets: L2 learners' acquisition of pragmatic devices in academic writing and computed-mediated discourse. *Second Language Studies* 19(1): 119-148.

Wode, H. 1977. On the Systematicity of L1 Transfer in L2 Acquisition. First Second Language Research Forum. Los Angeles.

Wolfe-Quintero, K. S. Inagaki & H-Y. Kim. 1998. *Second Language Development in Writing: Measures of Fluency, Accuracy & Complexity.* Honolulu: University of Hawaii Press.

Wolter, B. & H. Gyllstad. 2013. Frequency of input and L2 collocational processing: A comparison of congruent and incongruent collocations. *Studies in Second Language Acquisition* 35(3): 451-482.

Yang, C. 2002. *Knowledge and Learning in Natural Language.* New York: Oxford University Press.

Yang, C. 2004. Universal grammar, statistics, or both. *Trends in Cognitive Sciences* 8(10):451- 456.

Yang, C. 2010. Three factors in language variation. *Lingua* 120(5): 1160-1177.

Yang, W., X. Lu & S. C. Weigle 2015. Different topics, different discourse: Relationships among writing topic, measures of syntactic complexity, and judgments of writing quality. *Journal of Second Language Writing* 28: 53-67.

Yoo, I. W. 2008. A Corpus Analysis of (the) last/next + temporal nouns. *Journal of English Linguistics* 36(1): 39-61.

Yoon, H. 2016. Association strength of verb-noun combinations in experienced NS and less experienced NNS writing: Longitudinal and cross-sectional findings. *Journal of Second Language Writing* 34: 42-57.

Yoon, H. & A. Hirvela. 2004. ESL student attitudes toward corpus use in L2 writing. *Journal of Second Language Writing* 13(4): 257-283.

Yu, G. 2009. Lexical diversity in writing and speaking task performances. *Applied Linguistics* 31(2): 236-259.

Zadeh, L. A. 1965. Fuzzy sets. *Information and Control* 8(3):338-353.

Zareva, A. 2017. Incorporating corpus literacy skills into TESOL teacher training. *ELT Journal* 71(1): 69-79.

Zheng, Y. 2016. The complex, dynamic development of L2 lexical use: A longitudinal study on Chinese learners of English. *System* 56: 40-53.

Zyzik, E. 2009. The role of input revisited: Nativist and usage-based models. *L2 Journal* 1(1): 42-61.

鲍贵，2008，二语学习者作文词汇丰富性发展多维度研究。《外语电化教学》（123）：38-44。

鲍贵，2009，英语学习者作文句法复杂性变化研究。《外语教学与研究》（4）：291-297。

蔡晨，2017，数据驱动教学对中国学习者英语词汇语义韵习得的影响研究。《山东外语教学》38（2）：62-69。

蔡金亭，2018，中国大学生英语口头叙事语篇中动名搭配的历时研究。《外语与外语教学》303（6）：86-96。

蔡金亭、陈家宜，2019，基于使用取向的英语动词论元构式二语研究。《北京第二外国语学院学报》（5）：4-17。

曾文雄，2005，模糊限制语的语言学理论与应用研究，《外语教学》26（4）：27-30。

陈林华、李福印，1994，交际中的模糊限制语，《外国语》（5）：55-59。

陈新仁，2002，话语联系语与英语议论文写作：调查分析，《外语教学与研究》（5）：350-354。

邓耀臣、肖德法，2005，中国大学生英语虚化动词搭配型式研究，《外语与外语教学》（7）：7-10。

刁琳琳，2004，英语本科生词块能力调查，《解放军外国语学院学报》（4）：35-38。

丁言仁、戚焱，2005，词块运用与英语口语和写作水平的相关性研究，《解放军外国语学院学报》（3）：49-53。

董晓明、林正军，2017，《基于使用的构式语法论元结构》述评，《外语教学与研究》（2）：307-312。

段士平，2015，复杂系统理论框架下中国大学生英语口语模糊限制语块使用研究，《外语界》（6）：45-53。

高维，2016，《基于使用理论视角下的二语词汇搭配习得研究》。北京：科学出版社。

郭建荣，2012，外研社版与人教社版高中英语教材文本之比较，《教学与管理》（36）：85-86。

韩宝成，2018，外语学习的语句习得假说，《外语界》（1）：11-17+42。

何安平、徐蔓菲，2003，中国大学生英语口语中 Small Words 的研究，《外语教学与研究》（6）：446-452。

何舒曼、李庆燊，2013，我国初中英语教材词汇因素研究——基于三套教材的统计与分析，《教学与管理》（10）：41-43。

何自然，1985，模糊限制语与言语交际，《外国语》（5）：27-31。

何自然，2006，《认知语用学——言语交际的认知研究》。上海：上海外语教育出版社。

何自然、冉永平，1999，话语联系语的语用制约性，《外语教学与研究》（3）：3-10。

胡开宝、李翼，2016，当代英语教材语料库的创建与应用研究，《外语电化教学》（169）：34-39。

胡元江，2015，基于语料库的英语专业高年级学生口语词块结构特征研究，《外语研究》（5）：26-30。

黄锦如、陈桦，2001，模糊限制语的使用功能及对外语教学的启示，《北京第二外国语学院学报》（6）：9-13。

贾光茂，2017，中国英语学习者动名搭配错误的概念迁移分析，《外语教学理论与实践》（1）：30-35。

雷蕾，2017，中国英语学习者学术写作句法复杂度研究，《解放军外国语学院学报》（5）：1-10。

黎宏，2005，词汇教学法与英语学习者语言能力的培养，《外语界》(2)：62-68。

李茶、隋铭才，2017，基于复杂理论的英语学习者口语复杂度、准确度、流利度发展研究，《外语教学与研究》(3)：392-404。

李梦骁、刘永兵，2013，基于语料库的中学生英语写作中话语标记语使用研究，《现代中小学教育》(5)：55-57。

李梦骁、刘永兵，2016，基于语料库的中学英语学习者写作句法复杂性变化研究，《东北师大学报（哲学社会科学版）》(1)：140-145。

梁茂成、李文中、许家金，2010，《语料库应用教程》。北京：外语教学与研究出版社。

林正军、张宇，2020，基于体认语言观的外语教学探索，《外语教学与研究》(2)：261-272。

刘东虹，2003，词汇量在英语写作中的作用，《现代外语》(2)：181-187。

刘洁，2005，基于语料库的英语论文中话语联系语的对比研究。硕士学位论文。大连：大连理工大学。

刘永兵、张会平，2011，中学英语教师课堂话语语法复杂度———一项基于课堂话语语料库的对比研究，《外语电化教学》(3)：22-27。

刘永兵、张会平，2015，认知语言学视域下的二语学习概念迁移理论探究，《外语与外语教学》(4)：37-42。

刘月华、潘文娱、赵淑华，2017，《实用现代汉语语法》。北京：商务印书馆。

马广惠，2006，中学生英语高频词汇水平研究，《外语与外语教学》(1)：19-21。

马广惠，2009，英语专业学生二语限时写作中的词块研究，《外语教学与研究》(1)：54-60。

濮建忠，2003，英语词汇教学中的类联接、搭配及词块，《外语教学与研究》(6)：438-445。

戚焱，2010，英语专业学生口语中词块使用情况的跟踪研究，《外语界》(5)：34-41。

秦晓晴、文秋芳，2007，《中国大学生英语写作能力发展规律与特点研究》。北京：中国社会科学出版社。

冉永平，2000，话语标记语的语用学研究综述，《外语研究》（4）：8-14。

冉永平，2002，话语标记语 you know 的语用增量辨析，《解放军外国语学院学报》（4）：10-15。

冉永平，2003，话语标记语 well 的语用功能，《外国语》（3）：58-63。

万丽芳，2010，中国英语专业大学生二语写作中的词汇丰富性研究，《外语界》（1）：40-46。

王初明，2009，学相伴，用相随——外语学习的学伴用随原则，《中国外语》（5）：53-59。

王初明，2011，基于使用的语言习得观，《中国外语》（5）：1-1。

王海华、周祥，2012，非英语专业大学生写作中词汇丰富性变化的历时研究，《外语与外语教学》（2）：40-44。

王健刚、孙凤兰，2018，学术英语口语中缓和型模糊限制语使用特征研究，《外语教学》（3）：66-70+77。

王立非、钱娟，2009，我国学生英语演讲中的语块特点：基于语料库的考察，《外语学刊》（2）：115-120。

王立非、张岩，2006，基于语料库的大学生英语议论文中的语块使用模式研究，《外语电化教学》（4）：36-41。

王立非、祝卫华，2005，中国学生英语口语中话语标记语的使用研究，《外语教学与研究》（3）：40-48。

王启，2019，规约优先，兼顾能产——语言使用的搭配优先模式，《现代外语》（1）：72-84。

王瑞，2016，中国英语学习者与英语母语者"做"类动词语义韵比较研究，《外语学刊》193（6）：125-129。

王淑莉，2006，话语标记语的语用制约性与英语听力理解，《国外外语教学》（2）：19-23+40。

王文宇、李小撒，2018，高水平二语学习者在写作任务中的动名搭配使用研究，《解放军外国语学院学报》41（1）：90-98。

王艺璇，2017，汉语二语者词汇丰富性与写作成绩的相关性——兼论测量写作质量的多元线性回归模型及方程，《语言文字应用》（2）：93-101。

王映学、沈洁、蒋朝，2016，中学生英语词汇学习的三种有效认知策略，

《现代中小学教育》(6)：56-61。

卫乃兴，2004，中国学习者英语口语语料库初始研究，《现代外语》(2)：140-149。

吴亚欣、于国栋，2003，话语标记语的元语用分析，《外语教学》(4)：16-19。

伍铁平，1979，模糊语言初探，《外国语》(4)：39-44。

伍铁平，1999，《模糊语用学》。上海：上海教育出版社。

武和平、王晶，2016，"基于用法"的语言观及语法教学中的三对关系，《语言教学与研究》(3)：1-10。

辛声，2017，《基于使用的语言习得和加工——构式语法的认知和语料库调查》述评，《语料库语言学》(1)：94-99。

谢家成，2010，中学英语教材词汇语料库分析，《外语教学理论与实践》(1)：55-61。

徐海、冯永芳，2016，《基于使用的构式语法下的论元结构》述评，《现代外语》(5)：724-727。

徐璐，2015，非英语专业学生话语标记语like的语用功能的实证研究，《外语电化教学》(5)：68-73。

徐晓燕、王维民、熊燕宇等，2013，中国英语专业学生英语议论文句法复杂性研究，《外语教学与研究》(2)：264-275。

许家金、许宗瑞，2007，中国大学生英语口语中的互动话语词块研究，《外语教学与研究》(6)：437-443。

严辰松，2010，语言使用建构语言知识——基于使用的语言观概述，《解放军外国语学院学报》(6)：1-7。

杨国萍、向明友、李潇辰，2016，话语标记语的语法——语用研究，《外语学刊》(4)：50-53。

杨黎黎、汪国胜，2018，基于使用的语言观下频率对图式构式的建构作用，《语言教学与研究》(4)：22-33。

杨丽娜，2016，不同水平学习者英语写作中模糊限制语使用对比研究。硕士学位论文。长春：东北师范大学。

杨莉芳、王兰，2016，中国高中英语学习者议论文句法复杂性研究，《外国语文》(6)：143-149。

杨小璐，2012，儿童早期句法发展：基于规则还是基于使用?，《外语教学与研究》(4)：606-615。

姚岚，2011，语言习得使用观：证据与挑战，《解放军外国语学院学报》(4)：66-70。

殷树林，2012，话语标记的性质特征和定义，《外语学刊》(3)：91-95。

英语课程教材研究开发中心，2010，《普通高中课程标准实验教科书英语5(必修)》。北京：人民教育出版社。

应国丽、周红，2009，模糊限制语语用功能与礼貌原则相关性研究，《中国外语》(2)：43-47。

俞珏，2011，基于中国学生英语口笔语语料库的英语口语短语动词使用研究，《外语界》(5)：24-30。

俞希、曹洪霞，2015，中国大学生英语议论文写作中的个性化声音，《外语与外语教学》(4)：18-24。

张会平、刘永兵，2010，基于语料库的中学英语教师课堂话语标记语研究，《外语教学与研究》(5)：356-363。

张会平、刘永兵，2013，英语词汇学习与概念迁移——以常用动词搭配、类联结与语义韵为例，《外语与外语教学》(6)：38-43。

张会平、刘永兵，2014，中国英语初学者的连缀句偏误与语法概念迁移，《外语教学与研究》(5)：748-758。

张建琴、2004，中国高、中、初级英语学习者词汇短语使用的对比研究，《外语界》(1)：10-14。

张伟、马广惠，2007，《英语(新目标)》教材词汇分析，《中小学外语教学(中学篇)》(1)：9-13。

张莎，2011，高频动词经验类型及其搭配型式的语料库研究——以 make 和 find 为例，《外语学刊》(3)：36-41。

张文忠、杨士超，2009，中国学习者英语语料库中动名搭配错误研究，《解放军外国语学院学报》(2)：39-44。

章柏成，2013，大学生英语现在完成时习得的语料库考察——检验"突显度"与"形式优先"假说的新证据，《外语与外语教学》(4)：67-71。

赵芳，2009，《建构一种语言：一种基于使用的语言习得理论》简介，《当代语言学》（1）：89-91。

赵俊海、陈慧媛，2012，英语学习者书面语语法复杂度的测量研究，《外语教学理论与实践》（1）：27-33。

郑李卉、肖忠华，2015，中国英语学习者的口语搭配行为：基于语料库的研究，《外语教学理论与实践》（4）：29-36。

郑咏滟，2015，基于动态系统理论的自由产出词汇历时发展研究，《外语教学与研究》（2）：276-288。

郑咏滟，2018，高水平学习者语言复杂度的多维发展研究，《外语教学与研究》（2）：218-229。

中国社会科学院语言研究所词典编辑室，2005，《现代汉语词典》（第5版）。北京：商务印书馆。

中华人民共和国教育部，2011，《义务教育英语课程标准》（2011年版）。北京：北京师范大学出版社。

中华人民共和国教育部，2017，《普通高中英语课程标准》（2017年版）。北京：人民教育出版社。

周丹丹，2011，频数作用对二语写作的影响，《外语与外语教学》（1）：36-39+44。

周丹丹，2014，频数对词块习得的影响研究：基于使用的视角，《外语与外语教学》（6）：62-67。

周丹丹、张萌，2016，频数对二语读写任务中语块使用的影响研究：涌现论视角，《中国外语》（5）：51-57。

周惠、刘永兵，2015，中国英语学习者学术语块使用的语篇评价意义研究——以学术立场语块的语义韵为例，《外语界》（6）：35-44。

周正钟，2018，输入与输出频数对二语语块产出性知识习得的影响研究，《外语界》（2）：65-73。

朱慧敏、王俊菊，2013，英语写作的词汇丰富性发展特征——一项基于自建语料库的纵贯研究，《外语界》（6）：77-86。

朱曼殊，1990，《心理语言学》。上海：华东师范大学出版社。

邹为诚，2015，对我国部分高中英语教材内容的分析性研究。《基础外语教育》（5）：3-11。

附　录

附录1：写作语料库文件名命名规范

文件名包括：年级＋序号

年级代码：初一：07；初二：08；初三：09　高一：10；高二：11；高三：12

序号：四位数

例如：所收语料为第一份初一语料，命名为：070001

附录2：中学生英语写作语料库收集工具

提示：

以下是收集中学生英语写作语料库的语料收集工具。在收集这些命题作文时，要确保指令清楚（即席命题作文，20分钟，不得查阅任何书或词典等）。录入时，不得有任何修改，保持原汁原味。样本可以从中学二年级到高中二年级，最好Task 1-4用于初中生，Task 5-6用于高中生。

Task 1
A: Personal Details
Name:　　　　　　　Gender (性别):　　　　　　　Age:

School:　　　　　　Grade:

Please mark ___✓___ next to the answer (s) which is (are) true for you:

I know English because: _____a. I study English at school.

　　　　　　　　　　　_____b. I lived in an English speaking country.

　　　　　　　　　　　_____c. My parents speak English to me.

　　　　　　　　　　　_____d. I study English with a teacher after school hours.

B: Writing Task
Please write about a funny story that would be interesting to your friends. （请写一件你的朋友们会感到有意思的故事。）

Requirements (要求)：

a. Please write about 100 to 200 words.

b. Please finish your writing in 20 minutes.

A Funny Thing That Happened to Me

Task 2

A: Personal Details

Name:　　　　　　　Gender (性别):　　　　　Age:

School:　　　　　　Grade:

Please mark ___✓___ next to the answer(s) which is (are) true for you:

I know English because: _____a. I study English at school.

_____b. I lived in an English speaking country.

_____c. My parents speak English to me.

_____d. I study English with a teacher after school hours.

B: Writing Task

What would you do if you got 100 Yuan for your birthday? Why would you do it?（如果你过生日得到100元钱，你会用它做什么？为什么呢？）

Requirements（要求）：

a. Please write about 100 to 200 words.

b. Please finish your writing in 20 minutes.

Task 3

A: Personal Details

Name:　　　　　　　Gender (性别):　　　　　Age:

School:　　　　　　Grade:

Please mark ___✓___ next to the answer(s) which is (are) true for you:

I know English because: _____a. I study English at school.

_____b. I lived in an English speaking country.

_____c. My parents speak English to me.

_____d. I study English with a teacher after
school hours.

B: Writing Task

Please write something about your birthday.（请以"我的生日"为题，
写一篇作文。）

Requirements（要求）：

a. Please write about 100 to 200 words.

b. Please finish your writing in 20 minutes.

My Birthday

Task 4

A: Personal Details

Name:　　　　　　　Gender（性别）:　　　　　　　Age:

School:　　　　　　Grade:

Please mark ＿✓＿ next to the answer(s) which is (are) true for you:

I know English because: _____a. I study English at school.

_____b. I lived in an English speaking country.

_____c. My parents speak English to me.

_____d. I study English with a teacher after
school hours.

B: Writing Task

Please write something about your school.（请以"我的学校"为题，
写一篇作文。）

Requirements（要求）：

a. Please write about 100 to 200 words.

b. Please finish your writing in 20 minutes.

My School

Task 5

A: Personal Details

Name: Gender (性别):   Age:

School: Grade:

Please mark __✓__ next to the answer(s) which is (are) true for you:

I know English because: _____a. I study English at school.

_____b. I lived in an English speaking country.

_____c. My parents speak English to me.

_____d. I study English with a teacher after school hours.

B: Writing Task

In many countries, smoking has become a serious problem, because it is really bad for people's health. Smoking in public places is even more harmful to the non-smokers. What can we do to stop people from smoking? Please tell us what you think and why you think that way. (吸烟有害健康，二手烟对不吸烟者危害更大。如何才能阻止人们吸烟呢？请说说你的看法和理由。)

Requirements（要求）：

a. Please write about 100 to 200 words.

b. Please finish your writing in 20 minutes.

Task 6

A: Personal Details

Name: Gender (性别):   Age:

School: Grade:

Please mark __✓__ next to the answer(s) which is (are) true for you:

I know English because: _____a. I study English at school.

_____b. I lived in an English speaking country.

_____c. My parents speak English to me.

_____d. I study English with a teacher after school hours.

B: Writing Task

Studies show that children between the ages of 4 and 15 watch TV for more than 20 hours a week and that they only spend about 7 hours doing sports every week. How should parents make sure children get enough exercises? Please tell us what you think and why you think that way. （研究显示，4到15岁的儿童每星期大约看20个小时的电视，而在锻炼身体上只花大约7个小时的时间。家长如何确保孩子得到充分的体育锻炼呢？请说说你的想法和理由。）

Requirements（要求）：

a. Please write about 100 to 200 words.

b. Please finish your writing in 20 minutes.

附录3：TreeTagger 词性赋码集

CC	Coordinating conjunction
CD	Cardinal number
DT	Article and determiner
EX	Existential there
FW	Foreign word
IN	Preposition or subordinating conjunction
JJ	Adjective
JJR	Comparative adjective
JJS	Superlative adjective
LS	List item marker
MD	Modal verb
NN	Common noun, singular or mass
NNS	Common noun, plural
NP	Proper noun, singular
NPS	Proper noun, plural
PDT	Predeterminer
POS	Possessive ending
PP	Personal pronoun
PP$	Possessive pronoun
RB	Adverb
RBR	Comparative adverb
RBS	Superlative adverb
RP	Particle
SYM	Symbol
TO	to
UH	Exclamation or interjection

（待续）

（续表）

VB	BE verb, base form (be)
VBD	Past tense verb of BE (was, were)
VBG	Gerund or present participle of BE verb (being)
VBN	Past participle of BE verb (been)
VBP	Present tense (other than 3rd person singular) of BE verb (am, are)
VBZ	Present tense (3rd person singular) of BE verb (is)
VD	DO verb, base form (do)
VDD	Past tense verb of DO (did)
VDG	Gerund or present participle of DO verb (doing)
VDN	Past participle of DO verb (done)
VDP	Present tense (other than 3rd person singular) of DO verb (do)
VDZ	Present tense (3rd person singular) of DO verb (does)
VH	HAVE verb, base form (have)
VHD	Past tense verb of HAVE (had)
VHG	Gerund or present participle of HAVE verb (having)
VHN	Past participle of HAVE verb (had)
VHP	Present tense (other than 3rd person singular) of HAVE verb (have)
VHZ	Present tense (3rd person singular) of HAVE verb (has)
VV	Lexical verb, base form (e.g. live)
VVD	Past tense verb of lexical verb (e.g. lived)
VVG	Gerund or present participle of lexical verb (living)
VVN	Past participle of lexical verb (lived, shown)
VVP	Present tense (other than 3rd person singular) of lexical verb (live)
VVZ	Present tense (3rd person singular) of lexical verb (lives)
WDT	Wh-determiner
WP	Wh-pronoun
WP$	Possessive wh-pronoun
WRB	Wh-adverb

附录4：写作语料库学校匿名信息代码

序号	匿名代码	学校名称
1	ENT001	东北师范大学附属小学
2	ENT002	长春市解放大路小学
3	ENT003	吉林市第五中学
4	ENT004	吉林市第七中学
5	ENT005	吉林市第九中学
6	ENT006	吉林市吉化第六中学
7	ENT007	吉林松花江中学
8	ENT008	吉林市第十六中学
9	ENT009	吉林市第二十九中学
10	ENT010	吉林市第十八中学
11	ENT011	长春第七十二中学
12	ENT012	长春市新朝阳实验学校
13	ENT013	东北师范大学附属中学（明珠校区）
14	ENT014	吉林省第二实验高新学校
15	ENT015	长春市第八十七中学
16	ENT016	长春市第一零三中学
17	ENT017	长春市第九十中学
18	ENT018	长春市第八十八中学
19	ENT019	长春市第五十二中学
20	ENT020	沈阳市第七中学
21	ENT021	沈阳市育源中学
22	ENT022	沈阳市雨田实验中学
23	ENT023	沈阳市第一零七中学
24	ENT024	大连市知行中学
25	ENT025	大连市第七十六中学
26	ENT026	大连市第三十九中学
27	ENT027	大连市第七十九中学
28	ENT028	大连市第八十中学
29	ENT029	大连市第三十四中学

（待续）

（续表）

序号	匿名代码	学校名称
30	ENT030	大连市育文中学
31	ENT031	大连市第四十四中学
32	ENT032	大连市第九中学
33	ENT033	大连市第六中学
34	ENT034	大连市第三十五中学
35	ENT035	大连市第四中学
36	ENT036	鞍山市第二中学
37	ENT037	鞍山市第二十六中学
38	ENT038	鞍山市第十五中学
39	ENT039	四平市第三中学
40	ENT040	吉林师范大学附属中学
41	ENT041	四平市第十四中学
42	ENT042	四平市第十七中学
43	ENT043	四平市第二十中学
44	ENT044	哈尔滨工业大学附属中学
45	ENT045	哈尔滨市风华中学校
46	ENT046	哈尔滨第四十七中学
47	ENT047	哈尔滨第六十九中学
48	ENT048	哈尔滨市第十七中学
49	ENT049	哈尔滨市第七十六中学
50	ENT050	哈尔滨市萧红中学
51	ENT051	哈尔滨第一二四中学
52	ENT052	哈尔滨市第四十九中学
53	ENT053	哈尔滨第一一三中学
54	ENT054	大庆市第三十六中学
55	ENT055	大庆市第六十九中学
56	ENT056	吉林市第一中学
57	ENT057	吉林毓文中学
58	ENT058	吉林市第十二中学
59	ENT059	吉林市第四中学

（待续）

（续表）

序号	匿名代码	学校名称
60	ENT060	吉林市田家炳高级中学
61	ENT061	吉林二中
62	ENT062	蛟河市第一中学
63	ENT063	桦甸市第一中学
64	ENT064	东北师范大学附属中学（自由校区）
65	ENT065	吉林省实验中学
66	ENT066	长春市第六中学
67	ENT067	长春市第八中学
68	ENT068	长春市第二实验中学
69	ENT069	长春市实验中学
70	ENT070	长春市十一高中
71	ENT071	长春外国语学校
72	ENT072	四平市实验中学
73	ENT073	四平市第一高级中学

附录5：录音文件名编码规则

(1) 录音人编号（1，2，3，……）

(2) 学生样本就读学校所在省份：J=吉林省，L=辽宁省，H=黑龙江省

(3) 该学校类别

中小学：省市重点=A；城市一般=B；县及乡镇=C

大学：大学英语专业=D；大学非英语专业=E

(4) 年级XY：X（小学=1；初中=2；高中=3；大学=4），年级Y=（1-6）

(5) 编号XXXX：0001，0002，0003，……

举例说明：

如果某文件编号为02（02），录制人所录制的学生样本就读的学校在吉林省（J），该学校是长春市重点中学（A），高中（3），2年级（2），录制人所录制的这一个文件在他收集的样本中序号为四（0004），则该文件编号为：02JA320004

附录6：中国英语初学者英语口语调查工具

Oral English PROMPT SCHEDULE

1. 提示语：请在正式访谈前，根据实际情况，把被试以下个人信息用汉语录音

（1）姓名：_____　　籍贯：_____省　　所在班级：_____

学校名称：_____

学校属地：_____省_____市_____县　　性别：男 / 女

年龄：_____岁　　正规英语学习时间：_____年

（2）你是否时常练习英语口语？

A.经常　　　　B.有时　　　　C.偶尔　　　　D.从不

（如果该题选择A B或C，则继续问第（3）题；如果选择D，则跳过第（3）题，继续后面的题目。）

（3）你主要通过何种方式练习英语口语？（该题可依据被试实际情况自由对话回答，以下六个选项可作为提示，可选择多项答案）

A.参加口语培训机构　　　　　B.买口语书自学

C.参加英语角　　　　　　　　D.找外教实践

E.看美剧、英文电影等　　　　F.去英语国家

G.其他_____

（4）你父亲或母亲掌握英语的程度？（该题可依据被试实际情况自由对话回答，五个选项可作为提示）

A.精通　　　　B.熟练　　　　C.一般　　　　D.差

E.一点不懂

（5）你PETS成绩（或最近一次大型英语综合考试成绩）是多少分？满分多少分？（该题可依据被试实际情况自由对话回答）

2. 提示语：个人信息录音后，请用英语要求被试完成如下任何一项任务。（被试说得越多越好，如无话可说，要用英语适当提示；可按顺序，如能就（1）展开，即不做其他；如不能就（1）展开，可尝试下一个题目，依次类推。）

（1）Please tell me what you usually do after school. （描述你的课外生活）

（2）Please tell me what your favorite food is and why you like it.（描述你最喜欢的食物）

（3）Please tell me how you would like to spend 100yuan, if your parents give you that money?（我将如何花父母给的100元钱）

3. 提示语：请用英语要求被试做如下任何一件事。（被试说得越多越好，如无话可说，要用英语适当提示；可按顺序，如能就（1）展开，即不做其他；如不能就（1）展开，可尝试下一个题目，依次类推。）

（1）Please tell me a funny story, or any story you would like to share with others.

（2）Please tell me an event you think important to you.

（3）Please tell me a strange thing that happened to you.

（4）Please tell me a film you saw recently.

（5）Please tell me one of your birthday parties.

4. 提示语：请用英语要求被试完成如下任何一项任务。（被试说得越多越好，如无话可说，要用英语适当提示；可按顺序，如能就（1）展开，即不做其他；如不能就（1）展开，可尝试下一个题目，依次类推。）

（1）Do you think children should get enough exercise? Why? Tell me as more as possible.

（2）Do you think children should not watch TV? Why? Tell me as more as possible.

（3）Do you think children should not play computer games? Why? Tell me as more as possible.

5. 提示语：假设这是被试的学校，请要求被试用英语描述或介绍以下这个学校平面图，可加入一些想象的细节或故事。（被试说得越多越好，如无话可说，要用英语适当提示。）

Imagine this is your school, please describe your school according to your observation, and you can add more details or stories using your own imagination.

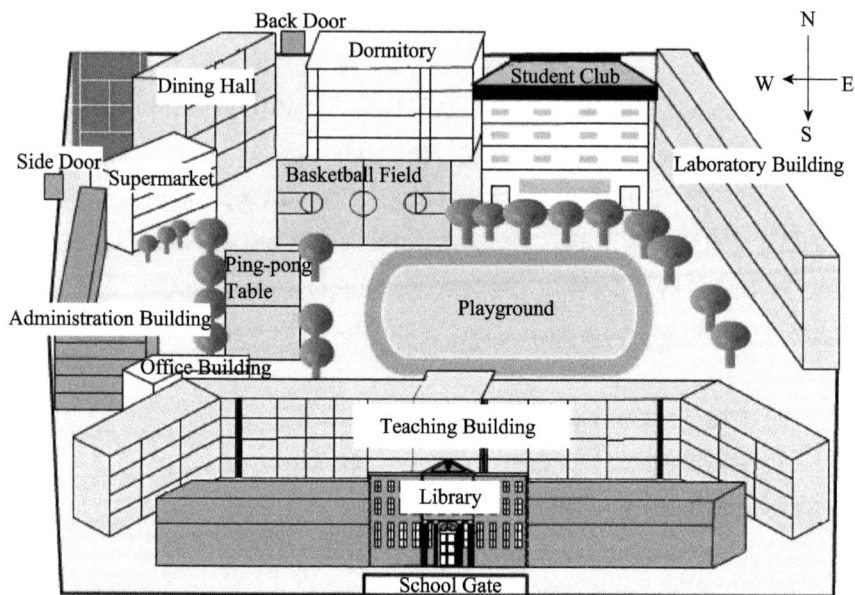

A Middle School

附录7：口语语料副语言信息标注符号

标注符号	意义
((Stutter))	结巴
$	笑声
( )	不明话语
(.)	3秒及3秒以内的停顿
(..)	3秒以上的停顿
:	话语拖长音
[ ]	话语重叠
=	话语紧接
…..	话未说完
/	扬声调
^^	重音
[C]- -[C]	汉语语码转换

附录8：口语语料库学校匿名信息代码

序号	匿名代码	学校名称	序号	匿名代码	学校名称
1	ENT001	东北师范大学	27	ENT027	长春第八中学
2	ENT002	东北师范大学附中自由大路校区	28	ENT028	东北师范大学人文学院
3	ENT003	长春师范大学	29	ENT029	白山二中
4	ENT004	九台市第三中学	30	ENT030	吉林省临江市蚂蚁河乡中心学校
5	ENT005	九台市实验高中	31	ENT031	长春市第二中学
6	ENT006	东北师范大学附中净月实验分校	32	ENT032	吉林省实验中学（实验高中）
7	ENT007	长春市第52中学	33	ENT033	长春市第97中学
8	ENT008	吉林大学附中（高中部）	34	ENT034	长春市第一高级中学
9	ENT009	伊春市第一中学	35	ENT035	林口四中
10	ENT010	东北师范大学附中明珠学校	36	ENT036	平顶市高级中学
11	ENT011	长春外国语学校	37	ENT037	辽宁省开原市第二高级中学
12	ENT012	哈尔滨市风华中学校	38	ENT038	黑龙江省齐齐哈尔市二十一中学
13	ENT013	长春市第八中学	39	ENT039	辽宁省锦州市八中分校
14	ENT014	华侨外院	40	ENT040	辽宁省锦州市龙津高级中学
15	ENT015	盘锦市大洼县高级中学	41	ENT041	吉林省四平市第十七中学
16	ENT016	吉林省长春市第二实验中学	42	ENT042	吉林省四平市第三中学
17	ENT017	盘锦市盘山县高级中学	43	ENT043	吉林省四平市第十二中学

（待续）

（续表）

序号	匿名代码	学校名称	序号	匿名代码	学校名称
18	ENT018	长春七中	44	ENT044	黑龙江省齐齐哈尔中学
19	ENT019	农安一中	45	ENT045	黑龙江省齐齐哈尔市第八中学
20	ENT020	榆树市实验高中	46	ENT046	黑龙江省齐齐哈尔市第五十一中学
21	ENT021	珲春市第一高级中学	47	ENT047	辽宁省大连市第七十九中学
22	ENT022	珲春市第四中学	48	ENT048	辽宁省大连市沙河口区第七十九中学
23	ENT023	前郭尔罗斯蒙古族中学	49	ENT049	大连市第十三中学
24	ENT024	中国人民解放军第5704工厂子弟中学	50	ENT050	大连市汇文中学
25	ENT025	长春市第十一高中	51	ENT051	辽宁省锦州市龙津高中
26	ENT026	长春市实验中学			

附录9：访谈书信样本

尊敬的张老师：

　　您好！

　　您请我谈一下我对人教版高中英语教材使用中所发现的问题，我确实有很多话想说。作为一名高中英语教师，我使用这套教材已经有六个年头了。恰巧的是我也是**省第一批使用这套教材的学生之一。现将我使用中的几点感受整理如下。

　　（1）整体来说，我觉得这套教材课文话题有些陈旧，不贴合现在高中学生生活，也不符合学生的认知和心理特点；在学生看来课文内容太过古板陈旧，无法激发他们阅读兴趣。致使很多课文课堂效果不好，老师还必须额外筛选文本。比如说，必修二第二单元The Olympic Games这一单元内容。课文所涉及的信息在现实生活中已经发生过了，而文章却是用将来时介绍部分内容，会让很多学生感觉很穿越。再比如，必修一第一单元，Friendship按理说这个话题选择得很好，但由于课文是安妮日记，文本使用语言较难，又是二战时期的一段经历，就使得学生觉得本单元内容离他们很遥远，很难懂，甚至有学生觉得课本很枯燥无聊。

　　（2）高一上学期所要完成的必修一和必修二教材内容与初中几乎没有衔接，在知识体系上与初中教材没有统一性和层次感，尤其体现在词汇上，这就导致高中老师很难把握哪些词汇学生已知，哪些未知。我从学生那里了解到，高中教材中单词表里不少黑体重点词汇在他们初中教材上也是重点，导致重复讲解；而有些他们初中未学的词汇，却被高中教材当作已知词汇，这就使得很多文章学生读起来力不从心。

　　（3）与初中教材比，高中教材课文难度升级有点大，整体以语法为导向，长难句很多，文字密密麻麻，图片少且不吸引人，这就会让部分学生第一眼就丧失了对课本的兴趣。且课文体裁比较单调，语言很生硬，不够地道，有些课文感觉是为了满足某一单元的语法项目需求而故意改写的。

　　（4）我感觉，这套教材内容与高考考纲要求和高考考场方向不是很一致，尤其是所倡导的核心素养，我感觉在这套教材中体现得不够明显或不宜挖掘；这就会使老师困惑是否有必要使用这套教材，还是自选其他教材会更好。比如说，高考书面表达重点考查学生应用文写作，而教材对这方面的体现不够明显；现在高考提倡弘扬中国传统文化和增强文化自信，而这套教材在这方面的体现并不多。

（5）课本上的部分习题设计缺乏层次感和难度梯度，比如高一、高二、高三这三个学段学生能力和水平不太相同，在练习设计上难度和形式也应有所不同，但此套教材这个部分的设计并不很令人满意。有些练习难度太大，题目说明太长也太难，以至于很多学生由于题目要求都不能读懂，他们也就不会也不愿做课本上的练习；对老师来说，部分题目的开放性太大，致使可操作性不强，因此很多老师不愿意使用教材上的练习。

（6）作为一名一线教师，由于没有教材使用说明的指导，我很多时候我并不清楚这套教材的编写理念，对很多课文和话题的意图也并不是十分清楚，因此在使用中更多的是根据自己或他人的理解来开展教学，并不能做到充分使用和挖掘教材。因此，如果能让一线教师拥有教材使用说明，教材的使用效果可能会更好。

以上就是我在使用中发现的一些主要问题。

祝好！